浙江高质量发展
推进共同富裕先行研究

ZHEJIANG GAOZHILIANG FAZHAN
TUIJIN GONGTONG FUYU XIANXING YANJIU

王祖强 等／著

人民出版社

策划编辑：孟　雪
责任编辑：孟　雪
封面设计：姚　菲
责任校对：周晓东

图书在版编目（CIP）数据

浙江高质量发展推进共同富裕先行研究 ／ 王祖强等著.
北京 ： 人民出版社，2025. 6. -- ISBN 978－7－01－027362－4

Ⅰ. F127.55

中国国家版本馆 CIP 数据核字第 20253LN793 号

浙江高质量发展推进共同富裕先行研究

ZHEJIANG GAOZHILIANG FAZHAN TUIJIN GONGTONG FUYU XIANXING YANJIU

王祖强 等 著

人民出版社 出版发行
（100706　北京市东城区隆福寺街 99 号）

中煤（北京）印务有限公司印刷　新华书店经销

2025 年 6 月第 1 版　2025 年 6 月北京第 1 次印刷
开本：710 毫米×1000 毫米 1/16　印张：17.25
字数：240 千字

ISBN 978－7－01－027362－4　定价：86.00 元

邮购地址 100706　北京市东城区隆福寺街 99 号
人民东方图书销售中心　电话 （010）65250042　65289539

目　　录

绪 论

共同富裕示范区为什么落户浙江

党中央赋予浙江高质量发展建设共同富裕示范区的重大任务,这是因为浙江作为改革开放先行省、沿海经济发达省,富裕程度较高、均衡性较好、改革开放意识强,在探索解决发展不平衡不充分问题方面取得了明显成效,具备开展共同富裕示范区建设的基础和优势,有条件、有能力率先实现共同富裕。①

特别是"八八战略"实施 20 年来,浙江坚持经济、政治、文化、社会和生态文明"五位一体"全面推进,实现了从经济大省向经济强省、从总体小康向高水平全面小康、从开放大省向深度融入全球经济的跃变。这 20 年,是浙江经济发展最有活力,人民生活水平提高最快,社会大局最和谐稳定,生态环境改善最明显,人民群众获得感幸福感安全感最高,浙江影响力美誉度持续提升的时期。具体表现在:

一、经济实力显著增强,进入"高收入经济体"序列

浙江省经济总量节节攀升,经济实力显著增强,劳动生产率大幅提升,呈现出经济较快增长、结构持续优化、质量效益显著提高、新旧动能加速转

---

① 参阅何立峰:《支持浙江高质量发展建设共同富裕示范区 为全国扎实推动共同富裕提供省域范例》,《人民日报》2021 年 6 月 11 日。

换的高质量发展新趋势。2023 年浙江经济总量 82553 亿元,比 2022 年增长 6.0%,人均 GDP12.5 万元,约 1.77 万美元。按照世界银行 2023 年划分标准,人均 GDP 在 1.40 万美元之上属于高收入国家,由此判断,浙江已经进入"高收入经济体"序列。全员劳动生产率大幅提升,2015—2023 年,浙江全员劳动生产率从 12.4 万元/人提高至 21.2 万元/人,增长了 80%。高端要素、创新要素成为支撑经济增长的核心要素。民营经济创造了全省 67.2% 的 GDP,73.9% 的税收,创造了 80.2% 的外贸出口,87.5% 的就业岗位,企业占比达 92.3%,在扩大就业、改善民生方面作出了巨大的贡献。

二、新旧动能转换推动产业结构深度优化、高级化

"工业经济"向"服务经济"转型的趋势十分明显。互联网、大数据的广泛应用和深度渗透,高端制造业和现代服务业成为经济增长的新引擎。服务业的主导地位得到巩固和加强,这符合产业结构高级化的演进趋势。2023 年浙江三次产业占比为 2.8∶41.1∶56.1,意味着浙江开始迈入服务型社会。新旧动能转换成效显著,成为全国数字经济的领跑者,形成了数字经济服务实体经济振兴的新模式、新路径,数字经济发展水平已稳居全国第一梯队。全年以新产业、新业态、新模式为主要特征的"三新"经济增加值预计占全省生产总值的 28.3%。

创新驱动成为经济发展的主要动力。2023 年浙江科技进步贡献率为 65%,新增"浙江制造"标准 569 个,累计 3598 个。全年研究与试验发展 (R&D) 经费支出 2600 亿元,与生产总值之比为 3.15%,超过经济合作与发展组织(OECD)成员国 2.08% 水平,一批优秀企业成为创新主体和生力军。规模以上工业企业中,有研发费用的企业 4.6 万家,占规模以上工业企业的 80.8%;企业研发强度(研发投入与主营业务之比)稳步提升,达到 3.13%,工业企业逐步实现从"制造"到"智造"的转型。科技实力正处于从量的积累向质的飞跃、点的突破向系统能力提升的重要时期。

三、城市群和中心城市成为高质量发展的主要载体

浙江经济的集聚现象日益突出,极化效应十分明显,城市群和中心城市正在成为高质量的主要空间形式和动力源。以县域经济为主体的空间结构正在向以城市经济为主体的空间结构转型。四大都市区集中了全省 70%的 GDP。2023 年全省常住人口 6627 万人,比 2022 年年末增加 50 万人,城镇化率 74.2%,其中,杭州增 14.6 万人,宁波增 7.9 万人,绍兴增 4.1 万人,嘉兴增 3.3 万人。杭州、宁波等中心城市成为经济和人口主要集聚地,在全省 GDP 中的份额呈现上升趋势。

四、从开放型经济大省向开放型经济强省迈进

浙江已经成为开放型经济大省,正在向开放型经济强省迈进。2023 年全省进出口贸易总值 4.9 万亿元,比 2022 年增长 4.6%,居全国第三,外向度 59.4%;出口 3.57 万亿元,进口 1.33 万亿元,占全国份额分别为 11.7%、15.0% 和 7.4%,对全国的增长贡献均居首位。全省货物贸易顺差约 3200 亿美元。进出口商品结构不断优化,机电和高技术产品超过 50%。出口商品结构已从传统的轻工、机械基础部件等劳动密集型、资源密集型为主,向技术含量及附加值高的机械、电子、运输工具等成套设备转型。欧盟、美国及主要新兴市场出口保持增长,"一带一路"共建国家比重攀升,特别是以技术为导向的跨国并购活跃。

五、市场主体成长:现代公司企业成为主干

围绕总部经济、重点产业项目瞄准世界 500 强企业、中国 500 强企业、全球行业领军企业和知名品牌企业,加快培育浙江的跨国公司,实现了产业链、价值链、供应链全球布局,开始真正融入全球经济。市场主体快速成长,从"个少体弱"到"量多质优"。中小企业良性梯度发展,拥有一批"小型巨人""配件明星""单打冠军"。按照"个转企、小升规、规改股、股上市"的路径,培

育壮大中小企业。2023 年浙江市场经营主体达 1034 万户,同比增长 9.6%,其中,民营企业和个体工商户分别有 333 万户和 669 万户,分别增长 7.8% 和 10.6%。浙江现有境内上市公司 706 家,位居全国第二;中国民营企业 500 强 108 家,中国 500 强企业 53 家,世界 500 强企业 9 家,新增单项冠军企业 35 家。

六、走出了一条环境保护与经济发展共赢的新路子

浙江已经成为美丽中国的先行者和示范者。2023 年,浙江劣 V 类水质断面全面消除,Ⅲ类及以上水质断面占 97.0%,饮用水源达标率 100%;日空气质量优良天数比例平均 94.4%;11 个设区市平均 PM$_{2.5}$ 浓度下降 4.0%,全省森林覆盖率超达 61.3%,"蓝色循环"海洋塑料废弃物治理模式获联合国地球卫士奖。创新举措有:"五水共治"率先破解"成长的烦恼",致力于解决环境污染的"根子"问题,善于把"生态资本"变成"富民资本",运用市场机制解决"生态病"疑难杂症,破解"免费搭车"流域性治水难题,等等。

七、中等收入群体壮大,发展的公平性、普惠性优势凸显

浙江中等收入群体占比稳步扩大,社会结构正从"底大、中瘦、上细"的"倒丁字型"结构向"两头小、中间大"的"橄榄型"结构转变。2023 年浙江居民人均可支配收入 63830 元,同比增长 5.9%;家庭户均人口为 2.35 人,家庭年可支配收入 10 万—50 万元群体比例达 75.8%,20 万—60 万元群体比例达 36.5%,"两头小、中间大"的"橄榄型"社会结构逐步形成。2023 年浙江省城乡居民人均可支配收入为 74997 元和 40311 元,分别连续 23 年和 39 年居全国各省(区)第一位,城乡居民收入比继续缩小至 1.86:1,地区人均可支配收入差距为 1.56:1,是全国城乡收入差距、区域收入差距最小的省份之一。[①] 城乡低保同标,平均每人每月 1148 元。居民恩格尔系数为

① 参阅浙江省统计局:《2023 年浙江省国民经济和社会发展统计公报》,2024 年 3 月 4 日。

27.8%,达到了国际公认的生活富裕标准。居民人均预期寿命达到 82.3 岁,主要健康指标均处于全国各省区第一。总之,浙江人类发展指数已接近发达国家水平。

　　总之,"八八战略"实施 20 年来,浙江坚持经济建设、政治建设、文化建设、社会建设和生态文明建设"五位一体"全面推进,实现了从经济大省向经济强省、从总体小康向高水平全面小康、从开放大省向深度融入全球经济的跃变。这 20 年,是浙江经济发展最有活力,人民生活水平提高最快,社会大局最和谐稳定,生态环境改善最明显,人民群众获得感幸福感安全感最高,浙江影响力美誉度持续提升的时期。

第 一 章

共同富裕的科学内涵和重大意义

中国式现代化是全体人民共同富裕的现代化。实现共同富裕不仅是经济问题,而且是关系党的执政基础的重大政治问题。习近平总书记指出,"把促进全体人民共同富裕摆在更加重要的位置"①,"实现共同富裕不仅是经济问题,而且是关系党的执政基础的重大政治问题""这项工作也不能等,要自觉主动解决地区差距、城乡差距、收入差距等问题"②,这足以说明党中央高度重视共同富裕任务目标的实现,把促进全体人民共同富裕摆在更加突出的位置。共同富裕是党的初心,是党对人民的庄严承诺,是党带领人民不断探索奋斗的一面旗帜。新中国成立后,毛泽东同志首提共同富裕概念,指出"这个富,是共同的富,这个强,是共同的强"③。邓小平同志指出"共同致富,我们从改革一开始就讲,将来总有一天要成为中心课题。社会主义不是少数人富起来、大多数人穷,不是那个样子"④。

2021 年 5 月 20 日,《中共中央　国务院关于支持浙江高质量发展建设共同富裕示范区的意见》(以下简称《意见》)公开发布。这对浙江而言,既是光荣使命,又是重大政治责任,也是重大发展机遇。浙江省高质量发展建

---

① 《习近平著作选读》第二卷,人民出版社 2023 年版,第 444 页。
② 《习近平著作选读》第二卷,人民出版社 2023 年版,第 407 页。
③ 《毛泽东文集》第六卷,人民出版社 1999 年版,第 495 页。
④ 《邓小平文选》第三卷,人民出版社 1993 年版,第 364 页。

设共同富裕示范区,是习近平总书记亲自谋划、亲自定题、亲自部署、亲自推动的重大战略决策,是浙江忠实践行"八八战略"、奋力打造"重要窗口"的核心任务,是扛起"五大历史使命"的总牵引。在"十四五"开局、现代化新征程开启的历史性时刻,党中央作出了扎实推动共同富裕的重大战略部署,把共同富裕作为现代化建设的重要目标,中国特色社会主义必将迎来新的更大发展,必将为人类社会的文明进步、世界社会主义发展作出更大贡献。

第一节 共同富裕的科学含义与主要特征

一、共同富裕的科学含义

共同富裕是一场广泛而深刻的社会变革,涉及重塑政府、社会、企业和个人关系。共同富裕是全体人民通过辛勤劳动和相互帮助,普遍达到生活富裕富足、精神自信自强、环境宜居宜业、社会和谐和睦、公共服务普及普惠,实现人的全面发展和社会全面进步,共享改革发展成果和幸福美好生活。共同富裕是全体人民的富裕,不是少数人的富裕,是人民群众物质生活和精神生活都富裕,也不是整齐划一的平均主义,要分阶段促进共同富裕。即"三多":人数多、内容多、阶段多。

正确把握高质量发展与共同富裕的关系。(1)共同富裕以高质量发展为基石,是在做大"蛋糕"基础上分好"蛋糕"。共同富裕是在普遍富裕基础上有差别的富裕,不是同等富裕、同步富裕,更不是均贫富,杀富济贫。防止只讲享有、不讲贡献;防止平均主义、大锅饭。(2)鼓励勤劳创新致富,畅通向上流动通道。立足社会主义初级阶段,允许一部分人先富起来,先富带后富、帮后富,重点鼓励辛勤劳动、合法经营、敢于创业的致富带头人。(3)要尽力而为、量力而行,在高质量发展中促进共同富裕。把保障和改善民生建立在经济发展和财力可持续的基础之上,重点加强基础性、普惠性、兜底性民生保障建设。

二、共同富裕的主要特征

共同富裕具有鲜明的时代特征和中国特色,具有制度性、相对性、长期性、复杂性等特征。制度性是指共同富裕是社会主义的本质要求。解放生产力,发展生产力,消灭剥削,消除两极分化,最终达到共同富裕。相对性是指共同富裕不是同时、同步、同等富裕,是实现普遍富裕基础上的有差别富裕;是在机会公平、规则公平基础上,承认各个主体要素资源禀赋差异的相对富裕。长期性是指共同富裕是长远目标,不可能一蹴而就,要分阶段分步骤实现。到 21 世纪中叶建成了社会主义现代化强国,也只是基本实现共同富裕(要吸取大跃进和人民公社运动教训)。复杂性是指共同富裕不仅是发展问题,更是改革问题。共同富裕的内涵和要求会随着生产的发展、需求的变化而不断被赋予新的内容。

三、既要防止两极分化,又要反对平均主义

现在,已经到了扎实推动共同富裕的历史阶段。习近平总书记明确指出,"我们决不能允许贫富差距越来越大、穷者愈穷富者愈富,决不能在富的人和穷的人之间出现一道不可逾越的鸿沟"[①]。但平均主义决不是社会主义。平均主义反映了小私有者的心理和意向。马克思和恩格斯从创立科学社会主义时起,就不断同这种思潮作斗争。从无偿占有他人劳动成果的角度看,平均主义也是一种剥削。邓小平同志就明确提出,"过去搞平均主义,吃'大锅饭',实际上是共同落后,共同贫穷""改革首先要打破平均主义,打破'大锅饭'"[②]。改革分配制度首先要打破平均主义,鼓励一部分

① 《习近平著作选读》第二卷,人民出版社 2023 年版,第 407 页。
② 中共中央文献研究室编:《邓小平年谱(一九七五——一九九七)》下卷,中央文献出版社 2004 年版,第 1109 页。

人、一部分地区通过辛勤劳动合法经营先富起来,这是一个推进社会主义经济发展的大政策。

第二节　高质量发展建设共同富裕示范区的重大意义

高质量发展建设共同富裕示范区,实现了"扎实推进共同富裕"、构建新发展格局等重大国家战略与浙江自身发展需要的高度统一。

一、这是坚持扩大内需这个战略基点、构建新发展格局的需要

新发展格局的核心要义是,依托强大国内市场,贯通生产、分配、流通、消费各环节,形成国民经济良性循环。核心问题在于居民消费需求长期过小。2023 年中国人口占世界 17.9%,GDP 占世界近 18.0%,最终消费支出只占世界总额的 12.5%。居民人均可支配收入 3.92 万元,消费支出 2.68 万元,消费率 68.4%;全社会最终消费率 37.4%,最终消费占 GDP 的比重不到 50%,发达国家在 60% 左右。因此,扎实推动共同富裕是增加居民可支配收入、建设强大国内市场的治本之策。

二、这是浙江前所未有的重大发展机遇

高质量发展建设共同富裕示范区是习近平总书记亲自谋划、亲自定题、亲自部署、亲自推动的重大战略决策。党中央赋予浙江高质量发展建设共同富裕示范区的光荣使命,这既是金字招牌,又是重大政治责任。浙江要为全国先行探路。要充分认识到中央的部署既提出了"过河"的任务,也要解决"桥"与"船"问题,要久久为功。

新发展阶段明确了我国发展的历史方位,也明确了浙江的历史方位。浙江已超过或接近现代化的门槛指标,正在迈过"中等收入陷阱",处于从

"高收入经济体"向"发达经济体"迈进的关键时期。这一关键时期对经济社会发展提出了更高的目标要求:经济持续增长并且产业高级化;中等收入阶层壮大形成"橄榄型"结构;社会向上流动渠道通畅充满活力;社会稳定治安良好政府廉洁高效;生态环境优化美化,建设美丽浙江。

三、这是浙江打造"重要窗口"的鲜明标志,扛起"五大历史使命"的总牵引

中共浙江省委十四届八次全会提出必须担负起"五大历史使命":书写忠实践行"八八战略"的新篇章;展示奋力打造"重要窗口"的新成果;展现探索构建新发展格局有效路径的新担当;开启争创社会主义现代化先行省的新征程;提升党员干部队伍推进现代化建设的新能力。要将高质量发展建设共同富裕示范区作为"五大历史使命"的总牵引。

第三节　共同富裕是阶梯式递进、渐进式发展的过程

共同富裕是中国共产党的百年追求,是一个阶梯式递进、渐进式发展的过程。建设共同富裕示范区,就是要在浙江大地率先展现共同富裕美好社会的基本图景,以浙江的先行探索为全国推动共同富裕探路。[1] 我们要在实践中不断拓展深化对共同富裕的认识理解,推动示范区建设始终朝着正确方向探路前行。

一、共同富裕是中国特色社会主义向更高阶段迈进的标志性成果

只有坚持中国共产党领导,坚持和发展中国特色社会主义,才能走出促

---

[1] 参阅《忠实践行"八八战略"奋力打造"重要窗口"　扎实推动高质量发展建设共同富裕示范区》,《浙江日报》2021年6月12日。

进全体人民共同富裕之路。我们要充分发挥党的政治优势和制度优势,率先形成中国特色社会主义向更高阶段迈进、量变到质变跃升的标志性成果。具体体现在三个方面:一是充满生机活力的阶梯式递进、渐进式发展的过程。对标现代化、迈向现代化、引领现代化,在新的基础上由新的量变积累引起新的部分质变,推动实现人的全面发展和社会全面进步,日益接近共同富裕美好社会质的飞跃。二是从低层次共同富裕向高层次共同富裕跃升的过程。顺应时代的发展、群众的期盼和生产力的进步,发挥基础优势、拓展潜力空间,逐步解决发展不平衡不充分问题,不断提升共同富裕标准和美好生活品质,一个阶段接着一个阶段持续推进共同富裕迈上新台阶。三是从局部共同富裕到整体共同富裕拓展的过程。示范区建设就是要先行先试,率先探索破解新时代社会主要矛盾的有效途径,以重大理论创新、实践创新、制度创新和文化创新成果,为全国推动共同富裕提供省域范例,促进全体人民共同富裕。

二、高质量发展与共同富裕螺旋上升

高质量发展、现代化建设与共同富裕相互促进、螺旋上升。共同富裕既需要大力发展生产力、不断提高效率,又要防止两极分化、促进和维护公平。我们要立足新发展阶段,完整、准确、全面贯彻新发展理念,在高质量发展、竞争力提升、现代化先行的跑道上率先推动共同富裕,推动效率与公平实现新的平衡。一方面,要树立全面的效率观。创新驱动发展,构建产业升级和消费升级协调共进、经济结构和社会结构优化互促的良性循环,同时以共同富裕进一步激发经济活力创新力竞争力,服务构建新发展格局,培育完整内需体系,实现新的更大发展,夯实共同富裕的物质基础。另一方面,要全方位促进公平。完善包括机会公平在内的社会公平保障体系,优化收入和财富分配格局,让发展更平衡,让发展机会更加均等、发展成果人人共享,提升发展公平性、有效性、协同性,形成效率与公平、发展与共享有机统一的富裕图景。

三、社会结构更优化、体制机制更完善

共同富裕不仅是社会发展概念,更是一场以缩小地区差距、城乡差距、收入差距为标志的社会变革。核心在于通过大力推进科技创新、数字化与绿色低碳的融合聚变,创造前所未有的新机遇和核心驱动力,推动生产力和生产关系、经济基础和上层建筑的深刻变革。一是形成区域一体化新格局。加强省域统筹,以发展型政策为主,加快基础设施特别是新型基础设施一体化,推动欠发达地区构建数字化与绿色发展相融合的生态经济体系,推动区域协调发展迈向更高水平,超越西方福利社会、实现持续共富。二是形成城乡新格局。数字赋能城乡高质量融合,破解城乡二元结构,加快农业农村现代化,深化农村综合改革,促进农业高质高效、乡村宜居宜业、农民富裕富足,构建城乡互补、协调发展、共同繁荣的新型城乡关系。三是形成以中等收入群体为主体的橄榄型社会结构。采取系统性改革发展举措,推动收入分配格局优化取得实质性进展,显著扩大中等收入群体,促进包容性发展。四是形成先富带后富、先富帮后富的新机制。推动政策、规则和制度重塑,推动有效市场与有为政府更好结合,更好发挥社会、企业、个人作用,增添持续缩小"三大差距"的新动力,形成全域一体、全面提升、全民富裕的均衡图景。

四、"五位一体"全面富裕、文明全面提升

共同富裕是"五位一体"的全面富裕,要统筹物质文明、政治文明、精神文明、社会文明和生态文明建设,以文化创新推动思想进步、文明提升推动社会进步,充分彰显人文之美、生态之美、和谐之美。一是人民精神生活普遍富足。文化是社会生活的总和,社会变革、社会进步是先进思想文化的不断积累、不断提升。要着眼提升文化软实力、塑造社会新风尚,全面提高人的文明程度,使社会主义核心价值观广为践行,人文精神凝聚力显著增强,人民精神文化生活更加丰富,打造新时代文化高地,形成推动共同富裕更基

本、更深层、更持久的动力。二是人与自然和谐共生。人与自然是生命共同体,这是生态文明新形态。要深入践行绿水青山就是金山银山理念,坚持走生态优先、绿色低碳的发展道路,从根本上解决生态环境问题,以碳达峰碳中和推动经济社会发展全面绿色转型,形成节约资源和保护环境的空间格局、产业结构、生产方式、生活方式,建成全域美丽大花园,更高水平实现生态惠民、生态利民、生态为民。三是社会和谐和睦向上。推动法治建设、平安建设、清廉建设迈上新台阶,建成活力和秩序有机统一的现代社会,建设低风险社会,使全体人民各尽所能、各得其所,形成人民精神生活丰富、人与自然和谐共生、社会团结和睦的文明图景。

五、人的全生命周期公共服务优质共享

共同富裕促进了人的全生命周期公共服务优质共享。人民对美好生活的向往是我们的奋斗目标。公共服务优质共享是群众最关心、最期盼、最有获得感的领域,也是一个世界性难题。要瞄准人民群众所忧所急所盼,率先高水平实现幼有所育、学有所教、劳有所得、病有所医、老有所养、住有所居、弱有所扶。一是高品质公共服务供给有效扩大。围绕人的全生命周期多层次多样化需求,加大民生投入,创新公共服务供给模式,进一步激发活力、挖掘潜力、补齐短板、提升能力。二是优质公共服务共享难题有效破解。更加注重向农村、基层、相对欠发达地区倾斜,向困难群众倾斜,探索重大突破性改革和各类共同体建设,破解突出矛盾和关键堵点,实现公共服务普及普惠,形成与共同富裕相适应的公共服务共享格局。三是以数字化改革推动公共服务质效显著提升。在数字化时代,社会不再是模糊的,而是更加清晰,某种程度上已经成为"微粒社会"。要更加精准地做好民生需求分析,加快推进"城市大脑+未来社区""健康大脑+智慧医疗"等建设,打造公共服务综合应用场景,在更高水平上实现供需对接,在更广范围实现优质共享,形成群众看得见、摸得着、体会得到的幸福图景。

第 二 章

高质量发展建设共同富裕
示范区的"四梁八柱"

扎实推动共同富裕总的思路是:"坚持以人民为中心的发展思想,在高质量发展中促进共同富裕,正确处理效率和公平的关系,构建初次分配、再分配、三次分配协调配套的基础性制度安排,加大税收、社保、转移支付等调节力度并提高精准性,扩大中等收入群体比重,增加低收入群体收入,合理调节高收入,取缔非法收入,形成中间大、两头小的橄榄型分配结构。"[①]分阶段促进共同富裕的具体部署:"到'十四五'末,全体人民共同富裕迈出坚实步伐,居民收入和实际消费水平差距逐步缩小。到 2035 年,全体人民共同富裕取得更为明显的实质性进展,基本公共服务实现均等化。到本世纪中叶,全体人民共同富裕基本实现,居民收入和实际消费水平差距缩小到合理区间。"[②]

第一节 高质量发展建设共同富裕
示范区的发展目标

浙江要按照"每年有新突破、5 年有大进展、15 年基本建成"的安排压

---

① 习近平:《扎实推动共同富裕》,《求是》2021 年第 20 期。
② 习近平:《扎实推动共同富裕》,《求是》2021 年第 20 期。

茌推进,滚动制定五年实施方案,迭代深化目标任务,率先推动共同富裕理论创新、实践创新、制度创新、文化创新,不断形成阶段性标志性成果、普遍性经验,蹄疾步稳向共同富裕美好社会目标迈进,为坚持和发展中国特色社会主义作出创造性贡献。2021年7月19日《浙江高质量发展建设共同富裕示范区实施方案(2021—2025年)》正式发布,全面细化落实中央《意见》精神,明确了"十四五"时期"四率先三美"主要目标和"七个方面先行示范"主要任务,是当前和今后一个时期推进示范区建设的路线图、任务书。

到2025年的主要目标是,推动高质量发展建设共同富裕示范区取得明显实质性进展。具体表现在:到2025年,经济高质量发展方面,人均国内生产总值达到13万元,居民人均可支配收入达到7.5万元,研究与试验发展经费支出占GDP比重达到3.3%,全员劳动生产率达到22万元/人,数字经济增加值占GDP比重达到60%,单位GDP建设用地使用面积下降到17.74平方米/万元,规模以上工业亩均税收提高到37万元,单位GDP能耗、单位GDP碳排放完成国家下达目标。

持续缩小"三大差距"方面,地区人均GDP最高最低倍差缩小到2.1以内,地区人均可支配收入最高最低倍差缩小到1.55以内,山区26个县居民人均可支配收入与全省平均之比提高到74.5%;城乡居民收入倍差缩小到1.9以内,常住人口城镇化率提高到75%,3个"1小时交通圈"人口覆盖率超过95%,城乡公交一体化率超过85%;劳动报酬占GDP比重提高到51%,居民人均收入与人均国内生产总值之比提高到53.5%,家庭年可支配收入10万—50万元的群体比例达到80%、20万—60万元的群体比例力争达到45%。

公共服务优质共享方面,基本建成学前教育、公共卫生、养老照料、体育健身等"15分钟公共服务圈",每千人拥有婴幼儿照护设施托位提高到4.5个,普惠性幼儿园在园幼儿占比达到90%以上,儿童平均预期受教育年限达到15.5年,高等教育毛入学率达到70%以上,技能人才占从业人员比例提高到35%,人均预期寿命超过80岁,每千人口拥有执业(助理)医师数达到 4.3 人,每万老年人口拥有持证养老护理员数达到 25 人,城镇住房保障受益覆盖率达到 23%。

精神文明和社会进步方面,每万人拥有公共文化设施面积达到 4350 平方米,居民综合阅读率达到 92.5%,文明好习惯养成实现率达到 90%,社会诚信度达到 96%,国民体质合格率超过 94.5%。

生态文明建设方面,设区城市 PM2.5 平均浓度持续下降,85% 的县级以上城市建成清新空气示范区;地表水达到或好于 Ⅲ 类水体比例提高到 95% 以上,县级以上饮用水水源水质达标率 100%;污染地块安全利用率完成国家下达目标,累计完成 500 个乡村全域土地综合整治与生态修复工程;生活垃圾分类覆盖面达到 100%,一般工业固体废弃物综合利用率达到 98%,所有设区市和 60% 以上的县(市、区)建成"无废城市",建成全国"无废示范省";提前 2 年完成国家治塑各项目标任务,塑料污染得到有效控制;森林覆盖率达到 61.5%,重点生物物种保护率达到 95%,城市步行 10 分钟可达公园绿地。

社会和谐和睦方面,党建统领整体智治实现率大幅提升,全面从严治党成效度超过 97.5%,亿元国内生产总值生产安全事故死亡率小于 0.01 人/亿元,万人成讼率低于 80 件/万人,律师万人比提高到 5.2 人。

展望 2035 年,主要目标是,高质量发展取得更大成就,基本实现共同富裕,率先探索建设共同富裕美好社会。人均地区生产总值和城乡居民收入争取达到发达经济体水平。实现全省域一体化发展,常住人口城镇化率达到 80%,山区、乡村成为全省乃至全国人民向往之地;形成以中等收入群体为主体的"橄榄型"社会结构,中等收入群体比例达到 60%,收入和财富分配格局更加优化。实现人的全生命周期公共服务优质共享,高等教育毛入学率达到 90%。建成文明和谐美丽家园,生态环境质量总体达到发达经济体水平,法治浙江、平安浙江、清廉浙江建设达到更高水平,治理体系和治理能力现代化水平明显提高。共同富裕现代化基本单元、基本场景、基本规则全面推行,形成更加完善的共同富裕制度体系。

第二节 高质量发展建设共同富裕示范区的主要目标和战略定位

到 2025 年,浙江省推动高质量发展建设共同富裕示范区取得明显实质性进展。经济发展质量效益明显提高,人均地区生产总值达到中等发达经济体水平,基本公共服务实现均等化;城乡区域发展差距、城乡居民收入和生活水平差距持续缩小,低收入群体增收能力和社会福利水平明显提升,以中等收入群体为主体的"橄榄型"社会结构基本形成,全省居民生活品质迈上新台阶;国民素质和社会文明程度达到新高度,美丽浙江建设取得新成效,治理能力明显提升,人民生活更加美好;推动共同富裕的体制机制和政策框架基本建立,形成一批可复制可推广的成功经验。

到 2035 年,浙江省高质量发展取得更大成就,基本实现共同富裕。人均地区生产总值和城乡居民收入争取达到发达经济体水平,城乡区域协调发展程度更高,收入和财富分配格局更加优化,法治浙江、平安浙江建设达到更高水平,治理体系和治理能力现代化水平明显提高,物质文明、政治文明、精神文明、社会文明、生态文明全面提升,共同富裕的制度体系更加完善。

高质量发展高品质生活先行区。率先探索实现高质量发展的有效路径,促进城乡居民收入增长与经济增长更加协调,构建产业升级与消费升级协调共进、经济结构与社会结构优化互促的良性循环,更好满足人民群众品质化多样化的生活需求,富民惠民安民走在全国前列。

城乡区域协调发展引领区。坚持城乡融合、陆海统筹、山海互济,形成主体功能明显、优势互补、高质量发展的国土空间开发保护新格局,健全城乡融合、区域协调发展体制机制,加快基本公共服务均等化,率先探索实现城乡区域协调发展的路径。

收入分配制度改革试验区。坚持按劳分配为主体、多种分配方式并存，着重保护劳动所得，完善要素参与分配政策制度，在不断提高城乡居民收入水平的同时，缩小收入分配差距，率先在优化收入分配格局上取得积极进展。

文明和谐美丽家园展示区。加强精神文明建设，推动生态文明建设先行示范，打造以社会主义核心价值观为引领、传承中华优秀文化、体现时代精神、具有江南特色的文化强省，实现国民素质和社会文明程度明显提高、团结互助友爱蔚然成风、经济社会发展全面绿色转型，成为人民精神生活丰富、社会文明进步、人与自然和谐共生的幸福美好家园。

《浙江高质量发展建设共同富裕示范区实施方案（2021—2025年）》，把建设七个"省域范例"全面细化落实发展目标，这是当前和今后一个时期推进示范区建设的路线图、任务书。以解决地区差距、城乡差距、收入差距问题为主攻方向，更加注重向农村、基层、相对欠发达地区倾斜，向困难群众倾斜，在高质量发展中扎实推动共同富裕。率先建成七个"省域范例"主要包括：（1）率先基本建立推动共同富裕的体制机制和政策框架，努力成为共同富裕改革探索的省域范例；（2）率先基本形成更富活力创新力竞争力的高质量发展模式，努力成为经济高质量发展的省域范例；（3）率先基本形成以中等收入群体为主体的"橄榄型"社会结构，努力成为地区、城乡和收入差距持续缩小的省域范例。居民人均可支配收入达到7.5万元，劳动报酬占GDP比重超过50%；（4）率先基本实现人的全生命周期公共服务优质共享，努力成为共建共享品质生活的省域范例。主要人类发展指标全面达到高收入国家水平；（5）人文之美更加彰显，努力成为精神普遍富足的省域范例；（6）生态之美更加彰显，成为全域美丽大花园建设的省域范例；（7）和谐之美更加彰显，努力成为社会和睦团结向上的省域范例。

第三节　高质量发展建设共同富裕
示范区的主要任务

"十四五"时期是示范区建设的"第一程",是更宽领域更高层次转入创新驱动发展模式,实现高质量发展、竞争力提升、现代化先行的关键期。为了支持浙江率先探索构建有利于共同富裕的体制机制和政策体系,中央《意见》紧扣推动共同富裕和促进人的全面发展,明确了六大方面的重大举措。为了落实中央《意见》,省委"方案"提出要找准高质量发展建设共同富裕示范区的重点、难点和关键点,着力抓好重大改革、重大抓手和重大政策,加快形成破竹之势,对八个重点领域作了系统部署。①

一、提高发展质量效益,夯实共同富裕的物质基础

要深入研究高质量发展有效路径问题,把提高全要素生产率作为重中之重。聚焦土地、劳动力、资本、技术、数据、能源等发展要素,优化要素投入结构,提高产出效率。

(一) 大力提升自主创新能力

以创新型省份建设为抓手,把科技自立自强作为战略支撑,加快探索社会主义市场经济条件下新型举国体制开展科技创新的浙江路径。实施好关键核心技术攻关工程,强化国家战略科技力量,为率先实现共同富裕提供强劲内生动力。支持布局重大科技基础设施和平台,建设创新策源地,打造"互联网+"、生命健康、新材料科创高地。高水平建设杭州、宁波温州国家自主创新示范区,深化国家数字经济创新发展试验区建设,强化"云上浙

---

① 参阅《浙江高质量发展建设共同富裕示范区实施方案(2021—2025 年)》,《浙江日报》2021 年 7 月 20 日。

江"和数字强省基础支撑,探索消除数字鸿沟的有效路径,保障不同群体更好共享数字红利。畅通创新要素向企业集聚通道,鼓励企业组建创新联合体和知识产权联盟,建设共性技术平台。加大对科技成果应用和产业化的政策支持力度,打造辐射全国、链接全球的技术交易平台。

（二）塑造产业竞争新优势

巩固壮大实体经济根基,夯实共同富裕的产业基础。加快推进产业转型升级,大力推动企业设备更新和技术改造,推动传统产业高端化、智能化、绿色化发展,做优做强战略性新兴产业和未来产业,培育若干世界级先进制造业集群,打响"浙江制造"品牌。促进中小微企业专精特新发展,提升创新能力和专业化水平。推动农村一二三产业融合发展,建设农业现代化示范区,做精农业特色优势产业和都市农业,发展智慧农业。加快服务业数字化、标准化、品牌化发展,推动现代服务业同先进制造业、现代农业深度融合。畅通金融服务实体经济渠道。

（三）提升经济循环效率

落实构建新发展格局要求,贯通生产、分配、流通、消费各环节,在率先实现共同富裕进程中畅通经济良性循环。深化供给侧结构性改革,扩大优质产品和服务消费供给,加快线上线下消费双向深度融合。支持适销对路的优质外贸产品拓宽内销渠道。加快构建现代流通体系,推动海港、陆港、空港、信息港"四港"联动。统筹推进浙江自由贸易试验区各片区联动发展,开展首创性和差别化改革探索。畅通城乡区域经济循环,破除制约城乡区域要素平等交换、双向流动的体制机制障碍,促进城乡一体化、区域协调发展。支持浙江发挥好各地区比较优势,加强大湾区大花园大通道大都市区建设。更加主动对接上海、江苏、安徽,更好融入长三角一体化发展。加快建设"一带一路"重要枢纽,大力发展数字贸易、服务贸易,发展更高水平开放型经济。

（四）激发各类市场主体活力

推动有效市场和有为政府更好结合,培育更加活跃更有创造力的市场主体,壮大共同富裕根基。高水平推动浙江杭州区域性国资国企综合改革试验,完善国有资产监管体制,规范有序开展混合所有制改革,做强做优做大国有资本和国有企业,充分发挥国有经济战略支撑作用。完善产权保护制度,构建亲清政商关系,促进非公有制经济健康发展和非公有制经济人士健康成长,破除制约民营企业发展的各种壁垒,完善促进中小微企业和个体工商户发展的法律环境和政策体系,建立企业减负长效机制。加快建设高标准市场体系,持续优化市场化法治化国际化营商环境,实施统一的市场准入负面清单制度。坚持发展和规范并重,建立健全平台经济治理体系,督促平台企业承担质量和安全保障等责任,推动平台经济为高质量发展和高品质生活服务。加大反垄断和反不正当竞争执法司法力度,提升监管能力和水平,实现事前事中事后全链条监管,防止资本无序扩张。

二、深化收入分配制度改革,多渠道增加城乡居民收入

(一)推动实现更加充分更高质量就业

强化就业优先政策,坚持经济发展就业导向,扩大就业容量,提升就业质量,促进充分就业。支持和规范发展新就业形态,完善促进创业带动就业、多渠道灵活就业的保障制度。统筹各类职业技能培训资金,合理安排就业补助资金,健全统筹城乡的就业公共服务体系。鼓励返乡入乡创业。完善重点群体就业支持体系,帮扶困难人员就业。创造公平就业环境,率先消除户籍、地域、身份、性别等影响就业的制度障碍,深化构建和谐劳动关系,推动劳动者通过辛勤劳动提高生活品质。

(二)不断提高人民收入水平

优化政府、企业、居民之间分配格局,支持企业通过提质增效拓展从业人员增收空间,合理提高劳动报酬及其在初次分配中的比重。健全工资合理增长机制,完善企业薪酬调查和信息发布制度,合理调整最低工资标准,落实带薪休假制度。完善创新要素参与分配机制,支持浙江加快探索知识、技术、管理、数据等要素价值的实现形式。拓宽城乡居民财产性收入渠道,

探索通过土地、资本等要素使用权、收益权增加中低收入群体要素收入。丰富居民可投资金融产品,完善上市公司分红制度。鼓励企业开展员工持股计划。深入推进农村集体产权制度改革,巩固提升农村集体经济,探索股权流转、抵押和跨社参股等农村集体资产股份权能实现新形式。立足当地特色资源推动乡村产业发展壮大,完善利益联结机制,让农民更多分享产业增值收益。支持浙江率先建立集体经营性建设用地入市增值收益分配机制。

（三）扩大中等收入群体

实施扩大中等收入群体行动计划,激发技能人才、科研人员、小微创业者、高素质农民等重点群体活力。加大人力资本投入力度,健全面向劳动者的终身职业技能培训制度,实施新时代浙江工匠培育工程,加快构建产教训融合、政企社协同、育选用贯通的技术技能人才培养培训体系,完善技能人才薪酬分配政策,拓宽技术工人上升通道。对有劳动能力的低收入群体,坚持开发式帮扶,提高内生发展能力,着力发展产业使其积极参与就业。拓展基层发展空间,保障不同群体发展机会公平,推动更多低收入群体迈入中等收入群体行列。规范招考选拔聘用制度,完善评价激励机制。完善党政机关、企事业单位和社会各方面人才顺畅流动的制度体系。实行更加开放的人才政策,激发人才创新活力。

（四）完善再分配制度

支持浙江在调节收入分配上主动作为,加大省对市县转移支付等调节力度和精准性,合理调节过高收入。依法严厉惩治贪污腐败,继续遏制以权力、行政垄断等非市场因素获取收入,取缔非法收入。优化财政支出结构,加大保障和改善民生力度,建立健全改善城乡低收入群体等困难人员生活的政策体系和长效机制。

（五）建立健全回报社会的激励机制

鼓励引导高收入群体和企业家向上向善、关爱社会,增强社会责任意识,积极参与和兴办社会公益事业。充分发挥第三次分配作用,发展慈善事业,完善有利于慈善组织持续健康发展的体制机制,畅通社会各方面参与慈善和社会救助的渠道。探索各类新型捐赠方式,鼓励设立慈善信托。加强对慈善组织和活动的监督管理,提高公信力和透明度。落实公益性捐赠税收优惠政策,完善慈善褒奖制度。

三、缩小城乡区域发展差距,实现公共服务优质共享

(一)率先实现基本公共服务均等化

推进城乡区域基本公共服务更加普惠均等可及,稳步提高保障标准和服务水平。推动义务教育优质均衡发展,建成覆盖城乡的学前教育公共服务体系,探索建立覆盖全省中小学的新时代城乡教育共同体,共享"互联网+教育"优质内容,探索终身学习型社会的浙江示范,提高人口平均受教育年限和综合能力素质。深入实施健康浙江行动,加快建设强大的公共卫生体系,深化县域医共体和城市医联体建设,推动优质医疗资源均衡布局。积极应对人口老龄化,提高优生优育服务水平,大力发展普惠托育服务体系,加快建设居家社区机构相协调、医养康养相结合的养老服务体系,发展普惠型养老服务和互助性养老。健全全民健身公共服务体系。

(二)率先实现城乡融合发展

高质量创建乡村振兴示范省,推动新型城镇化与乡村振兴全面对接,深入探索破解城乡二元结构、缩小城乡差距、健全城乡融合发展的体制机制。推动实现城乡交通、供水、电网、通信、燃气等基础设施同规同网。推进以人为核心的新型城镇化,健全农业转移人口市民化长效机制,探索建立人地钱挂钩、以人定地、钱随人走制度,切实保障农民工随迁子女平等接受义务教育,逐步实现随迁子女入学待遇同城化。促进大中小城市与小城镇协调发展。推进以县城为重要载体的城镇化建设,推进空间布局、产业发展、基础设施等县域统筹,赋予县级更多资源整合使用的自主权。以深化"千村示范、万村整治"工程牵引新时代乡村建设。

(三)持续改善城乡居民居住条件

坚持房子是用来住的、不是用来炒的定位,完善住房市场体系和住房保

障体系,确保实现人民群众住有所居。针对新市民、低收入困难群众等重点群体,有效增加保障性住房供给。对房价比较高、流动人口多的城市,土地供应向租赁住房建设倾斜,探索利用集体建设用地和企事业单位自有闲置土地建设租赁住房,扩大保障性租赁住房供给,加快完善长租房政策,使租购住房在享受公共服务上具有同等权利。全面推进城镇老旧小区改造和社区建设,提升农房建设质量,加强农村危房改造,探索建立农村低收入人口基本住房安全保障机制,塑造江南韵、古镇味、现代风的新江南水乡风貌,提升城乡宜居水平。

（四）织密扎牢社会保障网

完善社会保障制度,加快实现法定人员全覆盖,建立统一的社保公共服务平台,实现社保事项便捷"一网通办"。健全多层次、多支柱养老保险体系,大力发展企业年金、职业年金、个人储蓄型养老保险和商业养老保险。规范执行全国统一的社保费率标准。推动基本医疗保险、失业保险、工伤保险省级统筹。健全重大疾病医疗保险制度。做好长期护理保险制度试点工作,积极发展商业医疗保险。健全灵活就业人员社保制度。健全统一的城乡低收入群体精准识别机制,完善分层分类、城乡统筹的社会救助体系,加强城乡居民社会保险与社会救助制度的衔接,按困难类型分类分档及时给予专项救助、临时救助,切实兜住因病、因灾致贫等困难群众基本生活底线。保障妇女儿童合法权益,完善帮扶残疾人、孤儿等社会福利制度。

（五）完善先富带后富的帮扶机制

加快推进省级以下财政事权和支出责任划分改革,加大向重点生态功能区的转移支付力度。强化陆海统筹,升级山海协作工程,挖掘海域和山区两翼的潜力优势,支持一批重点生态功能区县增强内生发展动力和实力,带动山区群众增收致富。全域参与海洋经济发展,建设海洋强省。探索建立先富帮后富、推动共同富裕的目标体系、工作体系、政策体系、评估体系。深入实施东西部协作和对口支援,持续推进智力支援、产业支援、民生改善、文化教育支援,加强对省外欠发达地区帮扶,大力推进产业合作、消费帮扶和劳务协作,探索共建园区、飞地经济等利益共享模式。完善社会力量参与帮扶的长效机制。

四、打造新时代文化高地,丰富人民精神文化生活

(一)提高社会文明程度

推动学习贯彻习近平新时代中国特色社会主义思想走深走心走实,实现理想信念教育常态化制度化。坚持以社会主义核心价值观为引领,加强爱国主义、集体主义、社会主义教育,厚植勤劳致富、共同富裕的文化氛围。推进公民道德建设,支持培育"最美浙江人"等品牌。扎实推进新时代文明实践中心建设,深入实施文明创建工程,打造精神文明高地。完善覆盖全省的现代公共文化服务体系,提高城乡基本公共文化服务均等化水平,深入创新实施文化惠民工程,优化基层公共文化服务网络。弘扬诚信文化,推进诚信建设,营造人与人之间互帮互助、和睦友好的社会风尚。加强家庭家教家风建设,健全志愿服务体系,广泛开展志愿服务关爱行动。

(二)传承弘扬中华优秀传统文化、革命文化、社会主义先进文化

传承弘扬中华优秀传统文化,充分挖掘浙江文化优势,深入推进大运河国家文化公园、大运河文化带建设,振兴非遗记忆。传承红色基因,大力弘扬革命文化,提升爱国主义教育基地建设水平。实施重大文化设施建设工程,打造具有国际影响力的影视文化创新中心和数字文化产业集群,提供更多优秀文艺作品、优秀文化产品和优质旅游产品,更好满足人民群众文化需求。

五、践行绿水青山就是金山银山理念,打造美丽宜居的生活环境

(一)高水平建设美丽浙江

支持浙江开展国家生态文明试验区建设,绘好新时代"富春山居图"。强化国土空间规划和用途管控,优化省域空间布局,落实生态保护、基本农田、城镇开发等空间管控边界。坚持最严格的耕地保护制度和最严格的节

约用地制度,严格规范执行耕地占补平衡制度,对违法占用耕地"零容忍",坚决有效遏制增量,依法有序整治存量,强化耕地数量保护和质量提升。深化生态文明体制改革,实行最严格的生态环境保护制度,健全明晰高效的自然资源资产产权制度。坚持山水林田湖草系统治理,全面提升生物多样性保护水平。完善生态保护补偿机制,推广新安江等跨流域共治共保共享经验。继续打好蓝天、碧水、净土保卫战,强化多污染物协同控制和区域协同治理,推进生态环境持续改善。推进海岸带综合保护与利用。推进海岛特色化差异化发展,加强海岛生态环境保护。

（二）全面推进生产生活方式绿色转型

拓宽绿水青山就是金山银山转化通道,建立健全生态产品价值实现机制,探索完善具有浙江特点的生态系统生产总值（GEP）核算应用体系。高标准制定实施浙江省碳排放达峰行动方案。推进排污权、用能权、用水权市场化交易,积极参与全国碳排放权交易市场。大力发展绿色金融。全面促进能源资源节约集约利用,进一步推进生活垃圾分类,加快构建家电、汽车等废旧物资循环利用体系。深化"无废城市"建设。大力推行简约适度、绿色低碳、文明健康的生活方式,广泛开展绿色生活创建行动,促进人与自然和谐共生。

六、坚持和发展新时代"枫桥经验",构建舒心安心放心的社会环境

（一）以数字化改革提升治理效能

强化数字赋能,聚焦党政机关整体智治、数字经济、数字社会、数字政府、数字法治等领域,探索智慧治理新平台、新机制、新模式。推进"互联网+放管服",全面推行"掌上办事""掌上办公"。深化"一件事"集成改革。健全党组织领导的自治、法治、德治、智治融合的城乡基层治理体系,完善基层民主协商制度,推进市域社会治理现代化,建设人人有责、人人尽责、人人享有的社会治理共同体。推进"最多跑一地"改革,完善县级社会矛盾纠纷调处化解中心工作机制。

（二）全面建设法治浙江、平安浙江

健全覆盖城乡的公共法律服务体系，加大普法力度，推动尊法学法守法用法，促进公平正义，建设法治社会。构建全覆盖的政府监管体系和行政执法体系。高水平建设平安中国示范区，把保护人民生命安全摆在首位，加强社会治安防控体系建设，全面提高公共安全保障能力。建立健全覆盖各领域各方面的风险监测防控平台，健全防范化解重大风险挑战体制机制，守住不发生系统性风险底线。

第四节　高质量发展建设共同富裕示范区的重大举措

"十四五"时期是示范区建设的"第一程"，也是更宽领域更高层次转入创新驱动发展模式，实现高质量发展、竞争力提升、现代化先行的关键期。要完整、准确、全面贯彻新发展理念，坚定不移推动高质量发展，进一步激发活力创新力竞争力，推动实现新的更大发展，夯实共同富裕的基础。要找准高质量发展建设共同富裕示范区的重点、难点和关键点，着力抓好重大改革、重大抓手和重大政策，加快形成破竹之势。高质量发展、美丽浙江建设等方面，省委都已经做了系统部署，这里重点强调 8 个方面。

一、着力强化科技创新、打造全球数字变革高地

要顺应万物互联时代发展趋势，以科技创新和数字变革催生新的发展动能，推动生产力和生产关系深刻变革，推动社会结构、制度规则的系统重塑。一要推动发展质量变革、效率变革、动力变革。更大力度实施人才强省创新强省首位战略，实行更加开放的人才政策，大力开展"鲲鹏行动"，加快建设全球人才蓄水池；构建开放协同创新体系，激活创新源泉，打通创新生态，加快建设"互联网+"、生命健康、新材料三大科创高地和创新策源地，以

杭州城西科创大走廊为主平台,争创综合性国家科学中心和具有全国影响力的科技创新中心,支持之江实验室成为国家实验室体系核心支撑,在科技自立自强中发挥更大作用。构建数字经济引领的现代产业体系,深化国家数字经济创新发展试验区建设,以"产业大脑+未来工厂"为突破口,发展具有全球影响力的数字产业集群,探索"腾笼换鸟、凤凰涅槃"新路径。构建新型市场体系,加快线上经济新模式发展,促进线上线下深度融合,大力建设全球数字贸易中心,加快探索数字经济新规则。打通数据壁垒,挖掘提升数据价值,研究探索数据确权,培育数据交易市场,推动数据变为战略资源、转化为生产力。探索建设数字孪生世界,使数字空间成为重塑物理空间与社会空间的新载体,打开价值创造新蓝海。二要重塑政府、社会、企业和个人关系。系统性整体性把握社会结构、制度规则演进规律,统筹推动数字化改革和共同富裕,从物质性结合和精神性结合层面厘清社会各群体之间的关系,探索构建数字化时代社会关系的新规则新政策新机制,优化社会发展格局。要重塑社会规则,找到政府、社会、企业和个人的边界,建立健全体现公平与正义的基本规则,政府要更高水平保基本,社会要成为推动共同富裕的重要力量,企业要勇当创富带富帮富先锋,个人要积极奋斗,形成与共同富裕相适应的制度规范体系。要重塑社会政策和资源,以数字赋能推动政策集成化、精准化,加快构建有利于共同富裕的公共服务、社会保障、转移支付、金融、土地等政策制度,率先形成以发展型政策为根本、以兜底型救助型政策为保障的共同富裕政策框架。要重塑社会协同机制,在数字化场景下打造新型教育共同体、医共体、帮共体、社会治理共同体等新载体,创新社区与社会组织、社会工作者、社区志愿者、社会慈善资源的联动机制,高效协同、联动解决社会问题,推动共同富裕。

二、着力加快缩小地区发展差距

区域协调发展是浙江推动共同富裕的独特优势,也是巨大潜力所在。要深化细化行之有效的做法举措,念好新时代"山海经",进一步完善省域统筹机制,实施差别化区域政策,挖掘区域发展特色优势,系统性增强内生动力,推动形成全域一体化高质量发展新格局。一要加快省域一体化。以"四大建设"为统领,以空间规划一体化为引领,推动资源要素在全省域自由流动、高效配置。深入推进公共服务一体化发展,提高公共服务供给质量,使优质公共服务更加普惠均等可及。深入推进基础设施一体化,加快建成省域、市域、城区3个"1小时交通圈",优化省域新基建布局。二要推动山区26县跨越式高质量发展。按照分类引导、"一县一策"的思路,系统性推进数字赋能、创新赋能、改革赋能、开放赋能、生态赋能、文化赋能,实施做大产业扩大税源行动和提升居民收入富民行动。持续缩小基础设施差距,加快构建内畅外联山区交通基础设施和新型基础设施体系,推动山区26县全面融入全省一体化;持续缩小产业发展差距,加快构建特色现代产业体系,探索建立跨山统筹产业平台;持续缩小公共服务差距,以教育共同体、医共体、帮共体和"互联网+"等方式,推进教育、医疗卫生等优质公共服务资源共享。衢州、丽水要建设好新时代山水花园城市,进一步加强人口集聚,做好人口迁出地的"后半篇文章",盘活闲置资源,打造重大平台,重塑发展格局。省委、省政府每年召开一次山区26县工作推进会,把这项工作抓实。三要创新实施山海协作升级版。更大力度推进海洋强省建设,高质量发展海洋经济。拓展迭代山海协作方式、载体和内涵,推动先富带后富政策制度集成、数字化系统集成、帮促力量集成。打造一批产业链协作、公共服务合作的标志性工程,推进"科创飞地+产业飞地"双向飞地建设,形成山海互济、携手共富的良好态势。四要创新实施对口工作升级版。推动山海协作理念、方法向省外拓展,发挥浙江省民营经济、数字经济、市场发达等先发优势,深入推进东西部协作和对口支援,用心用情加强对省外欠发达地区帮扶,推进工作项目化、项目体系化、体系品牌化,打造对口工作金名片。

三、着力加快缩小城乡发展差距

缩小城乡差距,要突出以人为核心,以改革为动力,形成组合拳打法。

深入推进以人为核心的新型城镇化,高质量实施乡村振兴战略,健全城乡融合发展体制机制,重塑以工补农、以城带乡,构建城乡新格局。一要加快推进市民化集成改革。以农业转移人口为重点,打造"三权到人(户)、权随人(户)走"改革2.0版,努力实现转移更便捷、就业更稳定、增收更显著、居住更安定、服务更优质、保障更有力、权益更平等,有序推进农业转移人口全面融入城市。全省除杭州市区以外的地区全面取消落户限制政策,实行以经常居住地登记户口制度。要健全新型居住证制度,大力推行电子居住证,实现"一地发证、全省通用",力争实现符合条件的农业转移人口全部持有居住证。要探索建立以"居住证+积分"为核心的优质公共服务梯度供给制度,进一步扩大居住证持有人实际可享有的公共服务和社会保障内容,把居住证打造成农业转移人口融入城市的"身份证"、服务城市的"贡献证"和共享发展的"权利证"。二要深入实施新一轮乡村集成改革。要树立系统观念,培育新优势、注入新动能、激发新活力,将乡村优势转化为共同富裕的全局胜势。系统探索宅基地"三权分置"有效实现形式,建立健全集体经营性建设用地入市办法和增值收益分配机制,构建"新型农业经营主体+三位一体"合作经济组织的现代农业经营体系,打开农民权益价值和农业价值的空间。三要大力实施强村惠民行动。村集体经济是建设乡村、推动乡村社会变革的重要支撑力量,要推进农业数字化、机械化、绿色化发展,梯次创建农业现代化示范区,健全村级集体经济收入增长长效机制,组建强村公司,实现所有行政村集体经济年收入达到20万元以上、经营性收入达到10万元以上,引导支持村集体在带动公共服务普及普惠上发挥更大作用。要完善"两进两回"机制,畅通城乡要素双向流动通道,推动人才上山下乡、科技汇聚乡村,使乡村成为科技、资金与人才等要素"进得来、稳得住、干得好"的创业创新乐园。四要以都市区和县城为主要载体提高人口承载和公共服务共享水平。推动四大都市区加快建设现代化大都市区,唱好杭甬"双城记",大力创建国家中心城市、全球海洋中心城市。实施新型城镇化"十百千"行动,加强新型智慧城市、绿色低碳城市建设,提升城市综合能级。推进以县城为重点的城镇化,重塑县域经济活力和特色优势。建立大中城市反哺小城镇机制,建设现代化小城市,打造城乡融合的重要平台。

四、着力加快缩小收入差距

要坚持体现效率、促进公平,在优化收入分配上主动作为,强化初次分配的基础作用,发挥再分配的调节作用,加快"扩中"、全面"提低",进一步激励财富创造,率先形成以中等收入群体为主体的"橄榄型"社会结构。一要千方百计拓宽居民增收渠道。要把更加充分更高质量就业摆在突出位置,强化创业带就业,强化培育新就业增长点,确保零就业家庭动态清零,深化构建和谐劳动关系,稳步提高劳动报酬占比,巩固提升居民增收"基本盘"。加快探索知识、技术、管理、数据等要素价值的实现形式,全面拓宽城乡居民财产性收入渠道,通过上市公司分红、企业员工持股、土地改革、财富管理等多种方式,打开居民收入增长新空间。二要探索稳定和扩大中等收入群体的新机制。促进中等收入群体稳定增收,减轻教育、医疗、养老、住房等方面的支出压力和焦虑感,持续提升中等收入群体生活幸福感。健全扶持中等收入群体后备军发展的政策体系和工作机制,激发技能人才、科研人员、小微创业者、高素质农民等重点群体增收潜能,推动更多劳动者通过自身努力跨入中等收入群体行列。全面提升中等收入群体的综合素养,培育倡导文明新风尚、弘扬社会正能量的中坚力量。三要推动低收入群体持续较快增收。高度关注"平均数以下"问题,多管齐下推动低收入群体收入增长快于居民收入平均增长。加强扶志扶智,强化"造血""换血",进一步完善最低工资制度,全面提升低收入群体增收能力、生活品质和社会福利水平。开发覆盖城乡、多跨协同、政策集成的低收入群体持续增收数字化应用场景,实现人群精准识别、情况动态监测、政策综合集成、帮扶直达到位。四要探索完善收入分配调节机制。完善再分配制度,创新财政政策制度,加大民生投入力度,强化可持续保障机制,加大省对市县财政转移支付等调节力度和精准性。大力推进社保制度精准性结构化改革,重塑城乡居民基本养老保险制度,促进养老保险基金长期平衡,推动社会保障更加公平、更高水平、更可持续。全面打造"善行浙江",鼓励高收入者和企业家积极回报社会,健全有利于慈善组织持续健康发展的体制机制,大力发展枢纽型、资助型、行业性慈善组织,大力发展慈善信托,推行"人人慈善"的现代慈善理念和机制,充分发挥第三次分配作用。

五、着力推动公共服务优质共享

这是现代化和共同富裕的题中之义。要强化均等、普惠、便捷、可持续的理念,以数字赋能、制度创新为动力,迭代升级为民办实事长效机制,打造民生"七优享"金名片。一要构建育儿友好型社会,打造"浙有善育"名片。完善生育保障政策,多渠道降低生育、养育、教育成本,研究制定三孩生育配套支持政策,加快婴幼儿照护服务体系建设,大力发展普惠托育服务体系,加快补齐学前教育发展短板,推动普惠性幼儿园扩容,形成生得起、养得好的育儿友好环境。二要办好人民满意教育,打造"浙里优学"名片。教育公平是社会公平的基石,是民生之基,是百姓生活的头等大事。要争创教育综合改革试验区,探索全省域推行"教育大脑+智慧学校",破解教育内卷现象,努力领跑未来教育。探索缩小义务教育校际差异的新机制,推动新时代城乡义务教育共同体全覆盖,切实解决择校热和学区房问题。推动普通高中多样化特色化发展,推动普职融通重大突破,全方位提高职业教育质量和吸引力,建设本科层次职业院校,拓宽技能型人才培养和普职学生相互转学"两个通道"。探索用新机制举办新型大学,充分释放社会力量办大学的潜能,推动高水平大学、学科数量明显增加,让更多的孩子能在家门口上好大学。加快浙江特色开放大学体系建设,探索终身学习型社会的浙江示范。三要推进劳动者职业技能大提升,打造"浙派工匠"名片。构建面向全体劳动者的终生职业技能培训体系,深入实施新时代浙江工匠培育工程和"金蓝领"职业技能提升行动,实施技工教育提质增量计划,打造技能浙江,全面提升劳动者创业就业致富本领。四要加强全民全生命周期健康服务,打造"浙里健康"名片。健康是幸福生活的最重要指标。要深入实施健康浙江行动，围绕知健康、享健康、保健康，打造"健康大脑+智慧医疗"，牵引"三医联动""六医统筹"改革实现重大突破。超常规推进"医学高峰"建设，积极争创国家医学中心。织密织牢公共卫生安全防护网，健全整合型医疗卫生服务体系，全省域推进县域医共体建设，深入实施医疗卫生"山海"提升工程，使优质医疗资源供给更充分、布局更均衡。加强全民健康管理，下大力气推动家庭医生签约服务全覆盖、体检全覆盖、健身公共服务全覆盖。五要构建幸福养老服务体系，打造"浙里长寿"名片。努力在我们这一代人手中解决好养老问题，创新家庭养老支持政策，实施"养老机构跟着老人走"行动，完善社区居家养老服务网络，试点长期护理保险制度，大力发展银发经济，使每一位老人都能享受有保障有质量的长寿生活。六要健全住房市场和保障体系，打造"浙里安居"名片。坚持"房住不炒"，建立人口净流入与土地供应联动机制，创新实施"限房价、限地价、竞品质、竞租赁住房"的土地出让方式，促进地价、房价保持在合理区间。创新完善住房保障基础性制度和支持政策，扩大公租房、保障性租赁住房和共有产权住房供给，加快完成城镇集中成片棚户区改造，完善住房保障实施方式，多途径解决新市民、低收入困难群众等重点群体住房问题。进一步提高住房建设品质，动态消除危房隐患，打造现代宜居"浙派民居"。七要构建弱势群体公共服务普及普惠幸福清单，打造"浙有众扶"名片。强化政策托底，构建"全面覆盖、精准响应、政策集成"的智慧大救助模式，推进分层分类精准救助，动态排摸、及时发现、及时纾困。面向低保、低保边缘和特困人群等弱势群体，建立集成化、标准化、清单化服务制度。完善低保制度，做到低保对象应保尽保，实现兜底救助向多样化保障转变，由户籍人口救助向常住人口救助转变，由单一物质类救助向"物质+服务"类救助转变。

六、着力打造精神文明高地

精神文明是社会进步的显著标志，是示范区建设成效的重要衡量标准。

要坚持物质文明和精神文明相协调,加强社会主义核心价值观引领,深入实施新时代文化浙江工程,不断提升全社会文明素质。一要守好红色根脉。深入挖掘浙江红色资源,健全理论铸魂溯源走心体系,以中央批准成立省习近平新时代中国特色社会主义思想研究中心为契机,打造学习宣传实践党的创新理论的重要阵地。实施传承红色基因薪火行动,加强党史学习教育,大力弘扬红船精神,构建浙江人红色精神谱系,激励全省人民在共同富裕道路上奋力前行。二要健全高品质精神文化服务体系。推进公共文化服务现代化试点,深入实施百亿文化设施建设工程,加快建设国家版本馆杭州分馆、之江文化中心等新时代浙江文化地标。大力实施百城万村文化惠民工程,全面实现"市有五馆一院一厅、县有四馆一院、区有三馆、乡镇有综合文化站、村有文化礼堂",推行浙江文化保障卡制度,实现公共文化服务共享均等、可持续、高质量。三要打造江南特色的文化创新高地。深化文化研究工程,打造世界文化遗产群、大运河国家文化公园、诗路文化带等具有代表性的浙江文化符号和文化标识,深入挖掘、广泛传播良渚文化实证中华五千年文明的价值,推动上山文化申遗,建设宋韵文化传承展示中心,持续擦亮浙江文化金名片。实施新时代文艺精品创优工程,创办浙江书法院,筹建浙江电影学院,推动文艺大发展大繁荣。推进文化产业数字化战略,打造具有国际影响力的影视创新中心和数字文化产业集群,扩大高品质文化产品和服务供给,更好满足人民精神文化生活需求。四要构建以文化力量推动社会全面进步新格局。打通文化与经济、政治、社会、生态文明建设深度融合的通道,实施全域文明创建工程,推进新时代文明实践中心建设全覆盖,深化"最美浙江人"品牌培育行动,推进文明好习惯养成,弘扬诚信文化,健全志愿服务体系,完善关爱礼遇机制,培育"浙江有礼"省域品牌,营造人与人之间相互尊重、相互关心、相互帮助、和睦友好的社会风尚。推动浙江深层次文化基因与新时代有机结合,推进浙东学派、永嘉学派、阳明心学、南孔儒学、和合文化等创新转化,大力弘扬新时代浙江精神,持续激发全社会创新创造活力。注重以文化人、成风化俗,推进基层文化建设,温润人们心灵,创新社会治理,促进更高水平的社会和谐。

七、着力建设共同富裕现代化基本单元

基本单元是推动共同富裕从宏观到微观落地的重要载体。在一定范围内,社区就是社会,是一体的。要面向美好生活、面向现代化、面向未来,将示范区建设目标任务转化为未来社区、乡村新社区的功能场景,落实到生产生活基本单元,让共同富裕惠及每一位群众。一要全省域推进城镇未来社区建设。未来社区是人民群众共建共享现代化生活的美好家园,是集成性的重大改革。要在示范区建设框架下撕开口子、加快进度,系统性解决思想认识、场景落地、建设运营模式等问题,深入实施未来社区"三化九场景"推进行动,激励社区创新创业创造,推进公共服务优质共享,实现社区整体智治,打造绿色低碳智慧的"有机生命体"、宜居宜业宜游的"生活共同体"、共建共治共享的"社会综合体",成为示范区建设的标志性工程。要以未来社区理念实施城市更新改造行动,推动城镇老旧小区需改尽改,打造多功能、复合型、亲民化社区精致生活场景。要大力建设杭州三江汇、云城等未来城市实践区,打造全域未来社区的样板。二要全省域推进乡村新社区建设。乡村新社区是农民共享现代文明生活的美好家园,是习近平同志在浙江工作时部署推进"三改一化"的重要内容。要以深化"千万工程"牵引新时代乡村建设,实现新时代美丽乡村达标创建全覆盖,建设万个新时代美丽乡村精品村,并进一步推动社会公共资源向农村倾斜、城市公共设施向农村延伸、城市公共服务向农村覆盖、城市文明向农村辐射,建设城乡融合的乡村新社区。开展未来乡村建设试点,建成一批引领品质生活体验、呈现未来元素、彰显江南韵味的示范性乡村新社区。

八、着力一体推进法治浙江、平安浙江建设

要更好统筹发展和安全、富民与安民,加强风险管控的机制和能力建设,构建舒心安心放心的社会环境,持续打造最安全最公平最具活力的省

份。一要整体推进党的领导、权力运行、营商环境、社会治理。发挥立法的引领和推动作用,率先构建促进共同富裕的地方性法规规章政策体系。深化"大综合、一体化"行政执法改革,加快推进法治政府建设,创新"信用+"治理体制,打造一流的法治化营商环境,切实维护企业和群众合法权益。全面建设法治社会,深入推进基层依法治理,加快建成普惠均等、便捷高效、智能精准的现代公共法律服务体系,提升全民法治素养,更好发挥法治规范社会行为、引领社会风尚的作用。二要坚持和发展新时代"枫桥经验"。促进社会和谐和睦重在基层。要把传统治理智慧和现代治理理念结合起来,全面推进"县乡一体、条抓块统"改革,做优做强县级矛调中心,持续擦亮"基层治理四平台"品牌,规范提升"全科网格",完善领导下访接访和重复访、积案包案化解机制,努力将问题解决在群众身边、矛盾化解在基层。完善自治、法治、德治、智治"四治融合"模式,加强城乡社区治理体系建设,全面建设人人有责、人人尽责、人人享有的社会治理共同体,实现政府治理与社会调节、村(居)民自治良性互动。三要完善社会风险管控机制。强化风险意识,切实提高防范化解重大风险的能力与水平,坚决守住平安底线。完善重大决策、社会政策发布实施前社会风险评估机制,及时准确识别风险点,采取针对性有效性措施,确保平安平稳。探索推进平安法治"一件事"综合集成改革,实现平安建设法治建设全链条贯通,依法化解影响平安稳定的重大风险隐患。完善风险闭环管控的大平安机制,常态化开展扫黑除恶斗争,进一步完善社会治安防控体系、行业监管体系、网络综合治理体系,坚决守住不发生系统性风险底线,推动全程全域平安,确保政治更安全、社会更安定、人民更安宁、网络更安靖,更好为示范区建设保驾护航。

第 三 章

推动经济高质量发展
夯实共同富裕物质基础

　　高质量发展建设共同富裕示范区,要深入研究高质量发展的有效路径问题,把提高全要素生产率作为重中之重。党的二十大报告指出:"高质量发展是全面建设社会主义现代化国家的首要任务。发展是党执政兴国的第一要务。没有坚实的物质技术基础,就不可能全面建成社会主义现代化强国。"①要聚焦土地、劳动力、资本、技术、数据、能源等发展要素,优化要素投入结构,提高产出效率。坚持"腾笼换鸟、凤凰涅槃",突出数字化引领、撬动、赋能作用,深入实施数字经济"一号工程"2.0版。要顺应万物互联时代发展趋势,以科技创新和数字变革催生新的发展动能,推动生产力和生产关系深刻变革,推动社会结构、制度规则的系统重塑。党的十九届五中全会明确提出要坚持创新在现代化建设全局中的核心地位,《浙江高质量发展建设共同富裕示范区实施方案(2021—2025年)》也明确指出以高水平创新型省份建设为抓手,把科技自立自强作为战略支撑,聚焦"互联网+"、生命健康、新材料三大科创高地建设,形成浙江特色全域创新体系,打造全国有影响力的科技创新中心,为率先实现共同富裕提供强劲内生动力。科技成

---

　　① 习近平:《高举中国特色社会主义伟大旗帜　为全面建设社会主义现代化国家而团结奋斗——在中国共产党第二十次全国代表大会上的报告》,人民出版社2022年版,第28页。

果从"无"到"有",促使着科技进步造就新产业和新产品;科技水平从"弱"到"强",利用新技术改造传统产业,全面提升经济发展科技含量,提高劳动生产率。

第一节 谋深做实创新策源地这篇大文章

从生产要素角度来说,科技创新对产业升级的作用主要表现为对各种投入要素(主要指资本和劳动)生产能力的提升和生产要素组合、配置方式的改进。从产业变迁角度来说,科技创新对产业升级的影响主要表现为不同产业部门的兴起衰落,包括科技创新促进了新产业和新产业部门的创立,科技创新促进了旧产业和旧产业部门的淘汰。共同富裕的先决条件在于能够发挥创新驱动力量,促使产业结构优化,从而提供更高质量的就业岗位。

一、打造科技创新大平台,集聚高端创新要素

浙江始终坚持创新首位战略,构建以环杭州湾经济区为核心区域的科技创新大平台,以此加快集聚高端创新要素,大力发展高端产业,加强科技体制改革和创新体系建设合作,建设一批高能级创新合作平台,优化新生产力的空间布局,打造全国发展强劲活跃增长极的主载体。在此进程中,浙江省加快建设省实验室体系、科技创新领军企业等创新载体。一是以六大实验室为导向,争创国家实验室。瞄准世界科研前沿,加快建设国际顶级科技创新平台。大力建设之江实验室等浙江省实验室发展,聚焦网络信息、人工智能领域,推进基础研究和应用技术研究的有机互动和深度融合。加快建设西湖大学、中科院宁波材料所、中科院肿瘤与基础医学研究所、阿里达摩院、浙大杭州国际科创中心、浙江清华长三角研究院、北航杭州创新研究院、中电科长三角创新中心等重大创新平台,支持浙大国际联合学院建设浙大国际联合创新中心和国际科创城。二是构建科技创新平台,加强科技资源

集聚。支持龙头企业跨区域整合创新资源和研究力量,强化与省内孵化平台和产业化基地紧密联动,推动开展国际人才引进、国内人才居住落户、人才培训培养等领域创新试点,制定实施人才柔性引进政策。鼓励有条件的高等院校、科研机构、科技型企业等在海外设立创新孵化中心、联合共建实验室、海外研发中心、国际科技合作基地等各类国际合作平台,加速把科研合作平台嵌入全球创新网络,在基础研究、前沿技术、产业技术、创新孵化、技术转移等领域形成科技创新合作载体阶梯状网络布局。深入实施引进共建大院名校共建"高精尖特"创新平台战略,围绕浙江重大战略需求,加强与重点高校院所合作引进共建一批重大战略性载体。争取重要国际科技组织在浙江省建立总部或设立分部,提高浙江省在国际科技组织中的影响力和话语权。不断提升共建载体发展绩效,加速集聚高端创新资源。三是推进全球科技精准合作。充分发挥浙江省开放经济高地的优势,进一步推进浙江省与发达国家、新兴经济体和发展中国家科技交流,拓展深化与创新大国、关键小国务实合作关系,通过充分交流增信释疑、凝聚共识,构建完善良好的国际科技合作网络。借鉴北京、上海等兄弟城市经验,加快推进国际科技合作基地建设,引导市场力量参与国际科技项目承接,推动国际科技精准合作。借鉴广州经验,政府搭建多层次的交流合作平台,打造国际产业联盟、国际友好城市等平台,来推动国际科技精准合作。

在此进程中,涌现了杭州城西科创大走廊、长三角 G60 科创大走廊等众多科技创新策源地。尤其是城西科创大走廊,2016 年开始打造,以浙大科技城、杭州未来科技城、青山湖科技城作为核心组成部分,大力推动人才引进、平台搭建、政策优化,促使创业创新活动日益活跃、新兴产业成长迅速、城市建设高水平发展,呈现创新发展和高质量发展的特征。[1] 观察杭州城西科创大走廊的发展模式,可以发现具有如下经验启示:一是人才是高质

---

[1]　吴越、宋思远:《杭州城西科创大走廊"互联网+"新兴产业园区空间形态对比研究——以阿里巴巴西溪园区、海创园首期与梦想小镇为例》,《建筑与文化》2018 年第 10 期。

量发展的第一资源。杭州城西科创大走廊把海内外高层次人才作为高水平产业培育的核心环节,深化推广"人才+资本+民企"模式,全面推进人才特区和人才高地建设。吸引集聚以"阿里系、浙大系、海归系、浙商系"为代表的创新创业"新四军",同步推进"精英创业"和"大众创业"。二是接力式孵化经济体系是保障"从 0 到 1 再到 1000"双创经济发展的基础。高质量发展的核心是形成从人才到初创企业到上市公司(从 0 到 1 到 1000)的双创经济体系内生机制。城西科创大走廊系统构建孵化导向的创业生态系统和覆盖企业发展各阶段的"梯队递进"孵化体系机制,整合高端人才、优质项目、资本以及孵化机构、中介机构、一流大学、龙头企业等各类要素,以海创园、梦想小镇等科创平台集群为核心,打造"种子仓—孵化器—加速器—产业园"接力式产业培育链条和政策体系。积极引进各类金融机构,促进人才链、资本链、产业链的有机融合,加速形成从人才体系到初创企业群再到新兴产业集群的完整孵化经济业态。三是"重大科研平台+平台型大企业"的锚机构可以强化新兴产业集群的高端集聚和产业裂变。加快建设以之江实验室、阿里达摩院为核心的"2+X"重大科技创新体系,加快形成"灯塔效应",促进国内外一流科研资源集聚与整合。吸引中电 52 所、美国安进公司等高水平的科研机构和企业,进一步强化科技城发展的锚机构支撑。[1]四是以人为核心的产城人融合形成高质量城市发展的良性循环。坚持引绿入城、引水润城,在良好的生态本底上精心嵌入城市功能,紧紧以多层次人才的发展需求为核心加快城市国际化、绿色化发展,加快浙医一院余杭院区、国际教育园、国际人才社区等项目建设,统筹推进国际医院、国际学校、人才公寓等职住配套项目,以丰富的城市功能吸引国内外一流人才集聚和企业集聚,以深厚的产业集聚提升城市价值,打造"三生融合、四宜兼具"的一流城市人居环境。

---

[1] 李靖华、林甲嵘、姜中霜:《科创走廊概念与边界辨析——以筑波—东京—横滨创新带和杭州城西科创大走廊为例》,《科技管理研究》2021 年第 22 期。

在打造科技创新大平台的进程中,需要加快推进支撑大湾区发展的科技城平台群建设。科技创新是大湾区经济发展的"发动机"。在浙江省大湾区建设中,需要加快构建"城市群—创新大走廊—科技城—特色小镇群"的现代化创新空间体系①,将科技城建设作为大湾区经济发展的核心枢纽,打造一批高端创新资源集聚、创新制度完善、新兴产业集群培育的大平台。特别是,应重点关注杭州宁波一体化中的科技创新平台互补性、匹配性问题。在科技城平台建设中,积极引进培育行业龙头企业,布局培育医药健康等战略新兴产业成长。针对医药健康产业发展面临的瓶颈问题,进一步加强健康谷平台建设,积极引进国内外一流企业与科研机构,形成产业发展的"锚机构"②,加速人才、资本、产业集聚,形成科技城第二产业增长点。加强对未来产业思考探索的一流学科与原创产业创新研究。结合浙江大学、西湖大学等的学科优势与学科布局,加强原始创新产业研究,筛选培育具有中长期战略影响力的重大科技创新和新兴产业方向,形成未来科技城可持续发展的一流学科和产业梯队。

二、探索新型举国体制,加快原创新技术突破

科技自立自强是国家发展的重要战略支撑,根据世界知识产权组织发布的《2024 年全球创新指数》报告,我国全球创新指数排名第 11 位,较 2020年排名上升 3 位,已经进入了创新型国家序列。但对标美国、德国、日本、韩国等发达国家,我国建设世界科技强国仍旧存在不小差距。例如,在研发投入强度上,2024 年日本、韩国、美国和德国的研发经费占 GDP 的比重分别为 3.70%、4.90%、3.45% 和 3.11%,而我国在 2024 年仅为 2.68%;③在集成电路及专用设备、操作系统与工业软件、智能制造核心信息设备、航空发

---

① 鲁诚至、刘愿:《区域创新网络、异质企业成长与区域创新》,《科研管理》2017 年第 2 期。

② 潘家栋:《锚企业驱动科技新城发展的机制研究》,《治理研究》2018 年第 6 期。

③ 数据来源:根据 OECD 数据库测算而得。

动机等领域上,"卡脖子"瓶颈依旧突出。习近平总书记多次强调"关键核心技术是要不来、买不来、讨不来的"①。唯有走中国特色自主创新道路,才能够进一步提升我国的国际竞争力,真正建设成为世界科技强国,支撑起现代化建设。

新型举国体制是将"集中力量办大事"的制度优势嵌入社会主义市场经济条件之下,既能发挥好市场"无形之手"在资源配置中的决定性作用,又能够发挥好政府"有形之手"的引导调节作用,加速科技体制改革,加快创新资源向重点领域流入。② 习近平总书记多次指出要发挥市场经济条件下新型举国体制优势,集中力量、协同攻关,为攀登战略制高点、提高我国综合竞争力、保障国家安全提供支撑。传统的举国体制是在计划经济条件下实行"举国体制",而新型举国体制则是在市场经济条件下"集中力量办大事"③。从新型举国体制的内涵而言,建设世界科技强国是重大使命,针对国家创新驱动发展的核心瓶颈,需要加大关键核心技术领域的攻关力度,推动创新驱动发展;突破核心技术限制是直接目标,从根本上举全国之力培育关键核心技术,改变我国在关键核心技术领域受制于他国的格局;发挥市场主体力量是新的特征,创新主体上不仅要调动"国立科研院所",还要充分调动企业等社会创新主体,更好发挥市场在资源配置中的决定性作用,创新资源上不仅要集中国家财政,更要充分撬动民营及社会资本力量,举全国之力攻关关键核心技术。

从当前发展来看,浙江省打造实验室体系是新型举国体制的有益探索。"浙江省实验室"是一个以国家战略和浙江需求为导向而构建的实验室体系,截至目前,浙江省围绕"互联网+"、生命健康、新材料三大科创高地打

① 《习近平谈治国理政》第三卷,外文出版社 2020 年版,第 248 页。

② 谢富胜、潘忆眉:《正确认识社会主义市场经济条件下的新型举国体制》,《马克思主义与现实》2020 年第 5 期。

③ 雷小苗:《社会主义市场经济条件下科技创新的新型举国体制研究》,《经济学家》2021 年第 12 期。

造,成立了之江实验室、良渚实验室、西湖实验室、湖畔实验室、甬江实验室、瓯江实验室六大省实验室,旨在打造国家实验室。① 其中,之江实验室起步最早,可以认为是新型举国体制的有益探索。2017 年 9 月,之江实验室成立,定位是发挥好浙江数字经济产业、数据和人才优势,围绕智能感知、智能网络、智能计算、大数据与区块链、智能系统五大方向开展研究,能够建设成为智能科学基础前沿研究的核心高地,2020 年纳入国家实验室体系。从目标定位而言,之江实验室围绕着数字经济领域的核心技术突破;从具体实践而言,之江实验室充分发挥了市场的力量。一方面,之江实验室是国内首个混合所有制事业单位性质的新型研发机构,组织架构中包括了浙江省政府、浙江大学和阿里巴巴,不仅有政府支持,也有高校主体,还有阿里巴巴的市场力量进入,实现"1+1+1>3"的效果。另一方面,之江实验室在人才引进、投入保障、绩效考核等方面都做了较大幅度的探索。例如,在引才聚才上,依据项目来组合全球最强研发队伍,实现了长周期固定与短周期流动相结合,目前之江实验室全职人员 1300 余人,双聘兼聘等 1000 余人;在投入保障上,实现了政府资金、浙江大学和阿里巴巴以及社会资本的多元化投入机制,累计引进社会资本 9.6 亿元;在考核评价上,破除传统的"唯论文"导向,以创新质量和实际贡献为考评主要依据,赋予首席科学家和项目负责人更大自主权。

新型举国体制继承了传统举国体制"集中力量办大事"的制度优势,最大的突破在于引入市场主体力量,在创新资源上不仅依靠"国家队",也引入大型商业组织等市场力量,研发的成果也能被市场更好更快地吸收和应用。从这个角度而言,新型举国体制是在社会主义市场经济的条件下,面向关键核心技术领域,充分调动政府、高校、研发机构、商业组织等各大主体的力量来进行攻关,满足我国经济社会发展的需要,也保障我国经济社会发展

---

① 本刊编辑部:《杭州布局四大省实验室　建设世界级科创高地》,《杭州科技》2020年第 6 期。

的安全。对于基础研究领域的创新,需要发挥好国家战略科技力量,但此过程中,也需要引入市场力量,能够促进有效市场和有为政府的深度融合,完善创新生态系统,优化内部共生关系。新型举国体制是在社会主义市场经济条件下"集中力量办大事",破解关键核心技术领域的"卡脖子"问题。①一是坚持政府引导。充分发挥政府在基础研究领域的引导协调作用,以重大战略需求及长远发展为导向,通过发起项目和制定政策引导创新资源向着关键核心技术领域集聚,并且优化政策体系,为创新主体和创新资源的内部共生提供良好环境。二是发挥市场主体作用。新型举国体制是在市场经济的条件下展开,需要发挥市场在创新资源配置中的决定性作用,由政府进行引导和保障,通过市场化机制的配置和筛选,使有应用价值的技术成果和优秀企业优先得到创新资源及政府支持。在此过程中,需要制定知识产权保护、科技成果共享、利益分配等体制机制,完善内部共生的条件。三是开展多方协同。在新型举国体制探索及应用过程中,需要破解科技资源分配不平衡不均衡问题,能够更加关注多部门、多主体之间的协同与共生,包括高校、企业、科研院所等,加强科技资源配置的统筹性,从而使得创新生态体系中的各大主体能够构建起互利共生的模式。

三、推进全面创新改革,优化创新策源地环境

2016 年 11 月,中共浙江省委办公厅、浙江省人民政府办公厅出台《浙江省全面创新改革试验任务导则》,启动全面创新改革试验工作,先后确定杭州市、嘉兴市、长兴县、新昌县、滨江区和余杭区作为试点地区,形成"两市两县两区"试点格局;2018 年浙江省 19 个县(市)启动全面创新改革联系点建设。全面创新改革聚焦实施创新驱动发展的体制机制关键点,破解创新链、产业链、人才链和资金链"四链融通"的制度难题,推进各领域、多层次的特色化改革,积极探索全面创新改革推动经济高质量发展的新机制、新

---

① 朱明皓:《关于新型举国体制下的科技创新》,《经济导刊》2020 年第 4 期。

模式,不断优化浙江创新创业的环境,为做好创新策源地这篇大文章提供有利条件。①

"打通"创新链破解科技成果转化机制不顺畅的问题。一是强化科技成果转化"指挥棒"作用,健全转移转化的正向引导机制。将科技成果转让收入作为高校评价指标,将横向课题收入作为省属公益类科研院所财政基本支出增量挂钩主要指标。完善考核评价体系,省人社厅会同省科技厅深化科研人员职称制度改革,建立健全以创新能力、质量、贡献、绩效为导向的科研人员职称评价体系,打破"唯论文、唯学历、唯资历、唯奖项"的传统评价体制。二是破解研发供给与社会需求脱节的问题,构建多层次产学研用"一体化"网络。嘉兴与上海市科委以推进跨区域创新券使用助推科技服务一体化,上海 680 家机构和 1 万台(套)大型仪器可提供 1 万多项技术服务。滨江推动北航杭州创新研究院产学研一体化,与 10 家企事业单位成立联合实验室。新昌建立企业出课题、出经费、主导产学研合作的体制机制,精准编制产学研合作需求清单,高校把实验室搬到企业,2019 年规模以上企业产学研合作覆盖率达 92%以上。长兴选派高校教师担任科技副镇长,构建"校地一体化合作"联动模式,引荐各类专家超过 200 人次,促成产学研合作 75 项。三是增强技术市场服务与定价功能,深化科技大市场体系建设。省财政厅对通过竞价 100 万元以上并实现产业化项目,给予 20%补助,杭州对促进高校院所成果转移的科技中介给予补助,促进技术市场日趋活跃。2019 年全省完成技术交易额 1476 亿元,同比增长 49.2%。科技厅推广"季季拍""月月拍""专业拍"等常态化拍卖,浙江科技大市场支持中国计量大学办好"计量拍"专场拍卖会,2019 年全省成果拍卖成交价超过 2 亿元。新昌联合浙江科技大市场打造"科创服务云平台",覆盖科技中介、检测评价、绩效统计等全程全链条服务,开发了创新课题项目、研发团队专家

---

① 周梦天、包海波、潘家栋:《全面创新改革为构建新型举国体制探索浙江路径》,《浙江经济》2021 年第 7 期。

等数据库,建立研究团队和企业创新"精准匹配"的长效服务体系。

"赋能"产业链破解高新技术产业培育机制不强的问题。一是生态"十联动",积极推进"产学研用金、才政介美云"十联动,打造最优创新创业生态系统。杭州出台众创空间、科技企业孵化器、特色小镇、产业创新服务综合体、大学生创业园等双创载体扶持政策,双创孵化平台多点开花。嘉兴支持浙江清华长三角研究院做大做强,与省科技厅、浙江清华长三角研究院共同签订《合作协议》,围绕科创平台建设、科技孵化与产业对接、人才引进合作、生态文明建设等领域优化双创环境。长兴突出"产、金、才、政"四大要素,构建产业创新、科创金融、创新人才、公共服务四大生态体系。二是政府强力创新驱动。新昌针对双创生态"两个 10%"精准供策,明确科技投入的财政支出占比不低于 10%,年均增幅不低于 10%。落实服务零距离,建立县领导联系企业机制,抓好科技管理部门、科技指导员、企业首席科技官、中介服务机构和科技创新专家等五支队伍建设。三是平台体系驱动,着力破解高水平科创资源不足问题,建立支撑高新技术产业培育与升级的"长效机制"。杭州形成国家重点实验室、工程中心、双创示范基地、众创空间等国家级平台体系,嘉兴支持引进"大院名校"创新载体和创建新型研发机构。余杭、长兴打造产业创新服务综合体,建立公共服务体系,实现设计、制造、销售全链条"互联网+",全产业链样板、订单交易及供应链系统已实现各环节闭环运营。滨江探索创新用地的高容积率模式,通过国有企业开发建设工业综合体,事先约定协议转让,减轻企业成本负担,提供统一配套服务,由单一供地向供地与供楼并举转变。四是企业激励带动,破解企业研发激励的制度创新难题,完善企业创新全程服务。长兴、滨江探索企业研发准备金制度,允许符合条件的科技型企业可以按照上年度主营收入的一定比例预提研发费用准备金,财政给予后补助支持。新昌坚持产学研协同创新补助、研发经费税前加计抵扣、高新企业税收优惠、科技创新成果奖励、企业研发创新政府补助等政策兑现"五个 100%",2014—2019 年县本级财政科技支出年均增长 22.81%。五是产权保护助动,深化知识产权综合管理体制改革,优化知识产权保护与服务的"微生态"环境。杭州设立知识产权法院、互联网法院,设立未来科技城巡回法庭、杭州知识产权法庭(长兴)巡回审判庭等。新昌和省知识产权研究与服务中心共建中国(浙江)知识产权维权援助中心新昌分中心。滨江建设国家知识产权服务业集聚发展示范区、国家知识产权示范园区,余杭打造技术转移中心、知识产权交易中心。

"引育"人才链破解创新人才制度不健全的问题。一是全球引才,突破高水平人才引进瓶颈,吸引国际高精尖人才。杭州开展人才新政试点,创新高端人才引育机制,在全国率先开展外国高端人才"一卡通"服务试点,与国家外专局共建全国首个国际人才创业创新园、国际人力资源服务产业园。嘉兴全力建设省人才改革试验区,围绕人才新政"30条",推出《关于推进高端人才团队建设的实施意见》等配套细则,形成"1+X"人才政策体系。二是平台育才,破解留才难、育才难问题,打造创新平台培育高端人才。之江实验室探索混合所有制、人才激励机制、自主评价机制,引进世界顶级人才团队。成立国内首家由社会力量举办的高水平研究型大学西湖大学,建设浙江省首个国家级重大科技基础设施超重力离心模拟与实验装置,引进国际人力资源机构284家。长兴建设"千人计划"产业园,着力承接长三角乃至全国新能源领域的高层次人才项目,构建"创业苗圃+孵化器+加速器+产业园"孵化体系。三是激发人才创新活力的问题,探索县域实用型、特色型、紧缺型人才评价机制。长兴探索以行业协会为主体的特色产业职称改革新模式,摒弃"唯学历、唯论文"导向,"以实绩论英雄",立足本地产业和企业实际需求,探索实用型人才积分评价奖励机制、技能人才自主评价机制。

"延伸"金融链着力破解科技金融体制不完善的问题。一是全链"融通",打通科技金融与区域创新的障碍,多层次探索地方特色科技金融产业发展新模式。杭州市深化科技金融结合改革试点,出台《杭州市创业投资引导基金管理办法》《杭州市科技金融机构贷款补助政策的实施细则》等政策,构建独具特色的"无偿资助—政策担保—科技贷款—还贷周转—天使基金—引导基金—上市培育"科技金融服务链和政策链。二是服务"下乡",设立"太湖科技板",试点区域股权市场赋能县域经济。浙江股权交易中心与长兴深度合作,在长兴设立浙江省股权交易中心"太湖科技板",成为全国首个将区域资本市场服务功能下沉到县域经济的区域股权市场;成立市场化运作的实体机构——太湖运营中心,太湖科技板挂牌164家,完成股改企业占全县70%。三是资源"集聚",建设高水平金融平台,做大科技金融产业。滨江开展国家级创业投资综合改革试验区建设,探索创业投资集聚机制、创投与科技创新的融合机制、创投与产业发展的匹配机制。

第二节　提升"腾笼换鸟、凤凰涅槃"新路径

一、实施数字经济"一号工程"2.0版,建设现代产业体系

2023年,我国数字经济保持蓬勃发展态势,规模达到53.9万亿元,较2019年增长10.2%,是同期GDP名义增速的3.3倍,占GDP的比重超过40%;数字经济核心产业增加值超过12万亿元,占GDP的比重约为10%,成为稳定经济增长的关键动力。其中,数字产业化规模10.1万亿元,占GDP的比重为18.7%;产业数字化规模达43.84万亿元,占GDP的比重为34.77%。① 近年来,浙江坚持数字经济"一号工程",大力推进数字产业化、产业数字化和治理数字化。目前,深入实施数字经济"一号工程"2.0版,加快推进国家数字经济创新发展试验区建设,成为推动全省经济社会高质量发展的主要引擎和硬核支撑。2023年浙江数字经济核心产业增加值9867亿元,比2022年增长10.1%,高出GDP增速4.1个百分点,成为经济发展的"压舱石"。

深入实施数字经济"一号工程"2.0版,推进数字经济和实体经济深度

---

① 数据来源:国家数据局:《数字中国发展报告(2023)》,人民网,2024年6月30日。

融合,建立起现代化产业体系,能够提供更高质量就业岗位,提升居民收入水平。在此过程中,需要充分关注数字经济与实体经济的深度融合。① 一是激活数据要素潜能,加快培育数据要素市场。当前,数据已经成为与传统的劳动力、资本、土地等并列的生产要素,且有其特殊性。数据体量庞大且更新速度快,在经济社会发展的进程中,各领域都需要应用数据并不断产生新的数据;数据不受时间空间等因素限制,可以共享且拓展延伸。企业可以通过现代信息技术捕捉到数据,广泛应用于生产、流通等各环节并且不断延伸拓展,能够有效提高企业的生产效率。推动数字经济与实体经济深度融合,需充分挖掘数据作为生产要素的潜能,释放数据的价值,加快培育数据要素市场。二是加快数字产业化,培育世界级数字产业集群。数字产业化指的是数字技术带来的产品和服务形成产业化和实体化的发展态势。依托我国在数字经济领域的发展优势以及超大规模国内市场优势,培育具有全球竞争力的数字经济产业集群正逢其时。把握好新一轮科技革命,围绕新一代信息技术、人工智能、量子信息等领域,发展未来先导产业,提升产业链现代化水平,从而提高劳动者收入水平。三是推进产业数字化,加快实现数字赋能产业转型。产业数字化是以数字技术为支撑,以数据赋能为主线,对产业链上下游全要素进行数字化转型升级和价值再造。利用好数字技术来实现传统产业转型升级,推进产业智能化发展水平,有效提高劳动效率,提升劳动报酬。

　　浙江省需要以数字科技创新为关键动力,强化"云上浙江"和"数据强省"两大基础支撑,加快布局新一代信息基础设施建设,全力推进数字经济"一号工程",打造全球数字经济创新高地。大力发展大数据、人工智能、工业互联网、新一代集成电路等新技术产业和未来产业,共同培育数字经济生态。深入实施"企业上云"行动,推进云计算广泛覆盖,推广设备联网上云、

---

　　① 宗良、刘晨、刘官菁:《全球数字经济格局变革前景与策略思考》,《中国经济评论》2022 年第 3 期。

数据集成上云等深度用云,推动企业数字化转型。建立完善企业"上云用云"标准体系。推动物联网、大数据、人工智能和实体经济的深度融合,聚焦汽车、高端装备、电子信息、航空航天、船舶海工等重点产业领域,建设智能生产线、智能车间、智能工厂。支持杭州打造具有全球影响力的"互联网+"创新创业中心,加快培育形成万亿级数字经济产业集群。推动乌镇互联网创新发展综合试验区建设,加快建设梦想小镇、德清地理信息小镇,支持云栖小镇、人工智能小镇重点打造阿里云、卫星云、物联网芯片、5G 和智能硬件创新生态,支持温州北斗产业基地建设,推动特色产业集聚发展。

二、打造全球先进制造业集群,夯实产业竞争力的基础

产业集群化是当今世界产业发展的总体趋势和内在要求。加快块状经济向现代产业集群转型升级,有利于培育区域和产业国际竞争力,有利于形成工业化、市场化、城市化联动发展的新模式。浙江块状经济起源于农村工业化和家庭工业,以民营企业为主体。随着我国改革开放向纵深推进,国际化、信息化、现代化等发展趋势日益明显,产业格局呈现了新特征、新动能,浙江块状经济也不断向国际化、高端化演进。产业集群是浙江制造业发展的主要组织形式,块状经济是浙江民营经济发展的重要特征。依托块状经济支撑产业发展,是浙江制造业的显著特点。在浙江 30 个制造业产业中,销售收入和利润总额均占全国 10%以上的产业多达 17 个,而这些产业的发展无不依靠着块状经济,譬如化学纤维制造业以及纺织服装、鞋、帽制造业等。①

随着"八八战略"的实施,浙江发挥块状特色产业优势,加快先进制造业基地建设,进而深化创新驱动战略实施,转变浙江经济发展模式,提升块状经济的技术优势,走新型工业化道路。一是创新驱动是先进制造业集群打造的核心。块状经济不断向技术密集、资本密集、人才密集的高端产业集

---

① 王祖强、潘家栋:《发挥特色优势 壮大产业集群》,《浙江日报》2018 年 6 月 1 日。

群升级,促使浙江经济增长路径从要素驱动、投资驱动转向创新驱动、效率驱动。在此进程中,特色小镇已经成为经济高质量发展的重要平台。特色小镇是浙江涌现的新经济形态,产业"特而强"、功能"聚而合"、形态"小而美"、机制"新而活"。① 一大批制造业特色小镇脱胎于传统块状经济,抢滩先进制造业,成为浙江建设现代化经济体系、实现经济高质量发展的高端平台。二是智能化成为现代产业集群建设的主攻方向。信息化拓展和丰富了工业化的内涵。以工业互联网、企业上云、智能化改造推动传统产业转型升级,发挥信息化的倍增作用和催化作用,加快打造一批世界级先进制造业集群,这是浙江块状经济转型升级的必然路径。尤其是机器换人,已经成为助推浙江建设新型工业的重要抓手。宁波余姚以喷雾器制造为典型的块状经济,随着人口红利逐步消失,企业开始采用机器人替代传统人工劳作进行标准化生产,产能或人均产值提高 3 倍以上。传统企业借助机器换人实现自动化、智能化生产,为企业带来了实实在在的收益,也为块状经济向现代产业集群转型提供了新路径。

浙江建设全球先进制造业基地需要完善创新体系,加快数字化发展,以此增强制造业发展新动能,推进高端化发展,提升制造业全球竞争力。② 一是围绕新一代信息技术、高端装备制造、生命健康、节能环保、新材料、智能交通等产业领域,跨区域打造现代化的产业创新体系和全产业链,加快大数据、云计算、物联网、量子信息、未来网络、类脑芯片、第三代半导体、下一代人工智能等未来产业布局。选择一批具备核心技术、产业链完整、骨干企业支撑的优势产业,培育打造若干世界级先进制造业集群。集中建设一批高能级战略平台,率先打造杭州钱塘新区、宁波前湾新区、绍兴滨海新区、湖州南太湖新区等标志性创新大平台。推进以"互联网+先进制造业"为特色的

---

① 徐梦周、王祖强:《创新生态系统视角下特色小镇的培育策略——基于梦想小镇的案例探索》,《中共浙江省委党校学报》2016 年第 5 期。

② 兰建平、梁靓、陈琴:《新时期先进制造业基地建设的浙江选择》,《现代管理科学》2021 年第 6 期。

工业互联网发展,打造国际领先、国内一流的跨行业、跨领域、跨区域工业互联网平台。二是围绕服务业平台经济、分享经济、体验经济和创意经济等新业态,提升电子商务应用平台,构建一体化产能分享平台,培育体验经济新模式,推动创意经济与传统产业融合提升。主动对接"上海服务"品牌建设,推动金融、信息、物流、会展等服务业向专业化、高端化和国际化发展。推动生产性服务业与制造业深度融合,支持制造业由生产型向生产服务型转变。三是依托国家级、省级产业发展平台,加快建设一批省际产业合作园区。支持宁波前湾新区打造沪浙产业合作发展区、中新嘉善现代产业合作园打造智能传感谷、张江长三角科技城平湖园打造跨行政区新型功能区、上海漕河泾新兴技术开发区海宁分区打造泛半导体产业园和科技绿洲、嘉定工业区温州园打造上海科技产业转移重要承载区。进一步创新产业合作模式,推动产业深度对接和产城融合发展。借鉴国内外一流园区模式经验,提升合作园区开发建设和管理水平。

三、推进新基建建设,奠定产业高质量发展的基础

"传统基建"在人口流出地区等部分区域已经过剩,对经济的支撑作用正在下滑,加快布局"新基建"对于稳投资、保增长至关重要。从长期来看,"新基建"是经济增长的原动力,能够助力经济转型,为数字产业化、产业数字化、城市数字化提供基础。① 一是"新基建"能够夯实经济发展的基础。基础设施投资能够较快稳定经济秩序、实现经济筑底反弹,而"新基建"以信息技术为驱动,对经济增长具有乘数效应,是缓解浙江省经济下行压力、兼顾短期刺激有效需求和长期增加有效供给的优先选择,也是加快推进产业转型升级、布局未来先导产业的关键一招,具有重要意义。二是"新基建"能够夯实产业发展的领先优势。数字化基础设施建设是"新基建"的核

---

① 童健、武康平:《经济发展进程中的基础设施投资结构变迁》,《数量经济技术经济研究》2016 年第 12 期。

心内涵,在"新基建"的七大领域中,5G、工业互联网、大数据中心、人工智能等数字化基础设施建设占了一半以上。近年来,浙江省以数字经济为"一号工程",数字经济快速发展,"新基建"将会进一步夯实浙江省数字经济的领先优势。一方面,"新基建"加快了数字产业化的步伐,全方位促进信息技术市场化应用,催生新业态、新模式。另一方面,"新基建"加速数字化赋能传统产业,有利于推动产业结构转型升级。三是"新基建"能够满足社会发展的需求。浙江省正处于"前亚运"的发展机遇期,但也对浙江省社会治理能力和治理体系提出了新的要求。"新基建"能够推进社会治理智能化水平,创新政府服务、应急保障、公共安全等社会治理方式,构建数字化、现代化的社会管理体系。与此同时,"新基建"将会产生诸多新的应用场景,包括智慧交通、智慧消防等,加速推进未来社区建设,满足智慧化、多元化的社会发展需求。①

　　浙江在布局新基建中,需要明确三大方向:一是形成"合力",加强各个地方统筹协调。在"新基建"的七大领域中,特高压、城际高速铁路和城际轨道交通等更加侧重于国家层面的统一规划、统一布局,而地方层面更加侧重于5G基建、大数据中心、新能源汽车充电桩、人工智能等领域。在此过程中,浙江省各地方也需要统筹协调,加强政策"合力",避免各自为政、资源浪费。二是补齐"短板",加快重点领域发展速度。浙江在新能源汽车充电桩、人工智能、工业互联网等领域具有很好的发展基础,但对标北京、上海、广东等发达地区,仍旧需要进一步补齐"短板"。譬如,新能源汽车领域,截至2023年年底,浙江省累计建成公共充电桩13.6万个,低于广东、江苏、北京和上海的40.7万台、20.1万台、31.6万台和19.6万台。三是打破"壁垒",统一公共场所准入标准。市场需求是引领产业发展的重要力量,但从当前应用场景来看,牵引力仍旧有待进一步提升。5G主要还是用于工业生产、远程医疗等领域,对于消费者、个人用户或终端用户等客户端的应

---

① 于晴、王海洋:《新基建助力构建新发展格局》,《前线》2020年第12期。

用场景仍旧不足,导致 5G 发展后劲不足,处于边看边等边走的状态。不仅如此,5G 在政府机关、市政公园、地铁、机场、高速等领域的准入还存在壁垒,尤其是在公共设施未统筹考虑 5G 基站等设备,导致重复和多头建设,需要进一步打破公共场所准入标准、创造普遍应用的新场景,来推动 5G 等领域发展。

在此过程中,需要瞄准未来技术,抢抓业态风口。紧跟全球科技前沿、追踪发达国家和地区动态,加强"新基建"的技术趋势预测、产业专利布局、高端人才储备和高能级平台建设,加强核心领域关键技术突破,形成一批在全球具有领先优势的原创技术。加快成果转化,开拓应用场景,进一步统一准入标准,推进城市大脑建设,满足智慧医疗、智慧交通、智慧社区、智慧城市发展的需求,以新场景开放促产业需求、筑发展基石。引导民间资本,调动社会力量,放开市场准入标准,全面实施负面清单制度,对清单之外的所有领域进行放开,给予所有企业公平竞争机会,真正做到非禁即入、平等竞争。发挥好政府财政资金引导作用,吸引社会资本积极投入并成立"新基建"产业基金,构建起多层次市场主体参与的"新基建"体系。抢抓长三角机遇,拓宽新空间布局。把握长三角一体化发展机遇,加强与上海、江苏、安徽之间的精诚合作,重点聚焦城际高速铁路和城际轨道交通、5G 基建、人工智能、工业互联网等领域,打造长三角成为全球数字经济创新高地、全球先进制造业基地。完善长三角地区在重点领域的关键核心技术协同攻关机制,推进全面创新改革在长三角全域覆盖,打造长三角创新共同体。

第三节　迭代升级创业创新创造新业态

一、加快推进产城人深度融合,培育创新微生态

产城融合的本质在于产业、城市、人之间的互融,三者之间存在较强的

耦合关系。产业发展为城市发展奠定了基础,城市发展又为产业发展提供了基础设施、公共服务等前提。① 纵观产城融合的历程,产业通过集聚的形式带动劳动力等资源的汇集,从而为城市发展提供了基础。传统理论侧重于产城深度融合中产业、城市、人之间的互动关系。产城融合最为直接的就是产业园区,一方面,产业园区的发展有效配置了城市资源,积累了财富、吸引了人才,为城市发展提供了物质基础;另一方面,产业园区的发展吸引大量劳动力进驻,拓宽了城市的空间,延伸了城市的边界。同时,城市发展为产业发展提供了前提,城市发展能够吸引高端人才、风投资本等要素入驻,为产业发展提供充足的要素保障。而且城市发展也会促进生产性服务业,由此更好地推动产城融合。在此过程中,人作为产城融合中的核心,是产业和城市发展的纽带。人作为劳动力,能够为产业发展提供充足的劳动要素,其需求也牵引着城市的发展方向。

城市创新以高技术产业为基础,高端人才是高技术产业发展的核心,所以高端人才要素是科技新城发展的关键节点。由此可知,不同于传统产城人融合以产业为主导,科技新城的产城人融合将以人才为驱动力。② 增长极理论、田园城市理论、新城市主义等经典城市发展理论指出了产城深度融合中产业、城市、人之间的互动关系。

从浙江实践来看,科技新城建立是以人才为核心构建起产城人融合的发展模式,由此打造城市创新的生态。在此过程中,高端人才是高质量产业网络和创新网络的核心,能够有效改进技术跃迁的轨道,以此改变产业生产函数,提高产业发展效率。所以高端人才是科技新城产城人融合的核心要素,驱动着产业高质量发展的方向。同时,人才需求形成国际创新网络中的城市比较优势。人才进驻科技新城不仅驱动产业发展,而且人的需求也牵

① 陈红霞:《开发区产城融合发展的演进逻辑与政策应对——基于京津冀区域的案例分析》,《中国行政管理》2017 年第 11 期。
② 黄亮、王振、陈钟宇:《产业区的产城融合发展模式与推进战略研究——以上海虹桥商务区为例》,《上海经济研究》2016 年第 8 期。

引着城市的发展方向。产业发展需要人才,人才为产业发展提供要素,但最终人所生存的空间在于城市,而人的需求也是城市发展的方向。高层次人才的集聚不仅带来了产业升级、城市发展,也将形成特有的文化氛围,而这种文化氛围将深刻影响着科技新城产城深层次融合。譬如,杭州未来科技城起源于余杭组团(创新基地),集聚人才、资金等高端创新资源,在杭州城西科创大走廊建设的时代背景下,着力打造成为浙江转型发展的引领区、杭州现代化副中心。未来科技城的定位在于杭州城市副中心,符合田园城市的理论。杭州中心城区产业用地明显不足,难以承载高科技新兴产业的发展,以及人口密度大、交通拥挤等问题也阻碍了人才等创新资源的流入,所以亟须发展城市副中心来有效承接这部分产业及人口,未来科技城便是在此大背景下快速成长。随着城市发展理念的转变,新城市主义的思想也在未来科技城的发展中充分体现。未来科技城注重"三生融合"理念,推进产城人深度融合,实现城市的可持续发展。

在此基础上,未来科技城产城融合发展对于传统经典理论亦具有改进贡献。在未来科技城内部,形成了以特色小镇为载体的卫星式发展模式,拓宽了田园城市等传统理论所指出的产城融合路径。创新要素集聚以梦想小镇等特色小镇为平台载体,且未来科技城的公共服务以特色小镇为中心展开有效分布,由此可见,特色小镇犹如未来科技城中的卫星城市,共同引导着未来科技城发展。从未来科技城的实践中观察可知,特色小镇自身便是产业集聚群,形成了创新创业的微生态,通过"创业链、金融链、服务链、文化链"四链融合将其链接。创业链属于产业发展范畴、服务链属于城市发展范畴、金融链、文化链属于人的范畴,四链融合打造了未来科技城产城深度融合。例如,梦想小镇包括互联网村、天使村、创业大街以及仓前古街,其中互联网村属于创客空间,提供了创新创业的平台,属于创业链;天使村以资金为导向,满足创新创业企业的资金需求,属于金融链;创业大街是支持创新创业的公共服务区域,众多众创空间和孵化器、服务机构提供服务平台,是专业服务链;仓前古街更多的是通过商业配套设施、文化服务机构等完善来保障创新创业人才集聚的基础配套服务和文化交流,属于文化链。从上述分析中可知,未来科技城产城深度融合的路径在于"产业集聚→产业集聚群→科技创新区→科技新城",具体表现形式是"锚企业→特色小镇→未来科技城→杭州城市副中心"。

二、持续优化创新氛围,发挥企业创新主力作用

企业是创新创业的主力军,走自主创新道路突破"卡脖子"核心技术是浙江省大力推进高水平创新型省份和科技强省建设的关键所在。在此过程中,科技资源不断向着领军型企业集聚。根据《2021 年度浙江省高新技术企业创新能力百强评价报告》,浙江省高新技术企业创新能力百强的规模优势、技术优势、效益优势更加突出,2020 年百强企业营业收入 6904 亿元,占高新企业总量的 15.9%,利税 2894.5 亿元,占比 40.9%,投入研发经费546.6 亿元,占比 23%。这就需要进一步优化企业创新氛围,鼓励企业加大自主创新力度,培育"链主"型企业、"顶级掠食者"领军企业、平台型企业、独角兽企业,支持这些企业开展重大科技项目攻关,突破"卡脖子"技术瓶颈。与此同时,积极鼓励企业参与核心关键技术攻关,着力提升自主创新能力。当前,浙江省正在打造"互联网+"、生命健康、新材料三大科创高地,着力建设六大省实验室,加速民营企业融入省实验室建设,大力支持企业以社会资本等形式参与到重大科研平台的搭建,是企业参与推动国家战略科技力量的重要体现,不仅能反哺民营企业自主创新,也为省实验室等重大平台建推进产学研一体化打造创新联合体,全球科技创新呈现着一体化会聚发展态势,从科学发现、技术发明到商业化应用的周期大大缩短,推进产学研一体化能够降低研发供给与需求的信息不对称,打通从研发到产业化的通道,是建立以企业为主体、市场为导向技术创新和产业创新体系的必然路径。在此背景下,浙江省应当围绕产业链和创新链布局,健全和推广"企业出题、高校解题、政府助题"的产学研一体化模式,充分发挥民营企业作为创新主体的作用,完善协同创新攻关机制,打造创新联合体,构建起以企业

为主体的多元化技术创新体系。不仅如此,创新联合体建设也应当跳出浙江反哺浙江,利用好长三角一体化的时代契机,支持民营企业在长三角地区建立一批产学研协同创新中心,积极导入上海、合肥、苏州等科创高地的资源,形成并放大创新联合体的辐射效应。在此过程中,需要充分发挥市场在资源配置中的决定性作用,发挥民营企业、民营企业家的资源要素配置能力,以企业为主体来推进产学研一体化。尤其是深化科技体制改革,利用好"揭榜挂帅""赛马制"等举措,促使科技创新资源向着领军型企业集聚,提升科研攻关的精准性、高效性,加快取得一批重大标志性成果。

创新是引领发展的第一动力,人才是引领创新的第一资源,浙江省打造高水平创新型省份,也必然是人才强省。在此过程中,需要充分发挥民营企业作为人才引进和使用的主体作用,以企业为主来支持人才外引内培。一方面,完善人才引进和服务机制,支持民营企业引进高层次人才、高水平团队,尤其是鼓励人才和团队带着技术或项目进驻,真正发挥人才第一资源的作用。做好高层次人才服务保障工作,加快建设国际医疗、国际教育、国际社区等国际化城市环境,使得招才引智工作更加精准化、多元化,能够吸引大规模国际高层次人才到浙江省创新创业。另一方面,充分发挥浙江大学、西湖大学、之江实验室等重大科研平台吸附效应,面向数字经济、生命健康、新材料等领域加大人才支持培养力度,自主培养一支人才队伍。浙江省是制造业大省,民营企业人才培养不能仅仅局限于研发型人才,也应当重视专业技术工人等人才。鼓励高校针对浙江省人才需求,推进高校与企业加强学科建设以及前沿领域联合攻关,培养企业需要的创新团队及复合型人才。

三、全面深化要素市场改革,健全现代金融体系

推进资本市场改革,完善金融机构和市场体系,是保障创新创业的重要基础。浙江省民营企业大部分是中小微企业,截至 2023 年年末,浙江省小微企业数量 298.9 万家,占 332.5 万家在册民营企业的 89.9%,而融资难、融资贵一直是小微企业所面临的问题。创新活动往往具有投入大、周期长、

风险高等特征,限制了民营企业开展研发创新活动,这就需要浙江省完善多层次资本市场体系,破解企业融资难题,解决企业后顾之忧。一方面,加快推进资本市场高水平开放,以科创板、创业板试点注册制为契机,吸引外国优秀企业来华上市,为居民提供更加丰富的投资空间与渠道;另一方面,加强资本市场制度性及市场化建设,健全完善股票发行审核机制和市场定价系统,提升交易透明度,健全市场化退出机制,借助大数据、云计算等方式进一步加强监管部门在事前、事中及事后的专业化监督管理,提高上市公司质量,促进资本市场健康发展,保护居民投资者权益。

完善创新要素参与分配机制。加快探索知识、技术、管理、数据等要素价值的实现形式。赋予科研机构和高校更大的科研经费使用和收入分配自主权,赋予科学家更大技术路线决定权和经费使用权,赋予科研人员职务成果所有权和不低于10年的长期使用权,提高科研人员科技成果转化收益分享比例。完善技术类无形资产挂牌交易、公开拍卖与成交信息公示制度,推广科技成果市场化定价机制,推进科技成果评价机制改革,完善科技奖励体系。加快培育数据要素市场,探索设立数据交易所,推进公共数据共享开放,提升社会数据资源价值。加强知识产权保护,构建知识产权数字化运营体系。积极发展科技金融,探索通过知识产权证券化等方式推动科技成果资本化。

第四节　培育更加活跃更有创造力的市场主体

一、民营经济是推动高质量发展走向共同富裕的关键一环

高水平全面建成小康社会得益于民营经济的蓬勃。在走向共同富裕进程中,发展民营经济同样具有基础性、同向性、促进性作用,是发展的动力源,是就业的重要载体,是缩小区域城乡发展差距、百姓收入差距,实现共建

共享品质生活的路径与保障。

一是民营经济是高质量发展动力源。2015—2023年,浙江省民营经济增加值从28252亿元增加到55476亿元,占GDP比重增至67.2%,民营企业进出口增至80.2%,税收收入贡献增至71.7%,经济总量及影响力进一步扩大。更为重要的是,民营企业成为投资的主导、创新的主体以及推动产业结构优化升级的主力军。2023年民间投资占固定资产投资总额的比重为53.0%。浙江在推进"走出去"上,形成了以民营企业为主的特色。2023年,浙江全省在境外设立企业1469家,其中90%以上是民营企业投资设立。规模以上工业企业中,有研发费用支出的民营企业达4.6万家,占比80.8%。2023年公布的中国民营企业500强中,108家浙江企业上榜,连续25年居全国第一;全省百强民营企业中,年营业收入超500亿元的企业有31家,出现了15家千亿级大企业,其中4家营业收入超过3000亿元。民营经济逐步从传统领域向新兴领域拓展,2023年信息传输、软件和信息技术服务业,科学研究和技术服务业比2022年分别增长11.5%和10.6%,大大快于第三产业和整个民营经济的发展。这为浙江省打造强劲活跃增长极,实现高质量发展奠定了扎实基础。

二是民营经济是百姓就业和增收重要载体。2015—2023年,浙江省私营单位就业人数占比从43.42%上升为49.62%;私营单位从业人员平均工资从41272元上涨为74325元,增幅达80.1%,约为非私营单位就业人员平均工资的55.9%。2023年浙江新设企业53.03万家,其中民营企业50.7万家,占全部新设企业的95.6%。新设个体工商户70.9万户,增长10.6%。巨大的劳动需求,让民营经济成为吸纳新增就业、增加居民收入的重要渠道。与此同时,民营企业是产权多元化、分散化、公众化与社会化的最主要推动者。以上市公司为例,2023年,浙江新增A股上市公司46家,占比14.7%,居全国第二,累计上市公司703家,占全国13.18%,排名第二。浙江上市公司中绝大多数为民营企业,社会股东持股比例远高于上市公司平均水平,为广大人民群众获得产权分享,扩大中等收入群体提供了条件。

三是民营经济是缩小城乡差距的重要路径。共同富裕道路上,一个都不能少。早在 2000 年工资性收入就已经成为农村居民的主要收入来源且主要依靠乡镇企业等蓬勃发展,近年来工资性收入在农村居民收入中的比重保持稳定且经营性收入占比持续提升。这得益于广大浙商积极投身乡村振兴,把新理念、新思路、新资源带入乡村,把社会资本、人力资源导入乡村,积极发展农家乐、渔家乐等新模式,形成了乡村振兴中不可或缺的中坚力量。2023 年,全省农家乐经营户超 2 万户,从业人员 32.7 万人,休闲农业总产值 471 亿元;示范性农民专业合作社 9491 家、家庭农场 11 万余家,新增农创客 5216 名、累计 6.8 万名。城乡居民收入比连续 8 年呈缩小态势,2020 年达 1.96∶1,为全国各省区最小。

四是民营经济是缩小区域差距的重要支撑。在浙江,民营经济发达地区,整体经济水平相对发达。2023 年,居民可支配收入最高市与最低市的收入倍差由 2013 年的 1.76 缩小至 2023 年的 1.56,民营经济起到了重要作用。在 2023 年中国民营企业 500 强榜单上,杭州有 42 家企业上榜,数量 20 次蝉联全国城市第一;宁波上榜 20 家、绍兴上榜 12 家、温州上榜 10 家,其中 6 家民营企业成功跻身世界 500 强;台州涌现出一大批以吉利集团李书福为代表的民营企业家。加快发展地区依靠民营经济促使区域发展更加协调。2023 年,丽水规模以上工业企业实现利润总额 107.9 亿元,其中民营工业企业利润总额 98.2 亿元,占工业企业利润总额的 90% 以上。

五是民营经济是满足人民品质生活的重要保障。推进共同富裕需要坚持以满足人民日益增长的美好生活需要为根本目的,随着收入不断提高,浙江省居民对美好生活的向往不断增强,升级类商品消费需求持续释放,消费结构呈现高级化和数字化发展趋势。在服务业中,民营企业的数量、从业人员与销售总额超过一半,主要集中在居民服务业、住宿和餐饮业、批发和零售业、房地产业等行业中,增加值占其本行业的比重均在 80% 以上;2023 年浙江规模以上服务业中的民营企业营业收入增长 7.9%,利润总额年均增长 18.8%,分别高于规模以上服务业年均增速 1.2 个和 2.7 个百分点。

2023 年浙江省民办养老机构占比 52.3%；民营卫生机构占 51.8%，比 2015 年提高约 8 个百分点；民办中小学占比 11.6%，比 2015 年提高 1.2 个百分点。

二、持续做大做优民营企业，高度重视民营企业"尖兵"作用

明确民营企业在做大蛋糕实现共同富裕过程中的重要作用。高质量发展是实现共同富裕的必由之路，共同富裕是在做大蛋糕的基础上分好蛋糕的过程，而民营经济是壮大共同富裕根基的基础。明确企业家是创造财富的主动力，尊重财富创造者的劳动，要为民营企业家正名，让全社会真正认识到经济的发展、创新能力的提升离不开企业家，认识到中国经济真正走到世界前沿、从大国变成强国，离不开企业家群体。[1] 以发展混合所有制经济为突破口，构建国有经济和民营经济互补并进的体制机制。坚持两个"毫不动摇"，支持公有制经济和非公有制经济共同壮大发展，加快培育更加活跃更有创造力的市场主体[2]，壮大共同富裕根基。构建市场化、国际化、法治化营商环境，不断促进国有经济做大做强，不断促进非公有制经济健康发展和非公有制经济人士健康成长。破除制约民营企业发展的各种壁垒，将民营企业和民营企业家当作"自己人"，以竞争中性原则为指导，完善促进中小微企业和个体工商户发展的法律环境和政策体系，打破市场准入、审批许可、经营运行、招投标、军民融合等方面壁垒，为民营企业打造公平竞争环境。民营企业享有与国有企业同样的政策待遇，推进产业政策由差异化、选择性向普惠化、功能性转变，在土地、能耗等资源要素保障方面一视同仁，推进反垄断、反不正当竞争执法。

面向高质量发展中的短板和难点，鼓励民营企业不断加大科技创新力度，加大基础研发投入，敢于进取，勇攀高峰，争当解决"卡脖子"问题的生

---

① 杨小勇、余乾申：《新时代共同富裕实现与民营经济发展协同研究》，《上海财经大学学报》2022 年第 1 期。

② 王祖强：《推动浙江民营经济实现新飞跃》，《浙江经济》2019 年第 2 期。

力军。深入推进"凤凰行动",鼓励民营企业牵头开展产学研协同创新。聚焦产业集群发展壮大,建设一批集创意设计、研究开发、检验检测、成果推广、创业孵化等功能于一体的产业创新服务综合体,打造更具活力的产业创新生态系统。用好三类人才。广泛集聚国际国内人才参与到"卡脖子"问题研究,发挥各类主体如民营企业熟悉市场的作用,贴近市场需求攻克难题。鼓励企业经营管理人才、科技创新人才与高素质技能人才摆到企业管理的核心位置,适应形势变化要求,建立新的薪酬制度与股权制度,形成新的激励与约束机制,将企业家的命运与这三类人才的命运结合在一起,建立企业命运共同体,再创民营企业发展新优势。强化产品和服务创新。利用机制灵活、市场应变强的特点,迅速适应国际国内形势的变化,发掘国内市场,提供与国内消费趋势相适应的产品和服务,推动供给侧结构性改革,满足人民日益增长的美好生活需要。

三、积极培育新个体经济,鼓励民营企业牢固树立带富意识

优化营商环境,转变政府观念,把新个体经济视为新时代创业创新的重要方向,为共同富裕创造高质量的就业岗位,拓宽居民收入来源。营造支持新个体经济发展的社会氛围,包括给广大新个体经济从业者"正名"。比如,人社部等部门向社会正式发布包括"区块链工程技术人员""互联网营销师"等在内的新职业名录,并在"互联网营销师"职业下增设"直播销售员""电商主播""带货网红"等正式工种;教育部将开设网店归为"自主创业",将公众号博主、电子竞技工作者等归为"自由职业"等。加快完善保护新个体经济从业者权利的法规制度,尤其是完善灵活就业人员的劳动权益保护、薪酬福利、社会保障等方面的政策制度,探索适应跨平台、多雇主间灵活就业的权益保障、社会保障政策,为新个体经济从业者解除后顾之忧。尤其在就业、培训、维权等政策标准和制度规范方面,尽可能与传统个体经济的从业者保持一致。引导金融机构为新个体经济提供更为优惠和便利的融资政策,或给予新个体经济相应的创业补贴或无息贷款,同时对互联网平台

的利益分配出台行业指导意见,引导互联网平台企业降低从业者的平台服务费,吸引更多个体经营者线上经营创业。引导新个体经济从业者打破思维惯性,保持终身学习的态度,做创新发展的探索者、组织者、引领者,勇于推动生产创新、技术创新、市场创新、管理创新。

民营经济应牢固树立带富意识,深入思考、回答"为了谁、依靠谁、怎么发展"等问题。要在社会上弘扬爱国、创新、诚信、勇担社会责任和拓展国际视野的企业家精神,反对追求短平快的浮躁风气,增强企业家法治意识、契约精神、守约观念,做诚信守法的表率。大力弘扬浙商精神、企业家精神,完善创业创新创造支持政策体系,探索让数字经济、创新经济、生态经济、现代服务经济成为新时代老百姓经济的有效路径。优化分配,让利员工,让员工富起来,形成收入分配新格局。提高员工收入,就是要在企业健康发展的前提下,合理规划企业的工资增长机制,构建和谐劳动关系,让员工更好地共享企业改革发展带来的成果。要对资本要素、科技要素、管理要素和劳动要素如何进行收益分配的问题,进一步加强研究,以平衡资本和劳动要素的收益。积极鼓励民营企业参与公益捐赠。企业家先富起来,还要富而有德、富而有爱、富而有责,要积极参与社会公益,努力做热心公益的表率,带动全社会形成积极参与公益捐赠的良好氛围。同时要优化三次分配的政策体系,做好税收激励等配套支持。

鼓励民营企业发挥市场机制优势,积极参与公共服务供给、社会发展建设,合力建设文明和谐美丽家园展示区。在市场准入中,全面实施全国统一的市场准入负面清单,负面清单以外的行业、领域、业务等,各类市场主体均可依法平等进入。鼓励民间资本进入可实行市场化运作的领域,对交通、水利、市政公用事业等领域,重点支持民间资本组建或参股相关产业投资基金参与投资运营。对教育、卫生、养老等社会事业,重点推动民间投资项目在土地使用、用水用电、税费征收等方面享受与政府投资项目同等待遇。保障民间资本公平参与政府和社会资本合作(PPP)项目,推动民营企业与其他类型企业按同等标准、同等待遇参与政府和社会资本合作项目,不得以不合理的采购条件对潜在合作方实行差别待遇或歧视性待遇,确保采购过程公平、公正、公开。农村是现代化建设的难点,要进一步加大民营企业对农村的投入,积极参与实施乡村建设行动,带动各类资本下乡兴业,参与到集体经济发展中。鼓励资金实力雄厚的民营企业勇挑重担,开展"一村多企"结对服务,为解决"三农"问题贡献更多力量,扎实推进农业农村领域共同富裕。

第 四 章

以数字化改革赋能共同富裕
提升数字普惠性功能

以数字化改革赋能共同富裕,为共同富裕提供高度发达的生产力土壤,是浙江高质量发展建设共同富裕示范区的重要目标之一。党的二十大报告提出:加快发展数字经济,促进数字经济和实体经济深度融合,打造具有国际竞争力的数字产业集群。① 数字化改革是打造"重要窗口"的标志性成果,高质量发展建设共同富裕示范区是打造"重要窗口"的题中之义。这两者之间是相辅相成的关系,数字化改革是手段,建设共同富裕示范区是方向和目标。"数字产业化和产业数字化"的联动发展,为实现共同富裕提供了高度发达的生产力土壤;政府数字化转型不断迭代,让各类政府公共服务具有较高的公平性和包容性。在建设社会主义现代化先行省的进程中,浙江肩负着高质量发展建设共同富裕示范区的神圣使命。2020 年中共浙江省委十四届八次全会作出了以数字化改革为总抓手,撬动各领域各方面改革的决策部署。2021 年 2 月 18 日,中共浙江省委召开数字化改革大会,全面部署数字化改革工作。2022 年浙江省数字化改革推进大会再次明确指出纵深推进数字化改革为高质量发展建设共同富裕示范区提供强劲动力。数

---

① 习近平:《高举中国特色社会主义伟大旗帜 为全面建设社会主义现代化国家而团结奋斗——在中国共产党第二十次全国代表大会上的报告》,人民出版社 2022 年版,第 30 页。

字化改革是新发展阶段全面深化改革的重要抓手,是扎实推进共同富裕的"船"和"桥",也是高质量发展建设共同富裕示范区的核心动力。以数字化驱动制度重塑,在共同富裕场景下重塑政府、社会、企业和个人的关系,率先形成与数字变革时代相适应的生产方式、生活方式、治理方式,在现代化先行中推进共同富裕示范区建设。

第一节　数字化变革是最鲜明的时代特征

在新一轮科技革命和产业变革中,数字经济已成为引领创新和驱动转型的先导力量,正在加速重构全球经济新版图,也成为中国经济转型增长的重要一极。党的十八大以来,我国把数字经济上升为国家战略;党的十九大报告提出,推动互联网、大数据、人工智能和实体经济深度融合……为建设科技强国、质量强国、航天强国、网络强国、交通强国、数字中国、智慧社会提供有力支撑。[①] 党的二十大报告提出,加快发展数字经济,促进数字经济和实体经济深度融合,打造具有国际竞争力的数字产业集群。[②] 数字经济蓬勃发展,已经成为推动我国经济社会发展的动力力量。近年来,我国数字经济发展量质齐升,2023 年数字经济核心产业增加值超过 12 万亿元,占国内生产总值比重 10%左右;5G、工业互联网、人工智能等新动能加快发展,传统产业数字化改造纵深推进,智能制造、服务型制造等融合发展新业态新模式不断涌现,为发展新质生产力、建设现代化产业体系注入强劲动力。[③] 浙江省将数字经济作为"一号工程",着力推进数字产业化、产业数字化,2023

---

① 习近平:《决胜全面建成小康社会　夺取新时代中国特色社会主义伟大胜利——在中国共产党第十九次全国代表大会上的报告》,人民出版社 2017 年版,第 30、31 页。
② 习近平:《高举中国特色社会主义伟大旗帜　为全面建设社会主义现代化国家而团结奋斗——在中国共产党第二十次全国代表大会上的报告》,人民出版社 2022 年版,第 30 页。
③ 金壮龙:《健全促进实体经济和数字经济深度融合制度》,《人民日报》2024 年 8 月 20 日。

年浙江数字经济核心产业增加值 9867 亿元,比 2022 年增长 10.1%。其中规模以上数字经济核心产业制造业增加值增长 8.3%,增速比规模以上工业高 2.3 个百分点。浙江省于 2021 年提出数字化改革,以数字技术赋能全方位改革,加快建设数字经济、数字社会、数字政府,推动生产方式、生活方式和治理方式变革。从现阶段而言,数字化改革是最鲜明的时代特征,不仅涉及经济领域,也涉及数字社会,是助力共同富裕的重要抓手。①

一、发挥数据作为新型生产要素的优势,释放改革新动能

技术进步是促进经济社会发展的内生性动力,技术是一种重要的生产要素。数字技术作为一种颠覆性的技术革命,数字技术的应用不仅仅局限于经济发展领域,而是延伸到经济社会发展的各个领域。感应探测技术、大数据、人工智能、物联网等应用极大解放了生产力,不仅如此,数字技术在传统社会领域的应用,也改变着生产关系,能够更好地适应生产力的发展。数字化改革的不断推进,是数字技术作为要素在改革领域的应用,能够更好地释放出数字化改革的红利。②

大数据的广泛应用,能够推动改革工作更加精准化,释放出改革的红利。充分发挥数据价值,能够促进改革工作在各个领域进行精准掌握,尤其是大数据的应用,能够更好地预测经济社会发展的趋势,针对不同场景、不同领域形成不同的解决方案。与此同时,大数据的应用能够在管理层面呈现更为范式的全景化特征,能够促使改革工作向纵深推进,不仅拓宽了改革宽度,也能够拓宽改革的深度。

大数据的广泛渗透,能够优化改革工作中的各个流程,有效提高数字化改革的效率,这是数字化变革成为时代最鲜明特征的重要条件,也是释放新动能最关键的基础。数字技术应用于改革流程的各个领域,能够改造传统

---

① 赵媛:《数字经济为共同富裕提供机遇》,《中国社会科学报》2022 年 3 月 11 日。
② 刘渊:《关于数字化改革理论内涵的解读》,《政策瞭望》2021 年第 3 期。

的服务模式与业务流程,将数字技术所带来的便利性更多地嵌入人民群众的生活生产中去,极大优化了经济社会各领域的流程,从而使得经济社会运行的效率大大提高。不仅如此,通过数据采集、共享、处理、反馈等各个过程中,政府主体与个人之间的关系发生了深刻变革,对于政府服务而言,不断从"由内而外"的传统政府服务模式转变成"由外而内"的需求发现模式,实现改革创新。

大数据的广泛集成,促进平台体系的构建与优化,使得数字化改革工作更加具有系统性,而大数据发挥出价值关键在于数据要素的汇集。传统的政府服务更多是以业务来切割相应模块,大数据的应用,能够将不同模块、不同平台进行有效集聚和串联,促进了政府内部之间的协调,让数据跑起来,将壁垒进行打破。从这个角度而言,相较于传统决策者的政府角色,当前政府角色更侧重于规划者和参与者,以数字化为载体和平台,推进整个改革流程更加系统化,也更加能够适应整体经济社会的发展。

二、数字技术赋能经济社会,构建变革新空间

数字技术能够突破时间和空间上的限制,将经济社会活动在时空上进行有效衔接,从而形成新的产业部门、新的生产关系,提高经济社会运行效率,这是数字技术赋能经济社会的关键所在。数字产业化、产业数字化、数字政府等构建,拓宽了数字化变革在新时代不断发展所衍生出来的新空间。

数字技术从无到有,不断发展,形成新的产业部门,构建起数字产业化的新空间。随着新一轮科技革命不断兴起,新一代信息技术蓬勃发展,由此形成了诸多新兴产业部门。数字化变革,初期的数字技术发展,为现代产业体系的丰富和完善拓宽了空间,也为经济增长注入了内生性的动力。纵观全球各国发展,数字经济已经成为应对新一轮科技革命和产业变革的战略选择。纵观全球企业发展,数字经济已经成为全球产业竞争的重要领域。

数字技术从弱到强,不断成熟,赋能传统产业,推进传统产业转型升级,

从而提高传统产业运行效率。一方面,数字经济能够在各个产业领域进行广泛应用,从而更新产业的运营模式。譬如数字技术赋能制造业产业,利用产业大脑打造未来工厂,提高制造业生产效率,符合浙江打造全球先进制造业产业集群的时代趋势。另一方面,数字经济能够串联起产业链,使得上中下游之间更好地融通,以此降低信息不对称,提升产业链运行效率及竞争实力。

数字技术赋能社会领域,能够更好地提升社会效率,满足人们对美好生活的向往。早在 2016 年,浙江便提出"最多跑一次改革",这是数字技术在社会治理领域应用的积极体现,让数据多跑、让群众少跑,是数字化改革的前期探索。2021 年 2 月,浙江省明确提出数字化改革,这是浙江积极把握数字时代发展趋势,利用数字化变革赋能经济发展、社会治理等,包括未来社区等打造,都是为了提升人民生活便利程度。①

在此过程中,由于数字技术自身的特征,数字化变革的构建,不能简简单单将数字世界与物理世界、人类社会画等号。数字要素能够去中心化、能够更加高度化,从而发展生产力、改变生产关系,但是数字技术在应用过程中也应当更加关注现实世界,使得负面影响的范围能够缩小。所以,不同于传统现实领域改革的一步到位,数字领域的改革往往是试错性和进化式的。在保证决策稳定的前提下,改革工作需要随着需求的变化而推进深化。数字领域的改革对政府能力提出更高要求。

三、数字治理模式日益形成,共创改革新价值

浙江以数字化改革为抓手,推进数字治理在各个领域的拓展,提升基层治理能力和治理体系现代化的能力,让数字化改革的红利被每一个人所共享,其中所蕴含的在于共创改革的新价值,让改革惠及每个民众,能够使其

---

① 应小丽、陈开源:《"最多跑一次"改革的下乡逻辑及其关系优化——以有效治理为视角》,《浙江社会科学》2020 年第 2 期。

共享数字红利。

从数字技术发展态势而言,促使公民、企业、政府等不同主体打破传统边界,在广泛互联的基础上不断共享创新,促成了主体之间前所未有的连接能力,形成了全新的生产和生活关系。这种改变让数字化改革作为时代变革,更加惠及每一个人,也使得改革所创造出来的利益能够被每一个民众所享受。传统政府服务民众更加是面对面的,而数字化的应用,使得平台更为集成、模块更为融合、流程更为简便,从传统提升服务效率需要依靠人力资本的投入及制度层面发生变化,到现阶段数字化政府能够更加精准把握民众需求进行改革。浙江数字化改革所蕴含的时代变革是当前社会治理呈现新趋势新特征的重要体现。从这个角度而言,数字治理主要体现以下两大特征。

一方面,利用数字技术来创新体制机制,共创数字化时代的公共价值。数字化改革的价值内容更关注多元主体带来的外部效益,这些外部效益会影响不同主体,不仅涉及服务提供者与服务对象之间的关系,也涉及政府与社会主体之间的关系,从而通过多元主体之间的协同交互来对各个服务场景进行治理,共同创造社会价值。政府角色从传统的单一供给模式中的"全能者",改革为多元主体协同模式下的"统筹规划者",通过政府与社会接口的定义来界定各个主体的权责,也通过接口的数据交换来协同各个主体在场景中的行为①,更多地发挥政府作为服务者的效果。数字化改革,实则是通过创新管理体制机制,让其更好地适配当下数字化多元利益冲突的挑战。另一方面,数字技术也重塑着生产关系,激发新生产力,由此形成经济社会发展的闭环。随着数字连接的泛在化,社会经济参与者借助广泛、高效的信息闭环形成交互连接,正朝着更加复杂和相互依赖的劳动分工发展。② 主体之间的相互依赖性日益增强,逐渐形成"社会化生产"的生产服

---

① 徐顽强:《数字化转型嵌入社会治理的场景重塑与价值边界》,《求索》2022 年第 2 期。

② 德悦:《完善数字经济治理　规范数字经济发展》,《人民邮电》2022 年 3 月 10 日。

务方式,激发社会多元主体共同参与公共服务的供给,提高了政府服务的灵活性和专业性。因此,数字化改革实则是建立一套重塑生产关系的机制来激活各主体的积极性,从而进一步提升生产力。

第二节 数字化驱动经济社会制度重塑

一定的生产决定一定的消费、分配、交换和这些不同要素相互间的一定关系,经济高质量应当是上述四个环节高质量发展以及四个环节的连接更加有效率。经济基础决定上层建筑,经济高质量发展才能决定社会和谐稳定发展。数字技术赋能生产、消费、流通等各个环节,能够推动经济高质量发展;数字技术赋能分配等环节,决定了社会制度变迁的方向。浙江推进数字化改革,旨在用好 V 字开发方法,将"业务协同模型"和"数据共享模型"贯穿到数字化改革的各领域、各方面、全过程。V 字下行阶段,全面梳理党政机关核心业务,从治理与服务两个维度赋予定义,从宏观到微观,实现核心业务数字化。V 字上行阶段,再造业务流程,将核心业务组装集成为"一件事",推进原有业务协同叠加新的重大任务,从微观到宏观,设计标志性应用。以数字化改革为总抓手,驱动经济社会制度重塑,能够更好地助力共同富裕。

一、数字化加速生产方式变革,促进要素配置合理化

生产是社会主体在各生产部门组成的总体中的活动,"一切生产都是个人在一定社会形式中并借这种社会形式而进行的对自然的占有"[1]。社会生产不仅包括生产条件分配,即要素投入,也包括了生产的社会结合,即要素组合。所以,生产的高质量发展应当是要素投入不断高级化、要素配置

---

[1] 《马克思恩格斯文集》第 8 卷,人民出版社 2009 年版,第 11 页。

更加合理的过程。①

　　从生产角度而言,生产条件以要素投入高端化实现提升。马克思在论述生产的条件分配时明确提到"进行生产所必不可缺少的条件"②,指出了要素投入对于生产的重要性。从生产的各个环节而言,要素投入的高端是保证高质量生产的基础条件。随着我国经济从高速增长向高质量发展转变,生产的要素投入也不断从传统要素向新要素转变,使之与现代化产业体系更加适应与匹配,进行生产所必不可缺少的条件更加高端化,生产条件更加现代化。譬如,大数据作为新兴要素不断投入生产领域,且不断从金融、消费等服务行业向工业制造渗透,目前我国海量数据年均增长超过50%,且大数据专利公开量约占全球40%,已经成为推动中国"智"造快速发展的重要力量。从这个层面而言,大数据作为高端要素投入有效促进了生产过程的高质量,从而带动了产业现代化进程。

　　不仅如此,生产的社会结合以要素重组实现更加有效分配。生产高质量需要要素资源的合理配置,使之更加符合生产高质量的需求。从要素资源分配角度而言,生产高质量发展需要打破资源错配的问题,包括国有企业和民营企业之间、区域之间的要素资源配置不平衡问题。在此基础上,生产力决定生产关系,生产关系反作用于生产力。在新科技革命背景下,生产力与生产关系的适应程度应当更加契合生产环节的高质量发展。譬如,智能机器人的广泛使用,一方面提高了企业生产效率,另一方面也提高了企业劳动者素质,因为操作机器人的劳动力必须是技术型人才。而对于被排挤的劳动力,抑或转移到低端地区,从事劳动力密集型产业生产,抑或加强学习提升技术水平,能够适应生产方式的转变,由此也优化了生产要素的合理配置。

---

　　①　曾宪奎:《我国高质量发展的内在属性与发展战略》,《马克思主义研究》2019年第8期。

　　②　《马克思恩格斯文集》第8卷,人民出版社2009年版,第10页。

数字技术作为要素,本身就是高端生产要素。科学技术是第一生产力,而生产力和生产关系构成了生产方式。数字经济作为新一代信息技术的典型代表,本身就是互联网技术发展到一定阶段的创新产物,是科学技术不断发展而形成的新生产力,能够促进现有生产方式的变革。譬如,区块链技术是去中心化的数据库,不断应用于分布式数据存储、点对点传输、共识机制等,而在应用过程当中,区块链技术已经成为高端生产要素,即生产函数中所描述的技术进步所带来的经济增长。数字技术应用于生产环节还能够提高其他要素的利用效率。① 譬如,传统物联网由单一中心来接收所有信息,硬件成本高、网络安全性低等问题日益突出,而区块链技术应用于物联网能够构建起新的交易协作网络,使得物联网的运行更加有效率。数字技术促使生产要素配置更加有效率。数字技术作为高端生产要素形成了新生产力,改变着生产关系,从而变革生产方式。一方面,数字技术能够调整生产资料关系。在现代经济体系中,数据是重要的生产资料,数字技术作为数据应用的重要手段,能够将生产中的要素进行协作,根据生产的需求和供应形成更为优化的供应链和生产流程,降低交易成本、提高生产效率。② 另一方面,数字技术也提高了生产者之间的关系。

二、数字化催生消费新模式,满足高端化多元化导向

消费是终点,在经济发展中是主导型的驱动因素,"产品只是在消费中才成为现实的产品……产品不同于单纯的自然现象,它在消费中才证实自己是产品,才成为产品"③。消费对于经济增长具有重要作用,经济高质量发展需要消费环节实现高质量。一方面,生产环节高质量直接推动消费高级化,从数量向质量转变;另一方面,发挥消费作为经济稳定器的作用,日益

---

① 于博:《区块链技术创造共享经济模式新变革》,《理论探讨》2017 年第 2 期。
② 王晓静、罗娟、宋燕飞:《区块链技术促进生产方式变革》,《技术经济与管理研究》2019 年第 5 期。
③ 《马克思恩格斯文集》第 8 卷,人民出版社 2009 年版,第 15 页。

满足人民多元化的消费需求,体现以人民为中心。①

消费是生产的直接目的。马克思在论述生产与消费的过程中,直接指出"消费创造出生产的动力"②,生产是起点、消费是重点,消费是生产的直接目的,是拉动经济增长的重要环节。从起始环节而言,经济高质量发展需要生产环节高质量,但从最终环节而言,经济高质量发展也需要消费环节高质量。不仅如此,马克思亦指出了"生产直接是消费,消费直接是生产"③。一方面,生产过程中需要耗费原材料,耗费了生产资料,是消费的过程;另一方面,消费替产品创造了主体,产品只有对这个主体才是产品,所以消费也中介着生产。所以,生产和消费之间互为因果,存在着一种中介的运动。那么,经济高质量发展就需要生产环节和消费环节的高质量。生产环节高质量直接推动消费环节高质量,而消费环节高质量也带动着生产环节的高质量,两个环节处于相辅相成的运动当中。

消费升级向高端化和多元化演进。经济高质量发展意味着经济总量不断扩大,社会生产提高会增加劳动者工资,从而激发消费者需求的高端化。"消费创造出新的生产的需要,也就是创造出生产的观念上的内在动机"④,在这里"新的生产的需要"便是消费高端化的直接体现。经济发展会提高劳动者分配或者增加劳动者工资,激发更为高端化的消费需求。经济发展水平决定了消费层次,而消费提升又是经济高质量发展的重要体现。经济高质量发展不仅要求经济总量增加,也要求经济增长效率提高,而其背后势必促进居民生活收入的提高,由此激发更为高级的消费需求。这种消费需求又会反作用于生产高端化,从而推动生产、消费两个环节的高质量发展。随着我国经济高速增长,高端消费增长比例远远高于传统消费,譬如 2018

① 任保平:《新时代中国经济从高速增长转向高质量发展:理论阐释与实践取向》,《学术月刊》2018 年第 3 期。
② 《马克思恩格斯文集》第 8 卷,人民出版社 2009 年版,第 15 页。
③ 《马克思恩格斯文集》第 8 卷,人民出版社 2009 年版,第 15 页。
④ 《马克思恩格斯文集》第 8 卷,人民出版社 2009 年版,第 15 页。

年我国化妆品类增长9.6%、家用电器和音像器材类增长8.9%、通信器材类增长7.1%。由此可见,我国经济发展能够带动消费向高端化迈进,奢侈性消费不断兴起,经济高质量发展会促进消费迈向高质量,而消费的高质量也会促进生产高质量,拉动经济发展,形成良性循环。

数字技术催生零售新业态。消费是生产的目的,生产高质量会促进消费高质量,而消费高质量也引导着生产高质量的发展方向。以此循环往复,推动经济高质量发展。随着互联网技术不断发展,以电子商务为代表的零售新业态不断发展,数字化新零售已经成为消费的主流趋势。电子商务作为互联网技术发展的"风口",能够更好地推进零售新业态的发展。一方面,数字赋能新零售产业能够确保零售供应链更加完整、更加安全、更加高效。另一方面,数字技术也使得新零售渠道更加多元化。利用大数据挖掘技术,将数据价值进行充分释放,以此推进新零售行业发展。譬如,将数字技术应用于网络直播带货,使直播带货有迹可循,促进网络直播带货更加规范化发展。同时,数字技术提高了贸易效率。国际贸易能够满足消费者多元化的需求,而跨境电子商务蓬勃发展也使得消费的便利性大大提高。数字技术应用于国际贸易领域,能够大大提高贸易效率,也拓宽着消费者的渠道。

三、数字化提高流通和支付效率,改变商业模式及制度

交换或者流通是连接生产与要素的重要中介环节,交换是生产和由生产决定的分配一方同消费一方之间的中介要素,所以经济高质量发展也需要交换环节或者流通环节实现高质量,以此匹配生产和消费的高质量,能够更好地连接生产和消费两个环节。

流通高质量发展催生新的商业模式。交换环节是连接生产和消费的重要中介环节,"只要产品交换是用来制造供直接消费的成品的手段,在这个限度内,交换本身是包含在生产之中的行为"[①]。基于这种思考,交换环节

---

① 《马克思恩格斯文集》第8卷,人民出版社2009年版,第23页。

本身就可以从生产环节独立出来,形成流通产业,以此来更好地打通生产和消费两个环节。随着生产和消费的快速发展,流通产业也蓬勃兴起。不仅如此,流通产业发展也催生出了新的商业模式,最为典型的便是"互联网+商贸",即电子商务。互联网技术快速发展大大提高了流通效率,降低了流通成本,产生了电子商务等新型商业模式。2023年我国实物商品网上零售额130174亿元,按可比口径计算,比2022年增长8.4%,占社会消费品零售总额比重为27.6%,有效拉动了消费增加。流通产业高质量发展也打破了国际贸易壁垒,跨境电商便是在国际流通效率提升基础上形成的重要消费模式。与此同时,流通产业高质量发展需要高效率的物流,以此打通要素流通、商品流通等生产和消费的各个环节,实现经济发展效率变革。

交换环节中的支付方式不断革新。商品流通、货币流通是交换环节的两个重要维度,支付方式则是货币流通的重要表现形式。商品流通决定货币流通,货币流通的基础和前提是商品流通,在现代社会中,流通产业的不断发展催生了商品流通的新模式,而这种新模式加速了新的货币流通模式的产生,其中支付方式的变革便是货币流通模式创新的重要形式。譬如,现代流通产业发展加快了电子商务尤其是跨境电子商务兴起,而电子商务的交易量陡增催生了网络支付的产生、兴起与扩散。尤其是互联网技术日益发达,网络支付、手机支付等已经成为日常交易的主要支付方式,商业新模式的产生需要支付方式的创新来支撑,所以支付方式革新亦是经济高质量发展的重要维度。截至2023年12月,我国网民规模达10.92亿人,较2022年12月新增网民2480万人,互联网普及率达77.5%。其中,我国网络支付用户规模达9.54亿人,较2022年12月增长4243万人,占网民整体的87.3%。① 由此可见,支付方式作为交换的重要环节,支付方式变革有助于经济发展,而经济高质量发展也对支付方式提出了新的业态需求。

---

① 参阅中国互联网络信息中心(CNNIC):《中国互联网络发展状况统计报告》,移动支付网微博2024年3月31日。

传统物流由多方主体参与,在主体内部、流通环节上存在诸多问题。譬如,在物流企业内部,信息传递效率低、沟通成本高等问题严峻;在流通上下游环节上,存在较为明显的信息孤岛,从而导致流通环节质量低下。数字技术的应用,能够着力破解信息孤岛等问题,提高流通的效率及安全性。一方面,数字技术开放性等特征能够使得物流信息在全流通环节进行共享,也使得下游企业或者消费者实时获取物流信息,有效规避信息流通不畅等问题。另一方面,数字技术可追溯性也能够实时监测流通环节,保证在每一环节不出现差错,即便出现差错也能够实时补救。不仅如此,可追溯性也杜绝了物流数据造假等问题,使得流通环节更加高效安全。不仅如此,数字技术能够有效降低支付成本。新的消费模式催生新的支付方式,电子商务尤其是跨境电子商务快速发展要求电子支付更加便捷、更加安全。数字技术应用于支付领域能够有效降低支付成本,包括交易成本和风险成本。

四、数字化促进效率公平更坚固,提高社会再生产积极性

"所谓的分配关系,是同生产过程的历史地规定的特殊社会形式,以及人们在他们的人类生活的再生产过程中相互所处的关系相适应的,并且是由这些形式和关系产生的。"①分配是人与人之间的社会关系的表现形式,那么分配便涉及公平与效率的问题,而且在不同经济制度下分配将呈现不同的形式。但从经济高质量发展而言,分配应当兼顾公平与效率,能够充分调节社会生产关系,有利于社会再生产的扩大。

合理的分配有利于促进社会再生产。经济高质量发展将会大大提高社会生产,而按劳分配是重要原则,从要素投入的贡献大小来进行社会分配,能够兼顾公平与效率。马克思认为"分配的结构完全决定于生产的结构"②,充分表明了社会分配应当遵循生产中要素的投入大小。党的二十大

---

① 《马克思恩格斯文集》第 7 卷,人民出版社 2009 年版,第 999—1000 页。
② 《马克思恩格斯文集》第 8 卷,人民出版社 2009 年版,第 19 页。

报告指出,"构建初次分配、再分配、第三次分配协调配套的制度体系。努力提高居民收入在国民收入分配中的比重,提高劳动报酬在初次分配中的比重"[①]。一方面,把握按劳分配和按需分配的内涵,能够更好地调动劳动者的积极性,投入社会再生产当中;另一方面,合理的社会分配也为再生产提供了合理的要素资源配置条件。以工资为例,社会分配中工资水平过低,将会伤害劳动者生产的积极性,不利于社会再生产;而工资过高,将会挤占再生产中的资本投入,亦不利于社会再生产的进行。经济高质量发展是循环往复的过程,这就需要社会分配更加合理,能够保证社会在生产中的要素投入结构充分合理。

社会分配中的公平与效率不存在矛盾。社会分配应当置于一定的经济制度下来进行考察,譬如资本主义与社会主义、私有制与公有制等,社会分配制度都呈现不同形态。西方经济学往往将公平与效率进行对立,认为公平与效率往往难以兼顾,但马克思主义者则认为公平和效率是人类社会经济发展和文明进步的双重追求目标,社会分配也需要遵循公平和效率的原则,这也是以人民为中心的重要体现。改革开放以来,我国社会分配经历了以按劳分配为主体、多种分配方式并存的分配制度,把按劳分配和按生产要素分配结合起来、更加重视收入分配差距逐步强调公平问题、将重视公平放在更加突出的位置等阶段,总体而言则是从"效率优先、兼顾公平"不断向"公平与效率"并存转变。经济高质量发展凸显让人民共享发展成果,所以在社会分配中更加注重公平。

分配是再生产的必要条件,公平有效的分配能够更好地促进再生产。[②]传统的分配是将产品或者收入汇集到某个权威的中心点,再进行合理分配。譬如税收是从每个纳税人中征缴所得,再根据一定标准分配用于各个领域。数字技术的应用能够改变传统分配的"征收—集中—分配"的流程,对于每

---

① 习近平:《高举中国特色社会主义伟大旗帜　为全面建设社会主义现代化国家而团结奋斗——在中国共产党第二十次全国代表大会上的报告》,人民出版社 2022 年版,第 47 页。
② 高培勇:《理解、把握和推动经济高质量发展》,《经济学动态》2019 年第 8 期。

一个环节给予数字化账户,从而构成区块链,通过智能化合约进行重复性工作,不仅提高了分配的效率,也使得分配标准更为科学统一,公平性也更强。从传统分配中可以看出,劳动等所获得的报酬需要在一个固定时间内才能进行衡量,数字技术的应用将使得报酬的计算更加实时。只要是劳动者完成某项工作,便能计算出相应的劳动所得,将固定时间变成每天、每时、每秒等实时计算,分配流程更加简单。实现分配的前提也在于能够对劳动者的价值进行有效衡量,通过数字技术设计一套科学标准,将相应的劳动所得进行量化衡量,从而促进分配更加合理公平,由此也能提高劳动者积极性,促进社会再生产。

第三节　数字化驱动共同富裕
多跨场景重大改革

共同富裕是社会主义的本质要求,是中国式现代化的重要特征。习近平总书记在 2021 年 8 月 17 日召开的中央财经委员会第十次会议上强调在高质量发展中促进共同富裕。共同富裕是一场涉及政府、社会、企业、个人关系重塑的深刻变革,而高质量发展是其基础。当前,数字经济蓬勃发展,根据中国信通院发布的《中国数字经济发展研究报告(2023 年)》,2022年我国数字产业化规模与产业数字化规模分别达到9.2 万亿元和41 万亿元,占数字经济比重分别为 18.3% 和 81.7%,形成服务业和工业数字化共同驱动发展的格局。数字经济高科技特征为经济增长注入了内生动力,而分享性特征为共享发展提供了有利条件,助推着高质量发展赋能共同富裕。[1]

---

① 荆文君、孙宝文:《数字经济促进经济高质量发展:一个理论分析框架》,《经济学家》2019 年第 2 期。

一、新一代信息技术引领原始创新,壮大数字经济规模

经济基础是共同富裕的基础,而数字经济蓬勃发展已经成为经济发展的重要推动力量,可以认为数字经济引领经济发展,夯实共同富裕的基础。新一代信息技术蓬勃发展,5G、云计算、大数据、人工智能与实体经济深度融合引领原始创新,从人人互联到万物互联、从海量数据到人工智能,新要素正在形成、新动能正在激发、新集群正在孕育。浙江坚持不懈把数字经济作为“一号工程”来抓,大力推进数字产业化、产业数字化和治理数字化,深入实施数字经济“一号工程”2.0版,加快推进国家数字经济创新发展试验区建设,全省数字经济发展呈现规模快速扩大、数字场景应用加快拓展、数字赋能加速壮大的良好态势,成为推动全省经济社会高质量发展的主引擎和硬核支撑。①

数字经济增势强劲引领经济增长,产业综合实力有新提升,数字经济已经成为浙江高质量发展助推共同富裕的重要动力。2023年,浙江数字经济逆势而上,数字经济核心产业增加值总量达9867亿元,比2022年增长10.1%。“十三五”时期,浙江数字经济核心产业增加值年均增长15.2%,高出同期GDP增速6.7个百分点,占全省GDP比重从2015年的7.7%提升至2020年的10.9%,对全省GDP增长贡献率达到34.9%。2023年全省数字经济增加值突破4万亿元,连续10年保持两位数增长,居全国省(区)第一,数字化综合发展水平连续2年位居全国第一;数字经济核心产业增加值9866.6亿元,比2022年增长10.1%,高于GDP增速4.1个百分点,拉动GDP增长1.1个百分点。数字经济核心产业增加值占GDP比重达12%,较2022年提高0.4个百分点。数字产业集群引领增长,阿里云已形成亚太第一、全球第三的云服务能力,数字安防产业市场占有率位居全球第一。培育2个国家级双跨平台和535家省级工业互联网平台,全省数字化改造覆盖

---

① 潘家栋、包海波:《打造数字经济发展新高地》,《浙江日报》2019年7月22日。

率达 80.6%。

不仅如此,数字经济效益稳中提质,数字服务、龙头企业有新优势。浙江数字经济发展中涌现出了众多具有全球影响力的企业。比如,A 在 2018 年成为我国人均产能最高的互联网公司之一,人均产能高达 340 万元,其中核心电商业务收入同比增长 60%。2020 年,浙江数字经济优势企业(电子信息制造 30 强、软件业 20 强)实现主营业务收入 6680.2 亿元、利润总额 1806 亿元,占规模以上数字经济核心产业(5986 家)的 30% 和 61.1%。全省超千亿元企业 1 家,超 200 亿元企业 13 家,超百亿元企业 25 家,16 家企业入选 2020 年全国电子信息百强企业,数量居全国第 2 位,新增数字经济领域境内外上市企业 18 家,总数达 129 家。数字产业规模持续扩大,创造了大量新增就业岗位,持续吸纳着新增社会劳动力。根据中国信通院发布的数据,2020 年数字产业化领域中招聘岗位数占所有招聘岗位数的 32.6%,所招聘人数占招聘总人数的 24.2%。数字产业属于高附加值产业,相较于传统产业,收入水平普遍较高,为扩大中等收入群体注入了内生动力。不仅如此,数字技术也催生着互联网经济领域的创业新模式,衍生出类似抖音主播等众多就业新形态,为自由职业者提供了更多就业创业机会,促使更多人口进入中等收入群体。

与此同时,各地政府依托地方优势,积极打造数字经济发展大平台和高端创新中心,形成全球产业竞争的新高地。杭州拥有之江实验室、阿里巴巴达摩院、浙江大学、西湖大学等众多高端创新平台,在城西科创大走廊布局人工智能小镇,为数字经济创新发展注入了源源不断的新动能。宁波以智慧经济为导向,加快建设甬江科创大走廊,布局以人工智能为核心的产业体系。嘉兴则以全面接轨上海为重点战略,成为长三角 G60 科创走廊进入浙江省后的首站,以清华大学长三角研究院等创新平台为载体,打造柔性电子特色小镇、培育智能汽车核心企业,主攻数字经济上下游产业的核心技术。

二、数字经济加速渗透全产业链,助推产业高端化转型

新一代信息技术不断成熟,能够改造升级传统产业,譬如利用人工智能技术赋能传统产业,全方位提高生产效率、运行效率及产品科技含量,由此培育传统产业的新增长点。在此基础上,数字技术具有跨时空特征,能够更好地打破行政壁垒和区域分割,通过线上市场助推全国统一大市场构建,以此促进要素自由流动,实现更为均衡的增长。在产业层面,数据要素自由流动,能够降低生产端、消费端的信息不对称,促使产业链不再注重物理空间集聚,更多地依靠信息要素流动促使上下游之间的畅通。在区域层面,数字经济发展能够缩小区域之间的差距,尤其是城乡之间的差距。以信息流带动技术流、人才流、资金流等汇集,利用数字技术赋能农业生产方式和农村生活方式,提高农村生产效率,拓宽农民收入渠道,助推农业农村领域共同富裕。

传统制造业改造提升是浙江提振实体经济的重要举措。数字经济融入生产环节,能有效破解制造业转型升级中“成长的烦恼”,推动精品化、服务化、个性化生产。数字经济与生产性服务业深度融合,有效促进了先进制造业与生产性服务业联动。早在 2012 年,浙江省就开始推进传统企业“机器换人”,以现代化、自动化的装备提升传统制造业企业技术水平。2018 年“机器换人”迎来 2.0 版本,新增工业机器人 1.6 万台,加速推进智能化改造、打造数字化车间,建成“无人车间”“无人工厂”66 个,新增上云企业 12万家。2023 年,组织实施 5409 项智能化技术改造项目,完成投资 1786.5 亿元,新增应用工业机器人 19870 台,累计达 15.4 万台。

在此基础上,浙江着力加快工业互联网建设应用,完善和丰富“1+N”工业互联网平台生态体系,将数字化改造落到实处,促进工业互联网在块状经济的推广应用,以此实现网络化协作、智能化生产、个性化定制,推动制造业高端化升级转型。现阶段,浙江工业互联网的打造应当不断向服务业延伸,加快壮大智能化改造生产性服务业,打造一批智能制造一体化的生产性服

务业企业、系统集成方案和解决方案供应商,让数字经济真正应用于工业服务领域,推动先进制造业与现代服务业的深度融合。通过工业互联网有效整合上下游企业资源,提高制造业生产效率,拓宽制造业全产业链,是浙江省打造先进制造业集群高地的重要路径。浙江已培育省级工业互联网平台210家,已开发集成工业 APP 近 3 万款,连接 4900 多万台工业设备产品,服务超 11 万家工业企业。推广"上云用数赋智"服务,上云企业累计已超 41万家。①

在此基础上,数字经济渗透新兴产业,着力提升和增强创新能力。实施产业基础再造和产业链提升工程,推进数字安防、集成电路等标志性产业链和世界级产业集群建设。2023 年,实施数字经济千亿投资工程,1000 多个重大项目累计完成投资 1 万亿元以上。新一代信息技术产业增加值增长11.5%,高出全省战略性新兴产业 5.2 个百分点,对全省战略性新兴产业贡献率达 42.2%。人工智能产业总营业收入 2693 亿元,同比增长 11.99%,杭州、德清国家新一代人工智能创新发展试验区建设加速推进。43 家企业入选全国大数据产业发展试点示范项目,入选数居全国第二。加快打造数字科技创新中心建设,高能级平台建设取得新突破,之江实验室获批建设智能计算研究院并纳入国家实验室体系,之江、湖畔等省实验室正式挂牌。2023年规模以上数字经济核心制造业研发费用占营业收入的比例为 5.1%,软件行业研发经费占比超过 10%。已建有数字经济领域省级工程研究中心51 家,数字经济领域有效发明专利累计达 18.8 万件,较 2022 年增长27.8%,拥有专利的企业数为 4.2 万家,位列全国第三。

三、数字化改革优化公共服务,推动全民共享数字红利

共同富裕,富裕是基础,共同是关键,既要做大"蛋糕",又要分好"蛋

---

① 徐强:《以"产业大脑+未来工厂"新范式构建数字经济系统新生态》,《浙江经济》2021 年第 8 期。

糕", 高质量发展则是必经之路。从切好"蛋糕"来看, 数字经济能够促进共享式、普惠式发展。习近平总书记指出"必须使发展成果更多更公平惠及全体人民"①, 发展依靠人民、发展为了人民是共同富裕的根本落脚点。数字经济发展促使着经济持续均衡增长, 在此进程中, 数字经济也提升政府服务能力、弥补着公共服务短板等, 为切好"蛋糕"提供有效路径。② 早在2016 年, 浙江省开始"最多跑一次"改革, 便是最好的例证。依托互联网, 打破政府部门间的数据壁垒、信息孤岛, 优化政府服务、提高办事效率, 让企业和百姓办事真正做到"只进一扇门""最多跑一次"。此后, 这种改革不断迭代升级, 2021 年浙江省全面推进数字化改革, 以系统观念为引领, 打破区域之间、部门之间的数据壁垒, 让数据全方位跑起来, 整体上有效推进了省域经济社会发展和治理能力的质量变革、效率变革、动力变革, 为共同富裕提供深层次制度基础。

数字经济快速发展, 能够弥补公共服务等领域的短板, 促使资源普惠共享, 为中等收入群体、低收入群体共享公共服务提供了保障条件。③ 在教育医疗等领域, 平台型企业嵌入能够利用大数据缩小城乡之间的差距, 并利用竞争机制提高教育医疗的质量。尤其在职业教育等方面, 利用线上平台开展技能培训, 为工人提升职业素养创造了更为广阔的空间。在基础设施等领域, 数字新基建不断延伸至农业农村, 使得农村居民能够享受现代化的生活模式。不仅如此, 数字技术孕育着未来乡村建设, 培育和壮大乡村旅游等富民产业, 拓宽农民收入来源, 助力农业农村领域的"扩中""提低"。在政府服务等方面, 数字技术与实体政府深度融合极大转变了办事模式、提升了办事效率, 优化着营商环境, 整体上有效推进了经济社会发展和治理能力的现代化变革, 为共同富裕提供深层次制度基础。

互联网技术的快速发展创新了共享发展模式, 助推数字经济不断赋能

---

① 《习近平谈治国理政》, 外文出版社 2014 年版, 第 13 页。
② 谭洪波:《数字经济与共同富裕》,《光明日报》2022 年 2 月 15 日。
③ 沈文玮:《以数字经济助推共同富裕》,《光明日报》2022 年 2 月 23 日。

公共服务领域,有利于创新城市治理方式,提升城市治理水平。数字政府建设不断推进,使企业和百姓真正享受到数字经济发展所带来的红利。数字经济应用于生活领域,能使社会管理更加智能、居家生活更加便利。运用数字技术推动城市管理手段、模式和理念创新,全面推广"城市大脑"杭州经验,推进各设区市"一市一脑"建设,杭州市加速打造"全国数字治理第一城",截至2023年年底,杭州城市大脑已建成11个领域、48个应用场景、390个数字驾驶舱,中枢系统数据服务接口达1.2万个、数据累计调用量达35.6亿次,湖州、衢州、温州、台州等地加速推进,温州城市大脑上线应用。加快打造"掌上办事之省""掌上办公之省""掌上治理之省",全面推进系统集成,全省一体化政务服务平台"浙里办"注册用户突破5500万,依申请政务服务事项100%网上可办。机关内部"最多跑一次"系统应用不断深化,加速迭代浙政钉2.0平台,用户突破141万,推出决策辅助、政务办公类应用1278个,71家省级单位895个部门间办事事项实现"一网通办","一网通办"比率从2022年年底的39%提升至64%,全部实现""最多跑一次"。全面推行"信用+执法监管",全年累计开展掌上执法221万次,掌上执法率已达90.6%,深化"基层治理四平台"建设。全年全省数据共享调用次数达243亿次,实现政府部门间数据共享"秒级"送达,新增开放2717个数据集、数据20亿条。疫情精密智控"一图一码一指数"、企业码已成为展示浙江省数字化治理成果的重要标志,截至2023年年底,领码用码企业达263.8万家,9.43万件诉求"码"上解决,立"码"兑现政策资金168.9亿元,有效提高了精准服务企业的水平。数字政务、数字健康、数字教育、数字文旅、数字出行等无接触服务不断普及,同比增长115.7%、87.8%、51.8%、26.2%和24.9%。

第四节 消除"数字鸿沟" 提升数字普惠功能

阿尔文·托夫勒(Alvin Toffler,1990)年在《权利的转移》一书中提出了

"信息富人""信息穷人""信息沟壑""电子鸿沟"等概念,并指出"电子鸿沟"是"信息和电子技术方面的鸿沟"①。利奥伊德·莫里赛特(Lioyd Morrisett,1995)正式提出了数字鸿沟的概念。② 数字鸿沟概念正式提出之初是指信息富有者与信息贫困者两极分化的趋势,即信息分配在不同群体之间的不对称,强调不同群体接入数字设备的可及性差异。进入 21 世纪以来,数字鸿沟内涵已经从获取权的不平等转移到了数字使用性质和使用能力的不平等上。由于与互联网相比,印刷媒体、广播、电视和电话的功能差异很小,因此,互联网可能会产生使用差距。而使用差距源于社会趋势和技术偏向性增长的综合作用。在此基础上,数字鸿沟的内涵专注于二进制互联网访问和互联网使用技能,考虑数字技术使用结果的差异。从当前来看,数字鸿沟主要表现在以下三方面:一是区域数字鸿沟,受到地理条件、教育水平、开放程度等因素影响,内部的区域发展水平相差很大,而数字鸿沟会扩大区域间差距。二是城乡数字鸿沟。伴随着信息化出现的城乡数字鸿沟是影响城乡收入差距和一体化的重要变量。城市往往是数字红利的最大受益者,受限于数字基础设施建设落后以及农村居民普遍较低的数字素养,数字红利无法完全惠及农村。三是代际数字鸿沟。代际数字鸿沟指老年人相较于年轻人在获取、使用新信息技术的机会与能力方面的劣势。代际数字鸿沟既是老年群体获取信息基础设施机会不足和数字素养水平较低的结果,也是社会发展和转型导致的结果。浙江省在推进数字化改革过程中,充分考虑到数字鸿沟所带来的影响,着重关注中小企业数字化转型、农村地区数字技术应用以及老年群体数字社会体验度,以此缩小数字鸿沟,提升数字普惠

---

① ［美］阿尔温·托夫勒:《权力的转移》,刘江、陈方明、张毅军、赵子健译,中共中央党校出版社 1991 年版。

② "数字鸿沟"(Digital Divide)概念,最早在 1995 年由马克尔基金会前总裁利奥伊德·莫里赛特(Lioyd Morrisett)提出,他指出"信息富人"(The information haves)和"信息穷人"(The information have-nots)之间存在着一种鸿沟认识。2001 年,经济合作与发展组织从技术、经济、社会三方面指出,数字鸿沟是处于不同社会经济水平的个人、家庭、企业和地区之间在接触信息通信技术(ICT)和利用互联网进行各种活动的机会差距。

功能,让数字化改革成为赋能共同富裕的共享力量。[1]

一、破解中小企业数字鸿沟,助力企业转型升级

中小企业数字鸿沟是指中小企业在数字化转型中落后于大企业。在将技术融入产品和流程方面大企业处于领先地位,中小企业则相对滞后,其差距会随着技术更加复杂化而不断扩大。数字化转型的主体是中小企业。由于中小企业数字化面临许多特殊障碍,其数字化也有特定的演进路径。为中小企业数字化转型提供帮助和支持必须坚持以企业为主体,顺应其特有的演进逻辑。中小企业数字化转型障碍表明数字化鸿沟本质上是市场失灵的具体表现。民营中小企业为经济发展和社会就业作出巨大贡献,但因为其规模小、投资风险大,以及诸如融资难、人才基础差等各种障碍,仅靠市场机制配置资源,数字化转型所需生产要素难以自动流入民营中小企业。为克服市场失灵,政府干预、政策支持必不可少。经合组织研究报告认为:克服中小企业数字化障碍,不能仅靠中小企业自身,政策制定者可以发挥重要作用。然而,由于中小企业数字化转型具有固有特点,政府提出一般性号召,制定笼统的政策都不会收到好的效果。政府支持民营中小企业数字化转型必须有专门的规划,有量身定制的专项配套政策。浙江以数字化改革为抓手,弥补中小企业数字鸿沟,推动中小企业转型升级,做优做强市场主体,为共同富裕注入内生活力。[2]

一是浙江利用数字化平台赋能中小企业转型,着力解决中小企业"不会转"难题。数字化转型,如何降低转型门槛,鼓励中小微企业迈出转型第一步?浙江在搭建服务平台、帮扶企业、人才培养等方面不断完善,激发企业转型能动性,破解"不会转"难题。借鉴健康码的成功经验,浙江完成"企业码"平台系统开发,在全国率先推出聚焦企业精准服务的"企业码"。"企

① 吴鹏、马述忠:《包容性发展与全球数字鸿沟》,《上海商学院学报》2021 年第 5 期。

② 徐梦周:《弥合数字鸿沟 推进共同富裕》,《社会科学报》2021 年 9 月 30 日。

业码"是政府服务企业、社会认识了解企业的一个智慧码,是企业获取服务的绿色通道、产业合作的协同平台、数据驱动的应用系统。该平台实现了"三服务"的全流程在线,引导中小企业提需求,鼓励平台开发更多转型服务。比如通过"码上政策",惠企政策直通企业,"一网可办";通过"码上诉求",为30家企业开展公益培训。《2020年浙江省两化深度融合国家示范区建设暨产业数字化推进工作要点》中,围绕工业互联网平台建设、企业端数字化改造、数字化园区建设等方面,深化产业数字化程度,夯实数字化发展基础。同时,浙江还从人才培养、工作指导等方面做好企业转型帮扶服务。比如宁海县政府为企业量身打造"人才生产线",提升专业人才培养效率。目前,宁海"人才生产线"已累计培养模具、电商、文具、汽配等产业急需的各类技能人才7200余名,企业育才成本降低50%以上。

二是浙江利用民营经济优势推动转型,着力解决中小企业"不能转"的难题。要成功实现数字化转型,对很多小微企业而言,资金无疑是最现实、最棘手的难题。浙江民营经济发达,民间资本充裕,浙江以政府资金撬动民间资本,以此形成"合力"助力中小企业转型升级。譬如,衢州柯城区设立数字经济专项扶持资金,每年安排专项资金1000万元,择优挑选20个数字骨干企业、数字车间、数字化应用创新项目予以重点支持,单个项目最高资助额达300万元。在金融服务上,浙江原银保监局联合省发改委、省大数据等部门联合建设的浙江省金融综合服务平台,服务的企业已超过27万户,依托数字经济"一号工程",深化"最多跑一次"改革在银行业的应用。在省金融综合服务平台的基础上,浙江各地市也在不断创新金融服务模式,为企业转型提供保障。宁波市税务部门积极加强纳税信用体系建设,探索"银税互动"机制。企业主完成涉税信息授权,即可在银行APP进行纳税信用贷款的申请、签约、支用和还款,将企业良好的纳税信用由无形资产转换成有形资产,帮助守信纳税企业破解融资难题,实现税、企、银三方共赢。义乌推出"税易贷"智慧治理新平台,纳税A级企业贷款最高额度可达300万元,企业在使用时只要在手机APP上申领,需要用多少拿多少,缓解转型升级的资金压力。通过"纳税信用"换取"贷款信用",义乌已累计授信超 15 亿元。

三是浙江以产业链为抓手引领中小企业集体转型,解决中小企业"不敢转"的难题。企业上下游、产业链间协同转型不够,一家企业难以带动上下游企业联动转型,无法形成协同倍增效应和集群效应,是中小微企业"不敢转"的主要原因。浙江把培育行业工业互联网平台服务商作为主攻方向,为企业提供上云所需的协同平台,打开了企业与上下游、产业链之间的通路,让中小微企业跳出转型阵痛期。浙江已经成功培育了轴承工业中小企业数字化转型的"新昌模式",已有 200 多家轴承企业成功实现数字化转型,范围从新昌县扩展到常山县、慈溪市等地区。目前,浙江省已经打造了陀曼轴承行业工业互联网平台、力太乐清电气行业云、优海永康汽配行业云、创元北仑模具行业云等近 10 家行业云平台,可以为工业企业提供生产系统的预测性维护、工艺参数的优化、生产过程的优化管理、人员调度与考核激励服务等。光有上云协同平台还不够,只有集中产业资源,带动产业链上下游共同转型,才能实现全产业的数字化。温州立足制造优势,抓住温州数字时尚产业园的建设机遇,整合上下游实现整个服装产业数字化升级。产业园将配备面辅料中心、印绣花中心、检测中心、国际研发中心四大服务综合体,以"数字经济+新时尚"的新模式,集合技术研发、云购平台、智慧工厂、智慧物流等十位一体的全产业链,打造温州 4.0 服装数字时尚街区和产业集群。该产业园建成后,预计形成产业链企业 100 家,园区项目主营年销售额 10 亿元以上,街区主营销售额 20 亿—30 亿元。在湖州,受疫情的影响,织里童装线下消费持续走低,千余家童装企业囤积库存价值一度超过 20 亿元,面临货物运输不畅、资金链紧张、销售渠道中断等问题。湖州吴兴区打破传统路径依赖,以数字化的新方法、新思路开拓市场,实现精准推送。2020 年 3 月,吴兴区通过与阿里巴巴集团合作举办"源头产地复苏计划——织里童装产地直播日"活动,以"网红直播"模式打造数字童装品牌。1100 余家童装企业开展线上数字化经营,实现童装网络零售交易额 5.2 亿元,较活动前日常销售额提升 83.9%,买家数提升 34.2%,众多童装企业则借此打开了自己的销售新渠道。目前,织里已建起 2000 间网红直播间,帮助更多企业借直播突围。

二、破解城乡之间数字鸿沟,促进乡村全面振兴

城乡之间的数字鸿沟一直存在,而关键在于数字基础设施之间差距。在国家乡村振兴战略背景下,利用数字要素链接国际国内需求,以数字化转型为手段,促进农村生产效率提升,提升农村上下游链条运转效率,加快建设数字乡村融入双循环体系是下一步乡村振兴的关键。一方面,弥补数字鸿沟,引导农村产业数字化升级,打造数字化生产线。鼓励农村文旅数字化转型,促进数字技术在乡村历史文化的保护传承,将古村落古街进行互联网宣传、树立乡村文旅品牌,做好乡村 IP 的互联网推广。推动各地农村特色食品产业数字化转型,利用大数据实现"以产定销"到"以销定产"转变,打造数字化生产线,带动产业链上下游协同发展,促进农业提质增效。同时,加快实施农产品批发市场的智慧化转型,构建数字化农产品流通体系主渠道。加快推动大数据、云计算、人工智能、5G、物联网和区块链等新一代数字技术在农产品流通领域应用布局。另一方面,建设农村生产数字化场景,打造农村生活数字化设施。以数字化建设为"金钥匙",将为农业全面升级、农村全面进步、农民全面发展提供新动力。运用现代的科学技术和生产管理方式,对农业进行规模化、集约化、市场化和农场化生产。在农村生活品质上,应比照城市网络布局建设农村光纤到户,在经济示范乡村全面建设4G 信号全覆盖,完善数字化基础设施;进一步提高农村医保信息数字化建设,逐步完善全面提升乡村数字化、智慧化治理水平;推进"数字农房"建设,探索"互联网+设计下乡"农房设计服务新模式,结合农村实际打造智慧乡村、平安乡村,切实保障居民生产生活安全。重视农村教育数字化建设,农村中小学互联网接入全覆盖,研究完善互联网教学机制,将城市优质教学资源引入乡村。

浙江省以"乡村振兴"为目标,通过产业数字化、治理数字化以及服务数字化等举措,建设了一批数字乡村的典型示范区,为各地数字乡村建设提供了宝贵经验。一是缩小城乡间的"数字鸿沟"。数字乡村的发展将缩小城乡间的数字鸿沟,为乡村社会培育和发展提供前所未有的支撑和条件。通过数字乡村的信息基础设施建设,乡村居民可以便捷获取外部世界的信息变革和发展经验,为"人的现代化"创造基础。同时信息化服务普及、公共信息服务水平通达、网络扶贫开展,能够实实在在地让广大乡村居民共享互联网发展成果。二是深度构建乡村治理体系。近年来,数字乡村逐步扩大了在农村社会治理、农村养老、生态保护等领域的应用,信息化在推进乡村治理体系和治理能力现代化中发挥出基础支撑作用。[①] 事实上,伴随着数字乡村战略的不断深化,越来越多地方开始认识到,不能简单将数字乡村理解为现代信息化技术在乡村治理中的应用,更多的是对乡村社会关系、社会结构的重塑。而且,走向未来的乡村需要培育乡村发展新动能,这离不开创新驱动,离不开拥抱数字化浪潮,乡村治理数字化平台为实现"自治、共治、他治、民治、智治"提供助力,既响应了上级组织的号召,推进基层治理现代化,也为村居环境改善、乡村经营状况提升、乡村治理智慧化等全方位工作带来改变,引领基层治理模式变革。三是提高农业产业的能级和效率。数字经济带给涉农产业更大的影响是推动产业系统重组,升级产业链条,提高农业产业的能效。数字经济以数字技术创新为核心驱动力,具有天然的渗透性、融合性和赋能性。作为一种融合性经济,主体虽属于实体经济,但又必须依托数字技术和传统行业深度融合,借助数字技术赋能传统行业,通过新的生产力要素嵌入促进生产效率提高,促进高质量发展。

三、破解银龄群体数字鸿沟,满足老年数字体验

数字技术的应用需要更加关注老年群体,适时推出适合老年群体的数

---

① 李苑达:《缩小城乡数字鸿沟》,《经济日报》2021年6月28日。

字化产品,开发更加适应老年群体的数字化场景,简化操作流程,真正实现一窗受理、一键办理,增强老年群体对于数字经济发展红利的体验程度。[1]与此同时,线下办理也应当保留,不能单纯地为了数字化而关闭线下办理通道,需要为老年群体留足办事的选择和空间。

贯彻技术创新作为积极应对人口老龄化的第一动力和战略支撑思想,加强顶层设计和政策引领,将乐龄科技发展纳入老龄事业与科技事业发展规划。具体而言,进一步加大乐龄科技研发投入。政府需从积极应对人口老龄化和发展智能科技的全局着手,增加研发投入。进一步优化乐龄科技创新环境。加大宣传,改变人们对乐龄科技重要性认识不足的状况,为乐龄科技创新企业获得投融资和开发市场提供信息支持和政策优惠。建立乐龄科技交流平台,促进不同领域的学者、专家、研发人员和产业人员围绕乐龄科技开展前沿技术交流,推动学科交叉融合。进一步改善乐龄科技应用政策环境。建议政府多部门定期开展对现有条文规定的评估审核,根据科技和产品的最新进展及时调整政策规定。

构建政府主导、多方参与的老年数字鸿沟社会支持体系,提升老年人数字素养,逐步缩小老年群体和年轻群体之间的数字鸿沟。增加投入,重点加强薄弱地区数字信息基础设施建设,将数字信息服务纳入免费提供的基本公共服务中,切实推进互联网提速降费和电信服务设施普及工作,提升老年人对数字信息技术的可及性。同时,将城乡网吧改造和家庭网络数字化改造作为城乡数字信息基础设施建设的重点,不断提升信息化和数字化服务能力,让各种数字化服务便捷地接入每个社区、每个家庭、每位老人,形成智慧家居、智慧社区。大力倡导并建立终身教育体系,为老年人能够继续进行各类学习提供设施和机会,使得他们能够及时跟上信息化社会发展的步伐;以落后地区为重点,依托老年学校和社会组织等,开设激发老年人学习兴趣、符合老年人学习特点的课程,为老年人提供互联网和数字信息科技教

---

[1]　李珮:《跨越"数字鸿沟":适老化服务加速推进》,《金融时报》2022 年 3 月 7 日。

育,帮助其提高信息化应用能力;通过展览展示、实景体验、宣传培训等方式,推广信息消费新技术、新产品、新应用,提高老年人的信息消费参与感和体验感,扩大信息消费的覆盖面和影响力。动员社会和家庭的力量,通过教育反哺和同辈学习等方式,提升老年人利用信息化工具的能力。基于社会支持的非正式教育在老年人数字信息素养提升中扮演重要角色,家人特别是子女的教育反哺能够为老年父母提供最直接有效的支持,子女可以通过与老年父母面对面的沟通和互动来传授新媒体的使用经验;而朋友和邻里尤其是同龄群体可以为老年人提供更直接的使用体验(同龄群体之间的相互学习会更有利于交流),进而提高其学习效率。此外,建议改变传统青年志愿服务模式,将提升老年人学习和运用智能手机、互联网等现代信息科技知识和能力作为志愿服务的重要内容。

四、破解数字经济形式主义,提升数字普惠功能

数字技术也不断渗透进入生产生活各个领域,大大提高了经济社会运行效率,但不可否认,"数字形式主义"正在蔓延滋生,需要警惕及防范。

数字政府是实体政府与数字技术深度融合的"集成体",为政府与社会主体之间的关系带来了深刻变革,也促使两者之间的联系更为紧密。数字技术在政务服务等领域应用打破了时空边界,从传统"点对点""面对面"到现阶段"最多跑一次"甚至"一次都不跑",办事理念、办事流程、办事模式都有了极大转变。数字政府的发展增强了群众与政府部门联系互动,有效提高了群众办事效率,符合全心全意为人民服务的宗旨。但也正是由于数字技术的广泛应用,群众办事需要下载不同类型的办事软件,办理也从"窗口受理、人工处理"转向"界面提交、后台流转","与人沟通"转向"与屏幕对话",导致形式主义在数字化时代以更加隐蔽的态势进行扩散。

从现阶段发展来看,"数字形式主义"的表现形式主要包括以下四点:一是差异化办事得到统一性答复。针对群众线上差异化的咨询,一些地方

或部门却给予统一的官方答复,并未真正解决群众的疑惑。群众办理的业务仅仅是移交相关部门便再无下文,线上显示办结、线下只是转交。二是种类繁多的办事软件折射出分割的内部数据。针对同一事务的不同环节,部门之间各自为政,开发各类客户端、办事软件等,表面上实现了数字化办理,实际上是内部数据壁垒尚未完全打破,导致群众办事需要下载多个客户端,反而增加了群众负担。三是只关注点击的"量"而不看重内容的"质"。部分地方为了提高相关软件、相关内容的使用或推广,便设置了以点击量、阅读量、下载量为依据的考核标准,层层加码,增加了基层工作负担,但相关内容和相关软件的质量依旧不达标。四是"数字鸿沟"依旧存在。部分事项办理操作烦琐,界面复杂,导致老年群体需要花大量时间和精力进行学习操作,数字化办事尚未真正实现一键办理。

"数字形式主义"产生的根本原因仍旧是懒政不作为,未能真正将群众的事情放心头。数字政府、数字技术只是手段,根本上还是强调为人民服务。防范"数字形式主义"需要树立正确的理念,充分利用数字技术所带来的技术性红利,真正便利人民群众办事。

一是牢固树立为人民服务的理念。数字技术赋能政务服务,需要始终坚持人民至上原则,牢固树立全心全意为人民服务的宗旨理念,真真切切满足人民群众的需求。譬如,线上咨询应当根据差异化诉求进行针对性答复,不能简单敷衍、统一答复;线上办理转交到相关部门后,应当持续跟踪并在线上进行及时更新反馈,能让办事群众第一时间掌握办理进度。

二是打通数据壁垒整合办事平台。纵深推进数字化改革,打通部门之间的数据流通壁垒,整合现有种类繁多的办事软件或平台。把握数字技术发展趋势,将数据综合集成于统一平台体系,群众办事只需单一界面,后台运作可以多轨并行。当然,平台办事在充分挖掘数据价值的过程中,也需要保障信息数据安全,严厉打击信息泄露等违法犯罪行为。

三是注重发展实效杜绝层层加码。对于数字化应用的考核,应当更加关注数字技术应用的实效,不以软件数量、点击量、评论量、下载量等指标作为单一的考核依据,需要建立更为客观、更为多元化的考核评价体系。根据各地方、各部门的实际情况,注重实绩设置相应的考核指标,谨防层层加码,杜绝简单化"一刀切"的考核方式。

第 五 章

推进公共服务优质共享
开创民生优享的社会发展新局面

实现人的全生命周期公共服务优质共享是共同富裕和中国式现代化的题中之义。公共服务优质共享是群众最关心、最期盼的领域,也是一个世界性难题。党的二十大报告提出,着力解决好人民群众急难愁盼问题,健全基本公共服务体系,提高公共服务水平,增强均衡性和可及性,扎实推进共同富裕。① 坚持在发展中保障和改善民生,鼓励共同奋斗创造美好生活,不断实现人民对美好生活的向往。既要努力让群众有明显获得感,又要避免陷入"过度福利化陷阱"。浙江瞄准人民群众所忧所急所盼,努力率先高水平实现幼有所育、学有所教、劳有所得、病有所医、老有所养、住有所居、弱有所扶,形成群众看得见、摸得着、体会得到的幸福图景。

第一节 构建育儿友好型社会
实现幼有所育

党的二十届三中全会提出:"健全覆盖全人群、全生命周期的人口服务

---

① 习近平:《高举中国特色社会主义伟大旗帜　为全面建设社会主义现代化国家而团结奋斗——在中国共产党第二十次全国代表大会上的报告》,人民出版社 2022 年版,第 46 页。

体系,促进人口高质量发展。完善生育支持政策体系和激励机制,推动建设生育友好型社会。"①浙江清醒地认识到出生人口下降的严峻性解决不好,会对经济社会持续健康发展产生重大影响。"七普"数据显示,浙江省总和生育率在 1.0 左右,低于全国 1.3 的水平。中共浙江省委、省政府高站位统筹谋划人口长期均衡发展,在《浙江高质量发展建设共同富裕示范区实施方案(2021—2025 年)》中作出构建育儿友好型社会、打造"浙有善育"名片的重大部署。浙江打造"育儿友好型省份"有相对较为坚实的基础,儿童死亡率、孕产妇死亡率等人群主要健康指标已接近或达到高收入国家水平;75% 的公共场所母婴室达到省级地方标准;全省托幼机构 4230 家、托位16.3 万个,每千人托位数 2.53 个。2023 年,浙江学前教育财政支出占教育财政总支出的比例为 8.75%;浙江省学前三年入园率为 98%,全省等级园数量达到 7067 所,等级覆盖面为 98.9%;小学学龄儿童入学率和初中入学率均为 99.99%,已经基本建成广覆盖、保基本、有质量的学前教育公共服务体系。

一、政策保障,提供全生命周期生育支持

首先,对标《中共中央关于进一步全面深化改革　推进中国式现代化的决定》和《人口与计划生育法》,浙江省修改了《浙江省人口与计划生育条例》(以下简称《条例》),删去"一票否决制"、社会抚养费征收、再生育审批等制约性内容。全省县级以上政府及其部门全面清理和废止与育儿友好不相适应的各项法规、政策、措施。

其次,浙江积极出台鼓励生育的政策。女性在享受国家规定产假的基础上,一孩延长产假六十天,二孩、三孩延长产假九十天;在子女三周岁内,夫妻双方每年各享受十天育儿假;除产假待遇由生育基金保障外,其他假期

---

① 《中共中央关于进一步全面深化改革　推进中国式现代化的决定》,人民出版社2024 年版,第 37 页。

的工资、奖金和其他福利待遇照发。照顾两孩及以上家庭子女在同一所幼儿园、小学、初中就学(入园)。在社区、乡村规划建设中全面植入托管服务功能。优化保障性住房配给机制,对多孩家庭予以倾斜,提高三孩家庭住房公积金贷款额度并予优先放款。

再次,浙江高度重视生育鼓励政策的普惠性。《条例》规定:女性因无业、失业、灵活就业以及其他非应保未保原因未能享受产假和生育津贴待遇的,由县(市、区)人民政府结合当地实际以及经济社会发展水平给予适当经济补助,具体对象和标准由县(市、区)人民政府规定。对三周岁以下的婴幼儿家庭给予育儿津贴、托育费用补助。推动将3岁以下婴幼儿照护服务费用纳入个人所得税专项附加扣除。省人民政府可以根据需要,决定延长产假、护理假、育儿假和独生子女陪护假的期限。

最后,浙江实施母婴安全提升"五大行动",开展危重孕产妇、新生儿救治中心标准化评估,持续提升危重症救治能力;推进老年健康服务"五大行动",全省域开展安宁疗护,逐步减少家庭积极生育的后顾之忧。

二、扩容改薄,补足补好学前教育资源

2011年,浙江省启动第一轮学前教育三年行动计划,乡镇中心幼儿园建设被提上日程。一时间,浙江各地把兴建幼儿园列入农村建设发展的重要项目,几乎每个乡镇或街道都至少建成了一所等级中心幼儿园。

然而,各地在积极建设幼儿园的过程中发现,由于历史欠账多,学前教育存在不少现实难题,无证园问题尤其突出。2014年,浙江正式下文全面启动整治无证园。各地因地制宜想法子、给政策,坚决守住学前教育的质量底线。如温州制订"百日攻坚"计划,按照"整改审批一批、规范改造一批、取缔停办一批、规划新建一批"的原则,实现了辖区内"零无证";遂昌向全社会公告各幼儿园教师持证情况,让社会和家长知晓幼儿园的办园水平,断绝无证园生源;慈溪做到了"回头看",对于死灰复燃或新出现的无证园发现一处立即查处一处;等等。

与之相应的是,各地补足补好学前教育资源。伴随城镇化步伐的加快和全面二孩政策的放开,浙江顺势启动了"幼儿园扩容工程"和"薄弱幼儿园改造工程",推进乡镇以下农村幼儿园标准化建设和全面落实城镇住宅区配套幼儿园建设。

为改变"农村弱"的现状,德清县近年来投入幼儿园美丽村教学点建设。遍布全县的 46 个村教学点全部按照等级园标准配置设施设备,原本陈旧落后的办园环境焕然一新,师资配备也按规定到位。

作为绍兴市的老城区,越城区资源供给矛盾日益突出。该区专门制定了《小区配套幼儿园建设管理办法》,规定 5000 人口配套建设一所 6 个班级及以上标准的幼儿园,并由教育部门全程参与建设管理。"小区建到哪儿,幼儿园就配套到哪儿",至 2022 年,绍兴市在整个城区范围内新建城镇小区配套幼儿园 151 所,实现 100%移交,有效缓解了"城区挤"难题。

三、财政扶持,加大学前教育公益普惠力度

作为全国唯一的民办教育综合改革试验区,浙江民办园体量较大。2015 年,浙江专门制定出台了《关于普惠性民办幼儿园认定及管理工作的指导意见》,各地据此出台具体实施办法,大力支持普惠性民办幼儿园发展。

此前,在江山,公办幼儿园占比低成为区域学前教育普惠发展的主要掣肘。然而,民办园占比大,若是政府全部兜底并不现实。基于此,江山创新"镇(村、企)建公管"建园模式,积极推进乡镇(街道)大力建设公办园,鼓励中心村出资办村集体幼儿园,并通过公办园托管民营幼儿园的方式,满足农村老百姓"家门口上好园"的需求。

为了给地方扶持普惠性民办园加码,浙江于 2017 年又出台了《政府向社会力量购买学前教育服务实施方案》,要求各地采取政府购买服务的方式,对经认定的普惠性民办园给予生均公用经费补助、建设经费、租金补助、教师待遇及社保等方面的支持。而同年实施的《浙江省学前教育条

例》更是在法规层面明确,学前教育要坚持公益性和普惠性发展的基本方向。

2019年,瑞安认定了30所省二级及以上的普惠性民办园为公益性幼儿园,通过政策支持、奖补、实施公办园收费标准、以联盟方式纳入优质公办园管理体系等措施,做到公办园与民办园同质同价。另外,针对不同等级公益性幼儿园的保教费用,瑞安实行差额补助,最多的可以按照该市同等级公办园收费标准进行100%补差价,让老百姓直接受益。

宁波市北仑区的普惠性幼儿园招生覆盖率在2020年达到了100%。数据背后,是当地多年来持续加大地方扶持力度,不断规范普惠性民办园管理。除了"一视同仁"逐年提升普惠性民办幼儿园的生均公用经费补助标准,当地政府还将自聘教师工资纳入区域统一补差,给予5万—15万元的一次性奖励。

四、内涵建设,狠抓学前教育质量提升

提升学前教育质量关键在教师。过去,囿于在编教师少及教师持证率低、待遇低、稳定性低的"一少三低"现象,幼儿教师队伍整体素质偏低。近年来,浙江紧紧抓住师资这个"牛鼻子",致力于建设一支高素质的教师队伍。

先是在教师持证率上下功夫:严把进口关,要求各级各类幼儿园新招聘教师必须拥有幼儿园教师资格证书,对于部分无法获得资格证书的在职人员调整工作岗位或依法予以解聘;考核推进,将提高幼儿教师持证率列入年度教育业绩考核指标,督促各地提高教师持证率。

在提高准入门槛的同时,各地想方设法提高教师待遇。譬如,浦江通过编制转移、重新核编等途径,分批核定了274名公办园教师编制,吸引优秀人才加入幼儿教师队伍。当地还出台雇员制教师招聘办法,雇员制教师与在编教师享受同工同酬待遇,有力充实了师资队伍。

在浙江,无论是在编还是非编教师都被纳入中小学教师专业发展培训

体系,接受菜单式培训。

伴随着幼儿教师整体素质的提升,浙江省学前教育也逐渐从"量的普及"转向"质的提高",《关于全面推进幼儿园课程改革的指导意见》应运而生。自 2017 年 11 月开始,各地教育行政部门、教研相关人员、幼儿园园长及一线教师多方合力,通过园本化课程方案的开发、实施与评价,全面提升幼儿园教育质量,让孩子们既"有园上"又"上好园"。

近 10 多年来,安吉幼教人进行了一场"把游戏权利还给孩子"的革命。"安吉游戏"迈过了"放手让孩子玩"这道学前教育始终迈不过去的坎,破解了教育部落实"幼儿园以游戏为基本活动"方针的难题,防止了学前教育的"小学化"倾向。作为浙江学前教育改革的一张金名片,"安吉游戏"成为全省推进以游戏为基本活动的幼儿园课程体系落地的重要抓手。

第二节　创建教育综合改革试验区
实现学有所教

教育是国之大计、党之大计,是促进人的全面发展和社会全面进步的重要基石。共同富裕,教育必须先行。"十三五"以来,浙江全面实施教育现代化战略和高等教育强省战略。全省学前三年到高中段十五年教育普及率超过 99%,高等教育毛入学率达到 62.4%,教育普及化水平继续全国领先,基础教育总体发展水平持续走在全国前列,职业教育整体发展实力保持在全国第一方阵,高等教育内涵发展提速、办学实力明显提升,人民群众的教育获得感、幸福感显著增强。到 2025 年,浙江力争教育主要发展指标达到国际国内先进水平,高等教育毛入学率提升到 70%以上,儿童平均预期受教育年限达到 15.5 年,劳动年龄人口平均受教育年限超过全国平均水平,基本建成高质量教育体系,成为具有中国特色、浙江特点、国际先进、人民满意的教育高质量发展先行省、教育高水平现代化示范区。

一、着力推进基础教育城乡一体化

浙江基础教育在全国是走在前列的,近年来城乡学校的差异系数一直控制在 0.3 以内,该系数在全国遥遥领先。

一是推动构建城乡义务教育共同体。省教育厅会同有关部门出台《关于新时代城乡义务教育共同体建设的指导意见》,将"新增城乡义务教育共同体结对学校(校区)1500 家"纳入省政府民生实事项目,理顺管理机制,落实经费保障,因地制宜推行融合型、共建型、协作型办学模式,2021 年全省新增城乡义务教育共同体结对学校(校区)1643 所,总数达到 3685 所,覆盖全部乡村学校和 80%的城镇公办学校。

二是大力加强教师队伍建设。全省域实施优秀校长教师交流轮岗制度,2021 年交流轮岗校长教师 1.5 万名,其中一级职称及以上骨干教师占比超过 17%。省教育厅会同有关部门印发《关于进一步加强山区 26 县教师队伍建设助推教育跨越式高质量发展的若干意见》,加大山区教师培育力度。定向培养山区紧缺教师,连续 10 年为山区 26 县培养教师 2300余名。

三是持续深化教育领域数字化改革。积极推进"互联网+教育",实施"教育大脑+智慧学习"工程,上线"学在浙江"数字学习应用,集成教育资源、考试报名等 10 类教育服务场景、157 项服务应用,打造以人为本的数字学习新模式。"之江汇"教育广场汇集优质数字教育资源 721 万条,形成覆盖全学科、全学段的优质资源体系,平台年度访问量突破 10 亿人次。推行"名师+学科带头人+青年教师"模式,创建省、市、县三级名师网络工作室733 个,培养学科带头人 7496 人。积极推进智慧学校建设,倡导智慧学习。

二、着力构筑惠及全民的教育体系

受教育权是公民的基本权利之一。浙江着力保障各类群体受教育权,通过普惠性人力资本投入,促进社会公平和共同富裕。

一是对于流动人口的随迁子女,浙江一直坚持"两为主":以流入地政府为主、以公办学校为主,积极解决务工人员子女的入学问题。到目前为止,浙江义务教育阶段有 156 万随迁子女,其中 121 万人在公办学校就读。

二是对于残障儿童,浙江大力保障此类群体的入学权益。通过随班就读,即残疾人跟普通人一起读书,或者组建专门的特殊学校。对重度残疾的孩子,采取送教上门的办法,通过这些途径解决残疾儿童的入学问题。目前,义务教育阶段,浙江残疾儿童入学率达到了 98%,学前教育阶段入学率约为 80%,高中阶段入学率达 70%。

三是对于贫困大学生,浙江提供了多种资助方式,比如国家奖学金、国家助学金,还有勤工俭学的相关经费,此外,还有企业和社会爱心人士设立的专项基金,一方面奖励好的学生,另一方面资助贫困学生。总的来说,在浙江省已基本消除因贫辍学现象。

四是对于老年人教育,浙江已组织各类老年开放大学,重点面向社区乡镇开设一些老年学堂,充分解决老年人的学习和教育的需求,使他们能够老有所学,老有所乐。

三、着力构建现代职业教育和培训体系

浙江职业教育坚持内涵发展和改革创新,整体发展水平走在全国前列,职业院校基础能力和服务能力显著增强,在区域经济社会发展特别是产业转型升级中的"助推器"作用初步显现,职业院校已成为高素质技术技能人才大军的重要供给力量。

一是推动职业教育创新发展。推行长学制职业教育人才培养计划,提升技术技能人才培养规格,2021 年长学制招生人数占中职招生总数的 25%以上。改革中高职一体化人才培养课程体系,印发《浙江省中高职一体化课程改革实施方案》,首批选择 30 个就读学生多、适合长学制培养的专业开展课程标准建设。

二是实施普惠性人力资本提升行动。针对浙江作为人口流入大省的情

况,根据不同学历层次和职业技能水平人群的实际需求,实行全民普惠性继续教育。重点面向 20—59 岁人群,开展学历、技能情况需求分析、供给研究,协同地方党委政府、部门、乡镇(街道)、村居以及学校、企业等积极参与,开展职业技能提升和学历层次提升项目。2021 年全省职业院校为企业职工、务工青年、转产农民提供各类培训 159 万人次。

四、着力打造高等教育强省

长期以来,浙江基础教育水平较高,而高等教育环节成为制约浙江发展"百年大计"的短板。此中,"高峰"数量不足、"高原"海拔不高是集中体现。近年来,浙江高度重视高等教育补短板工作,高教强省建设进入加速期。以西湖大学为代表的创新探索不断推进,可以发现浙江高等教育正在实现弯道超车、跨越式发展。

一是优化高校布局。积极探索"一所城市至少一所高水平大学"建设模式,整合省内外高层次人才,聚焦优势特色学科,推进高水平地方高校建设,加快打破优质高等教育资源布局不平衡格局。调动社会力量办高水平大学,打造西湖大学等一批具有浙江辨识度、国内影响力的高校。

二是加强学科建设。以一流学科建设为纽带,创新体制机制吸引人才,构建"10+25+50+180"的梯次重点学科体系,重点建设 10 个登峰学科、25 个优势特色学科、50 个省一流 A 类学科、180 个省一流 B 类学科,努力为加快打造世界重要人才中心和创新高地作出积极贡献。2021 年新增博士授权单位 3 个、硕士授权单位 7 个,2022 年新增国家"双一流"建设学科 3 个,进一步优化了全省高层次人才培养区域布局。

三是筑牢思政工作阵地。认真落实"三全育人"综合改革试点任务,实施高校思想政治工作质量提升工程,2021 年获批教育部课程思政示范课程 38 门、课程思政教学名师和团队 38 个、课程思政教学研究示范中心 1 个。打造一流思政队伍,组织实施思政课教师"1151"培养计划,着力培育 100 个名师工作室,培养 10 名领军人才、50 名拔尖教师、100 名中青年骨干教师。建强辅导员力量,推动高校思政课教师配比大幅提高,涌现出一批全国"最美高校辅导员""高校辅导员年度人物"等。推动思政课教师与专业教师协同配合,探索"课程门门有思政,教师人人讲育人"的"大思政"格局,汇聚全员育人磅礴力量。组建"百名书记校长、千名专家学者、万名青年师生"宣讲团,推动实现学习宣讲进支部、进课堂、进班级、进公寓、进社团、进网络全覆盖,让党的创新理论真正入脑入心入行。

第三节　促进劳动收入持续增长
实现劳有所得

就业是民生之本,是人民群众改善生活的基本前提和基本途径。就业关系着亿万人民群众的切身利益,关系着改革发展稳定的大局,关系着实现共同富裕的宏伟目标。党的二十大把大国工匠、高技能人才纳入国家战略人才。浙江坚持把加强技能人才队伍建设作为高质量发展建设共同富裕示范区特别是"扩中""提低"的重要抓手,推动技能培训、技工教育、技能评价、人才激励等制度系统性重塑,构建与产业发展相适应的技能人才全方位、全链条培育体系。促进劳动收入持续增长,是决定浙江能否实现共同富裕示范区目标任务的重要因素之一。浙江2023年人均工资性收入达35769元,是居民人均可支配收入的主要来源,占比达56%。在奔向共同富裕的路上,经济和产业的腾飞同样需要各行各业劳动者的支撑。浙江通过一系列措施,加强对劳动者的技能培训与评价,积极稳定和扩大就业,大力保障劳动者的合法权益,实现了更加充分更高质量就业。

一、完善职业技能的培训和评价机制

（一）健全劳动者的终身职业技能培训制度

深入推进"技能浙江"建设,实施新时代浙江工匠培育工程和"金蓝领"

职业技能提升行动,培育"十百千万"新时代工匠骨干队伍。实施技工教育提质增量计划,建设一批一流技师学院,将符合条件的纳入高等学校序列。建成全省智慧技能培训一体化平台,引导企业加强务工人员技能培训,统筹各类职业技能培训资金,合理安排就业补助资金,形成市场培训和政府补贴培训相结合的工作机制。加强对农村转移劳动力等重点群体和新业态新模式从业人员开展精准培训,加强"再就业"培训,全面提升劳动者就业创业能力。建设一批高水平世界技能大赛集训基地,定期举办浙江技能大赛和浙江乡村振兴职业技能大赛。建设省外务工人员技能培训基地,加大对新疆、西藏等中西部地区技工院校建设支持力度。加快培养一支乡村人才队伍,加大专家服务基层力度,大力培养乡村振兴相关领域技能人才,助力乡村振兴。

（二）完善劳动者技能评价体系

进一步破除"四唯"倾向,建立以创新能力、质量、贡献、绩效为导向的科研人员职称评价体系,逐步下放职称评审权。对产业创新有突出贡献的人才,探索以"举荐人"、用人主体评价、人才项目联动评审等方式为支撑的多元化人才评价办法,发挥好同行评议机制在人才评价中的作用,建立以人才薪酬、股权估值等贡献为影响因子的人才分类评价指标体系。全面实行职业技能等级制度,积极开发新职业标准,大力引进国际职业资格证书。在健全激励机制上,浙江实施了"十百千万"新时代浙江工匠遴选工作,将高技能人才纳入各地人才分类目录,在子女入学、户籍、住房等方面享受同等待遇。

截至 2022 年年底,全省技能人才总量达到 1195 万人,占从业人员的 30.7%,其中高技能人才 395.2 万人,占技能人才的 33.1%。全省共有技工院校 108 所(其中技师学院 35 所、高级技工学校 10 所、技工学校 63 所),在校生 19.8 万人,每年向社会输送毕业生 3.8 万人。① 还有一批优秀高技能

---

① 资料来源于浙江省人力资源和社会保障网,2023 年 10 月 16 日。

人才成为全国和地方各级人大代表、党代表和政协委员。下一步,浙江将加快构建"产教训"融合、"政企社"协同、"育选用"贯通的技能人才培育体系,计划到 2025 年,全省技能人才总量达到 1150 万人左右,其中高技能人才数量超过 400 万人。

二、实施就业优先政策,稳定和扩大就业

充分发挥投资和产业带动就业效应,提高劳动密集型产业附加值,大力发展生活性服务业,提高就业吸纳能力。促进高校毕业生、进城务工人员、退役军人、残疾人等重点群体充分就业,加强对城镇就业困难人员的就业培训、托底安置就业和帮扶,抓好零就业家庭动态清零。完善援企稳岗政策,加强企业用工服务保障,规范企业裁员行为。深化省际劳务合作和新一轮东西部劳务协作,持续强化企业用工保障。加大对就业困难人员扶持力度,更好保障困难人员基本生活。落实人社支撑山区 26 县跨越式高质量发展政策,进一步缩小地区差距。探索建立就业质量评价体系,健全就业统计监测体系,提高就业监测分析水平。开展多层次创业培训和精准服务。实施高校毕业生就业创业计划、就业困难人员精准帮扶计划。建设"互联网+"就业创业公共服务平台,建成全省统一的就业创业网上办事、移动端办事服务应用系统,实现就业服务和管理工作全程数字化。

全力促进创业带动就业。积极打造"双创"升级版,加强创业教育培训。推进众创空间、创业孵化基地等创业平台建设,完善落实就业创业扶持政策。鼓励和支持返乡入乡创业。充分挖掘新产业、新业态、新商业模式创业空间和新型灵活就业增长点。持续擦亮"奇思妙想浙江行"创业品牌,鼓励返乡入乡创业,创建一批国家级公共就业服务示范城市、创业型城市、就业见习示范基地和创业孵化示范基地。

加快人力资源服务产业高质量建设,更好地服务劳动力供需对接。加快发展人力资源服务贸易,建设国家人力资源服务出口基地,引进一批高端业态人力资源服务机构。建设人力资源服务行业骨干人才培训基地,探索

创新人力资源服务管理职称评审制度。积极承办全国人力资源服务业发展大会等全国性活动赛事。开展人力资源服务许可证电子证书试点，为全国推进人力资源服务行政许可数字化积极探路。

案例：数字赋能退役军人就业创业

"这个建材的普工岗位挺适合我，最高月薪能拿到 8000 元。"2021 年 3 月 3 日，来自衢州的退役军人胡俊飞走进宁波人才市场没多久，就在国骅集团招聘现场找到合适岗位。这场由宁波、丽水、衢州三地联动的新春首场"甬尚老兵"退役军人就业创业精准对接会，精选 270 个岗位，引来 5.2 万多名退役军人求职。

宁波市退役军人事务局相关负责人说，宁波率先打破地域限制，和丽水、衢州等地退役军人事务部门对接，发挥退役军人就业创业"山海协作"机制，帮助三地退役军人高质量就业创业。宁波从报名的 167 家招聘企业中筛选出 40 家知名企业，由这 40 家企业精选出 270 个岗位"专供"退役军人，平均月薪 7000 元，最高月薪达到 2.5 万元，多数岗位提供食宿。现场还设有"山海协作"网络面试专区，为不能到场的丽水、衢州籍退役军人开通"云"端求职通道。3 日上午，就有近 400 名外地退役军人扫码加入宁波退役军人企业招聘群、直播群，进行"云"端求职。

宁波在"线下精准对接+线上招聘面试+云端直播带岗"服务模式基础上，借助"爱斌直聘"退役军人求职小程序，推进对接会全流程上"云"，实现招聘前、招聘中和招聘后的全流程数字化管理。"系统自动筛选招聘企业的岗位要求、成长空间、薪酬维度等，与退役军人就业创业意向、工作经历、能力等信息自动匹配，事后还会对用工满意度、求职满意度进行跟踪，大大提高就业达成率和招聘效率。"宁波市退役军人事务局相关负责人说。

三、深化构建和谐劳动关系

推进构建和谐劳动关系体制机制改革创新,实施"和谐同行"三年行动计划,全面开展企业劳动用工体检。建立健全平台用工监管机制,完善新就业形态劳动者劳动保障权益政策,加强劳务派遣事中事后监管,探索试行劳务派遣经营许可告知承诺制。建设电子劳动合同公共服务平台,实现新业态经济电子劳动合同签订全覆盖,推进电子劳动合同在政务服务中的全面应用。实施特殊工时制度清单式改革。完善协调劳动关系三方机制组织体系,支持有条件的地市探索建立独立的实体化协调劳动关系三方机构。深化劳动人事争议处理体制机制改革,开展工伤争议速裁、一站式矛盾纠纷解决机制、培育新就业形态劳动争议调解组织、推进智能仲裁院建设、探索"一调一裁一审"争议处理模式等改革试点。推进人社领域综合执法改革,加强劳动保障监察员以及劳动保障监察协管员、劳动关系协调员队伍建设,开展信息化执法。实施"浙江安薪智治"工程,持续擦亮"浙江无欠薪"品牌。创新和完善劳动关系形势分析和风险防范化解制度机制。

健全工资合理增长机制。浙江努力建设企业工资管理服务系统,完善企业薪酬调查和信息发布制度。建立健全技能人才薪酬激励机制,大力开展工资集体协商,实施促进低收入群体增收行动,推动扩大中等收入群体规模。健全最低工资标准调整评估机制,稳步提高最低工资标准,推动低收入劳动者特别是一线职工工资合理增长。建立完善科学规范、职责清晰、运转高效的国有企业工资分配宏观指导调控和监督检查机制,深化国有企业三项制度改革,推动国有企业建立市场化用工和薪酬分配机制。探索实行国有科技企业和科技人才特殊激励政策,开展国有企业职业经理人薪酬制度改革试点。在改革完善事业单位薪酬制度方面先行先试,探索健全高校、公立医院、科研院所等事业单位薪酬制度,为全国深化事业单位薪酬制度改革积累经验。

案例：浙江出手，让算法不再逼着外卖小哥狂奔

2021 年 10 月 12 日，浙江省人力资源和社会保障厅等 8 部门联合印发《浙江省维护新就业形态劳动者劳动保障权益实施办法》。部分内容节选如下：

劳动报酬

企业应当遵循按劳分配原则，根据工作任务、劳动强度和当地最低工资标准、人力资源市场工资价位等，科学公平设置劳动报酬规则，合理确定劳动者的劳动报酬。企业应当合理设定对劳动者的绩效考核制度，建立健全体现优绩优酬的正向激励规则。

企业应当建立健全劳动报酬合理增长机制，按照国家和省有关规定开展工资集体协商，逐步提高劳动者劳动报酬水平。

企业安排劳动者法定节假日劳动的，应当支付高于正常工作时间的劳动报酬。建立劳动关系的，依法支付加班工资。

工时和劳动定额

企业应当发挥数据技术优势，合理管控劳动者在线工作时长，对于连续工作超过 4 小时的，应当设置不少于 20 分钟的工间休息时间。

企业制定修订平台进入退出、订单分配、计件单价、抽成比例、报酬构成及支付、工作时间、奖惩等直接涉及劳动者权益的制度规则和平台算法，应当充分听取工会或者劳动者代表的意见建议，将结果公示或者告知劳动者，并接受经营所在地人力社保部门和行业主管部门监督。

劳动保护

企业应当采取优化制度规则和平台算法等措施，确保怀孕 7 个月以上或者在哺乳期内的女职工，每天工作时长不超过 8 小时，不进行夜班劳动，怀孕女职工不进行 35℃以上高温天气的室外露天作业。

企业应当加强恶劣天气等特殊情形下的劳动保护，采取限制接单、延长服务完成时限等措施减少安全生产事故和职业病危害。

社会保险

企业应当履行为劳动者依法缴纳社会保险费的社会责任,并引导督促新就业形态劳动者个人积极参加社会保险。

灵活就业人员在就业地参加职工基本养老、基本医疗保险,不受户籍限制。

公共服务

鼓励将符合条件的新就业形态相关企业、社会培训评价组织纳入备案范围,开展职业技能等级认定。指导企业开发新就业形态职业评价规范。完善职称评审政策,畅通新就业形态劳动者职称申报评价渠道。

加快城市综合服务网点建设,推动在新就业形态劳动者集中居住区、商业区设置临时休息场所,解决停车、充电、饮水、如厕等难题,为新就业形态劳动者提供工作生活便利。

加强出租车(网约车)服务区、司机之家建设,在有条件的车站、机场、景点等人流集散密集区,设立出租车(网约车)候客区,解决"车没地停、人找不到车"难题。

第四节　补齐健康建设短板　实现病有所医

习近平总书记深刻指出,健康是幸福生活最重要的指标,健康是 1,其他是后面的 0,没有 1,再多的 0 也没有意义。① 健康问题是人民群众最关心、最直接、最现实的利益问题,是实现共同富裕的应有之义和重要支撑。近年来,浙江居民健康水平明显提升,2023 年浙江人均预期寿命上升至

---

① 《习近平:健康是幸福生活最重要的指标》,新华社"新华视点"微博,2021 年 3 月 24 日。

82.3 岁,孕产妇死亡率、5 岁以下儿童死亡率分别控制在 3.86/10 万和 2.03‰,人群主要健康指标接近或达到中等发达国家水平,"一老一小"等重点人群健康需求得到更好满足,城乡、区域、人群间健康差异进一步缩小,率先实现基本公共卫生服务均等化,为高质量发展建设共同富裕示范区奠定坚实健康基础。

一、立足群众视角,提升卫生健康服务获得感

看病就医是群众牵肠挂肚的"关键小事"。针对群众反映强烈的挂号难、候诊长、缴费烦等难题,浙江率先谋划推进医疗卫生服务"最多跑一次"改革。2018 年,推出"看病少排队""检查少跑腿"等十大举措;2019 年,又推出"出生一件事""用血不用跑"等新十大举措;2020 年,按照全省公共场所服务大提升部署,再提出 15 项改革举措,持续破解群众"看病难""看病烦"。"十三五"期末,浙江城市大医院高峰时段平均排队时间从 8.26 分钟缩短到 2.61 分钟,平均住院日从 8.6 天下降到 6.9 天。浙江遵循便民惠民理念,转变治理模式,推动共建共享,实现从城市大医院向基层、从问诊到诊疗、从线下到线上、从院中服务向院前院后"两端"协同服务的转变,形成就医全流程"微笑曲线"。

浙江创新智慧医疗便民举措,二级以上医院全面开展分时段精准预约、智能导诊、院内导航、智慧结算、信息提醒等服务,预约时段精准到 30 分钟,全面优化医疗机构就医环境,提升就医体验。兼顾老年人等群体需要,坚持传统服务方式与智能化服务创新并行,推广适老智慧服务,开展老年友善医疗机构建设。丰富互联网医疗服务,完善价格、医保等政策,形成"网上看病""在线结算""送药上门"的闭环式管理和规范化服务。完善检查检验结果互认制度,探索结果互认风险共担机制,二级以上医院检查检验首次提醒调阅率达 30%以上。在二、三级医院全面设立职业医务社工。

扎实推进基本公共卫生服务项目,逐步提高人均基本公共卫生服务经费补助标准,全面实施按标化工作当量购买基本公共卫生服务。提升家庭

医生签约服务内涵质量,建立经费保障长效机制,推广"互联网+签约服务",老年人等10类重点人群签约率保持在70%以上。完善重点慢性疾病分级分类管理,高血压、糖尿病患者规范管理率达70%以上。推进居民电子健康档案开放应用,开放率达到80%。开展老年失智症、帕金森病等神经退行性疾病的早期筛查和健康指导,持续开展70岁以上老年人流感疫苗自愿免费接种和50—74岁重点人群大肠癌筛查。实施出生缺陷三级预防项目,产前筛查率达到90%以上,重症先天性心脏病、唐氏综合征、神经管缺陷等严重出生缺陷得到有效控制。深化城乡妇女"两癌"检查项目,人群覆盖率达80%以上,创新育龄妇女生殖健康服务模式。创新实施城乡居民"三免三惠"健康行动,统一城乡居民免费健康体检标准、频次和项目,70周岁以上老年人免费接种流感疫苗165万剂次,重点人群结肠癌筛查199万人。

2023年年末全省卫生机构3.8万个(含村卫生室),其中,医院1606个,卫生院1059个,社区卫生服务中心(站)3951个,诊所(卫生室、医务室)15600个,村卫生室11580个,疾病预防控制中心103个,卫生监督所(中心)100个。年末卫生技术人员66.2万人,比2022年年末增长8.1%,其中,执业(助理)医师26.6万人,注册护士29.2万人,分别增长7.9%和9.4%。医疗卫生机构床位数40.6万张,增长6.4%,其中,医院36.2万张,卫生院2.0万张。全年医院总诊疗3.28亿人次,比2022年增长6.0%。诊疗服务平台预约请求量1400万人次,增长4.9%;预约成功量1116万人次,下降0.5%;新增注册用户241万人,新接入医疗卫生机构92家,累计接入医疗卫生机构1912家。

二、推动医疗健康服务走向优质、均等、普惠

推进优质资源均衡布局。推动高水平医院有序向城市周边、向异地疏解,加强与长三角一体化和"大湾区、大花园、大通道、大都市区"等全省发展重大战略的统筹衔接,建设浙东、浙南、浙中和浙北省级区域医疗中心,

推进甬舟、温衢、杭绍、杭嘉等高水平医院组团式帮扶发展，鼓励湖州、嘉兴、温州、衢州、丽水等地区建设成为省际边界医疗服务高地。支持市级医院提升综合能力和创伤、传染病等专科能力，着重加强针对老年人、儿童等人群的区域专科专病医疗资源配置，建设一批中心实验室等市级科研平台。

推进优质资源精准下沉。基层医疗卫生事业的发展，是衡量公共服务可及性的一把标尺。按学科选医院、按需求选地区，持续推动城市优质医疗资源精准下沉，重点加大对山区海岛县的支持力度。以山区海岛县为重点，建立健全以学科建设、人才培养、诊疗技术为重点的"精准下沉、靶向提升、量化考核"工作机制，打造"双下沉、两提升"升级版。鼓励医院经营管理权委托、医院分院和集团化运行等管理创新。支持通过专科联盟、远程医疗协作等多种形式，扩大优质医疗服务覆盖面。

完善分级诊疗制度。坚持居民自愿、政策引导，以降低省域外转率和提高县域就诊率为重点，完善服务网络、运行机制和激励机制，推进基层首诊、双向转诊、急慢分治、上下联动的分级诊疗制度建设。完善各级各类医疗机构梯度功能定位，科学建立分级诊疗病种目录和转诊标准。加快城市三级医院提质升级，减少常见病、多发病、慢性病门诊患者占比，将更多专家号源、床位、手术等服务和技术资源下沉，预计到2025年，城市大医院专家号源下沉比例达50%以上。建立健全上下级医院、医共体内外、城市医联体之间的转诊标准和工作机制，畅通慢性期、恢复期患者向下转诊通道，对转诊患者提供优先接诊、优先检查、优先住院等服务，逐步提高预约转诊比例。推进"全专联合"家庭医生团队组合式服务，使家庭医生成为居民健康、资源配置与卫生费用的"守门人"，重点人群在基层就诊率达70%以上。落实医保差别化支付政策，进一步拉开统筹区内外和不同等级医疗机构之间报销比例，降低未经转诊的报销比例，建立分级诊疗、合理诊治和有序就医新秩序。

三、推动"浙医互认"覆盖全省,解决群众就医难题

浙江省自 2018 年实施医疗卫生服务领域"最多跑一次"改革以来,持续创新"浙医互认""浙里急救""浙里护理"等数字化改革应用,切实增强群众看病就医获得感。

医学检查在诊疗活动中发挥了重要作用,早期诊断、精准诊断、精准评估是有效、精准治疗的重要前提。但是,长期以来医学检查也存在不合理利用、重复检查、多头检查等现象,不仅造成了患者多头跑、重复跑,也增加了不必要的医疗费用。如何保障必要的医学检查,抑制不合理的医学检查,一直是医药卫生体制改革的重点、难点。"浙医互认"是浙江省以数字化改革撬动医疗卫生体制改革推出的场景之一,其目的是打破不同区域、不同层级医疗机构之间的"数据围墙",解决群众就医"多头检查""重复检查"等问题。

推进医学检查检验结果互认共享,是向医改难点"出击",是一项能切实提高百姓就医获得感的民生举措。要实现"互认共享",首先,必须保证纳入互认检查项目在检查方法、图像质量、报告质量上是同质的,保障患者得到可靠的、可信的医疗服务。其次,纳入互认检查项目在不同医院、不同地区之间是同名、同义的。浙江省建立了统一的编码系统,并通过举办多场次、多形式的对码培训,保障全省各级各类医院同步实施。再次,纳入互认检查项目在不同的医院门诊系统是可见、可查的。最后,各级医疗机构对待改革必须是认真、积极的。

目前,浙江省所有二级以上医疗机构都已接入平台开展互认,首批互认项目包括 93 项检验类项目和 180 项放射类项目,占高频检查检验项目 80%以上。浙江也成为全国首个全省域实现医学检验检查互认共享的省份。"浙医互认"上线以来,浙江省累计直接节省医疗费用 2.7 亿元,利民惠民效应不断体现,有效提升了群众就医获得感、幸福感,它也将对医疗行为、医疗流程、医疗质控和医院管理产生深刻的影响。

第五节　完善基本养老保障和幸福
养老服务　实现老有所养

　　随着人口老龄化、高龄化和家庭小型化,养老保障和服务已经成为重大的社会问题。有效应对人口老龄化,不仅能提高老年人生活和生命质量、维护老年人尊严和权利,而且能促进经济发展、增进社会和谐。根据第七次人口普查,浙江 60 岁以上老年人口 1207 万,占全省常住人口的 18.7%,老龄化形势十分严峻。浙江积极应对人口老龄化国家战略,将积极老龄观、健康老龄化理念融入经济社会发展全过程,加大制度创新、政策供给、资金投入力度,全面建立基础扎实、系统完善、城乡均衡、优质共享的社会保障体系、养老服务体系、健康支撑体系,实现富裕富足、普及普惠、尊老孝老、乐活乐享的社会图景,让每位老年人享受有保障有质量有活力的长寿生活。

一、完善多层次养老保障政策体系

　　健全养老保障体系。扩大企业职工养老保险覆盖面,稳步推进灵活就业人员、新业态从业人员参保工作。深化城乡居民基本养老保险改革,探索提档补缴,加大缴费补贴力度。大力发展企业(职业)年金,探索推进中小企业和民营企业人才集合年金计划。促进和规范发展第三支柱养老保险。稳步建立救助保障标准动态调整机制,全省低保标准增幅不低于人均可支配收入增幅。对因赡养人、扶养人无能力履行义务造成事实生活困难的老年人给予兜底保障。

　　试点推进长期护理保险制度。深入推进长期护理保险试点,逐步增加参保人数,积极争取国家授权扩大长期护理保险试点。开展长期护理保险标准化、规范化建设,在政策标准、待遇给付、经办服务管理方面形成具有浙江特色的长期护理保险试点政策框架和标准体系。鼓励发展长期护理商业保险产品。

完善养老服务政策。建立基本养老服务清单制度和统一互认的老年人能力综合评估制度,强化政策资金统筹整合,加大对重度失能失智老年人照护的政策支持,形成具有浙江特色的长期照护保障制度。对失能、高龄及其他老年人群体,按需分类提供适宜服务。

二、打造高质量养老服务体系

创新居家社区养老服务模式。健全乡镇(街道)、城乡社区两级养老服务网络,将养老服务设施建设纳入未来社区和未来乡村建设,支持专业养老服务机构进社区、进家庭,重点发展社区嵌入式养老床位,积极推进"社区+物业+养老服务"模式。建设社区居家"虚拟养老院",探索设立家庭养老床位。实施家庭照护支持行动,为家庭照护者提供护理知识技能培训和喘息服务。全面建立高龄、空巢、失能、重残、计划生育特殊家庭等特殊困难老年人居家社区探访制度,普遍建立居家社区养老紧急救援系统。大力发展社区居家养老助餐、助浴、助急、助医、助行、助洁等服务,老年人助餐配送餐服务实现广泛覆盖。大力发展农村互助养老,补齐农村养老服务短板。实施海岛支老、山区助老行动。

推进机构养老服务提质增效。编制实施养老服务设施布局专项规划,并纳入国土空间规划"一张图"。按照"应改尽改、能转则转"原则,全力推动党政机关、国有企事业单位所属培训疗养机构转型为普惠养老服务设施。提升长期照护服务水平,提高养老机构护理型床位占比,建设养老机构认知障碍专区,增强街道社区认知障碍干预服务能力。持续推进公办养老机构公建民营、转型国企改革。严守安全生产底线,加强养老机构的疫情防控,妥善解决好养老机构消防审验历史遗留问题。加强养老、康复、护理等人才队伍建设,全面落实养老护理员岗位奖补制度等激励政策。

深入推进医养结合发展。加大医养结合政策支持和保障力度,多渠道增加医养结合机构供给。探索医养结合机构养老床位和医疗床位按需规范转换机制,探索"一床到底"的失能老年人长期照护服务模式。深化医疗卫生机构与养老服务机构的签约合作,创新居家医养结合服务模式,推进"互联网+照护服务",为居家高龄和失能老年人等重点人群提供线上线下相结合的健康养老服务。预计到2025年,全省形成100个医养结合示范项目,每个县(市、区)有1所以上具有医养结合功能的县级特困人员供养服务机构。

案例:科技赋能居家养老实现"智慧护航"

2021年以来,浙江省民政系统积极推进科技赋能智慧养老,通过打造"浙里养"智慧养老服务平台等数字化举措,以数字化作为突破养老服务发展不充分、供需对接不顺畅的重要路径,有效助推全省养老服务智慧化水平不断提升。

居家养老是今后许多老年人首选的养老方式。浙江多地目前积极探索"黑科技"护航"康护到家",利用物联网技术、大数据管理等应用,把养老床位"搬"到家里,让老人在家中也能享受到准养老机构的助餐家政、生活照料、健康指导、康复护理等线上线下专业服务。位于杭州市拱墅区的叶青苑小区是米市巷街道典型的"老年小区",老年住户占比达到53%。作为"浙里养"平台"智慧养老社区"建设试点城区,2021年以来拱墅区在该小区试点为10户独居、困难老年人家庭安装了"智慧云守护套餐",用科技力量为居家养老提供安全保障。

例如,在厨房加装烟雾和燃气探测器,当发生可燃气体泄漏或火灾时,智能系统会自动打开窗户、关闭燃气阀门并发出报警声,同时向社区工作人员及老人子女手机发送警报提示。又如卫生间是老人滑倒摔跤的"高危区域",此处安装的智能报警系统,一旦检测到老人跌倒,也将触发报警求助信息。

拱墅区民政局养老科相关负责人表示,该区下一步将对全区独居、孤寡、高龄等重点老年人群体,通过安装智能水表、物联网门磁监测系统、紧急呼叫系统、烟雾报警器等设备,实现对全区重点老年人群体24小时智能监测服务,做到及时响应救援。

据浙江省民政厅介绍,杭州市萧山区等地还通过智慧养老信息化等平台,整合养老、医疗、照料资源,实时对接需求清单,并由专业的养老护理员开展上门服务。今后,通过科技赋能"康护到家",可以尽可能让老年人在熟悉的居家环境中得到有针对性的养老服务,从而消除传统居家养老服务不专业的"弱点",化解机构养老服务价格高的"堵点",让"养在床边、康护上门"成为现实。

三、营造老年友好型社会环境

丰富老年人精神文化生活,鼓励老年人继续发挥作用。发挥老年教育联盟作用,探索建立老年教育公共服务平台,推进各类老年教育机构向社会开放,鼓励社会力量举办老年教育,绘制老年教育"浙学地图"。大力发展"互联网+老年教育",开设"浙里美"老年空中课堂,探索学习积分、存储和应用等激励机制,形成跨网络、跨终端、跨平台的学习环境。加强基层老年文化队伍建设,培育有影响力的老年文化艺术团体,各市、县(市、区)实现老年活动中心全覆盖。持续推进老年体育活动中心(俱乐部)及老年体育现代化村(社区)建设,努力实现老年体育健身场地和设施覆盖城乡,支持和加强老年体育组织发展,举办老年体育交流活动,打造老年体育品牌赛事。完善银龄资源开发政策,加快推进老年人才市场建设,建立老年人才信息库和中介服务机构,积极开发适合老年人的工作岗位。深入开展"银龄行动",支持老年人参与文明实践、公益慈善、志愿服务、关心下一代等活动。开展"银领先锋"等活动,引导离退休干部职工和老党员结合自身实际发挥作用。探索全省统一、规范有序的志愿服务记录制度,形成养老服务"时间银行"浙江模式。

激发老龄产业发展活力。加强对老年产品和服务的供需对接、消费引导和宣传推介,挖掘老龄产业消费热点,拓展老龄产业市场规模,持续提升老龄消费水平和质量。鼓励金融、地产、互联网等企业进入老龄产业,培育一批有影响力的老龄产业市场主体。鼓励国有企业履行社会责任,积极发展养老产业。浙江是全国较早鼓励社会力量活跃参与养老服务事业当中的省份,民营资本已成为浙江养老服务提供主体之一,国有企业、私营、个体纷纷加入,呈现出百花齐放的景象。如上海企业"福寿康"2018年进入浙江市场,目前已在杭州、宁波、温州、嘉兴、金华、绍兴等地设立服务网点;温州民营养老品牌"红景天"深耕机构养老20年,目前已走出本省,在福建等地开花结果,将浙江民营机构管理模式向省外输出。支持老龄产业园区化发展、区域聚集发展,支持有资源禀赋和产业优势的地区建设康养小镇。引导家政服务企业更多参与居家养老、社区养老。

加快建设老年宜居环境。积极建设"老年友好城市(县城)""老年友好型社区",将"浙里长寿"建设情况纳入文明城市评选的重要内容。积极推进社区、城区环境公共设施等适老化和无障碍改造,加快推进老旧小区改造,新建城区、新建居住区配套建设养老服务设施达标率达到100%。持续推进既有住宅加装电梯工作。在未来乡村建设中加大农村老年宜居环境建设力度。支持、引导老年人家庭进行适老化改造,全面实施困难残疾人、困难老年人家庭无障碍和适老化改造。建立帮助老年人跨越数字鸿沟的长效机制,切实解决老年人认知和运用智能技术的困难。

弘扬敬老爱老助老社会风尚。深入开展人口老龄化国情教育活动,增强全社会积极应对人口老龄化思想意识。全省域开展"敬老月"和"老年节"系列活动,广泛动员全社会力量为老年人献爱心、办实事、解难题,各级党委和政府每年走访慰问困难老年人。深入开展"敬老文明号"创建活动,大力提升涉老工作部门、为老服务组织、公共服务窗口单位为老服务质量。完善家庭养老支持政策,建立家庭养老褒扬制度,开展孝亲敬老先进典型评选活动,大力弘扬孝亲敬老传统美德。推进慈善惠老,培育发展为老社会组织、基金会,促进社会组织、志愿者参与为老惠老活动,鼓励公益创投设立各类为老惠老项目。到2022年,福利彩票公益金力争至少55%用于支持发展养老服务。

第六节　积极解决安居宜居难问题
实现住有所居

住房问题既是民生问题也是发展问题,关系千家万户切身利益。住有所居是重要的民生目标,对于低收入群体、城市新市民而言,更意味着期待与梦想。近年来,随着浙江全省流动人口的快速增长,大城市新市民、青年人等人群的住房困难问题成为全社会关注的重点之一,对许多新市民和青年人来说,能否实现住有所居很可能左右着他们在这个城市去留。在这样的大背景下,浙江作为人口净流入的大省不断探索安居良策。浙江牢固树立以人民为中心的发展理念,坚持房子是用来住的、不是用来炒的定位,加快完善住房保障和住房市场体系,切实推进住房工作高质量发展,不断满足人民日益增长的美好生活需要。

一、完善住房保障体系

坚持保基本和促发展并举,加快构建以公租房、保障性租赁住房、共有产权住房为主体的住房保障体系。加快推进住房保障工作从小范围深度保障,向大范围适度保障转变;从以政府为主,向政府、企业、社会力量多主体转变;从以面向本地户籍居民为主,向城镇常住人口保障转变。

持续抓好公租房保障。坚持实物保障和租赁补贴保障并举抓好公租房基本保障。持续抓好城镇低保、低收入住房困难家庭、中等偏下收入住房困难家庭及符合规定条件的新就业无房职工、稳定外来就业务工人员的住房保障工作。强化准入和配给管理,完善住房保障服务,提升公租房保障管理能力和水平。

加快推进保障性租赁住房供给。加快完善发展保障性租赁住房在土地、财税、金融、项目审批等方面的支持政策,支持各地利用集体经营性建设用地、企事业单位自有闲置土地、产业园区配套用地、存量闲置房屋以及新供应国有建设用地等方式建设保障性租赁住房，着力解决新市民、青年人阶段性住房困难问题。综合运用政策措施，鼓励企事业单位等社会力量参与保障性租赁住房建设和运营，引导多主体投资、多渠道供给。优化完善保障性租赁住房规划布局、设施配套和户型设计，抓好工程质量，促进职住平衡。

因地制宜发展共有产权住房。支持人口净流入、房价较高的大城市，研究建立共有产权住房制度，引导发展一批共有产权住房，帮助城镇无房常住人口中有一定支付能力、又买不起商品住房的群体拥有产权住房。完善共有产权住房建设、申请购买、管理等机制，确保公平善用。

稳步推进棚户区改造和老旧小区改造。坚持尽力而为、量力而行的原则，全面融入未来社区理念，打造城镇棚户区改造和老旧小区改造的"幸福单元"。严格界定棚户区改造范围，严把棚改项目准入关，优先改造集中成片、住房条件困难、安全隐患严重、群众要求迫切的项目。充分尊重棚改家庭安置意愿，坚持阳光征迁改造。建立健全政府引导、条块协作、各部门齐抓共管的老旧小区改造工作机制，推进老旧小区适老化改造，完善配套政策，优化项目审批。制定老旧小区改造技术规范，明确设施改造、功能配套、服务提升等建设要求。

案例：杭州的共有产权房探索

2021年12月，《杭州市共有产权保障住房管理办法》（以下简称《管理办法》）正式出台，规范了共有产权保障住房的定义、申请条件、价格和权属，明确了建设、供应、使用、退出及监督管理等要求。

《管理办法》明确，共有产权保障住房是指由政府提供政策，建设单位开发建设，限定面积、销售价格、使用和处分权利，面向符合条件的市区户籍和稳定就业的非市区户籍家庭供应，实行政府与购房家庭按份共有产权的保障性住房。此外，《管理办法》还明确购买共有产权保障住房享有与购买商品住房同等的公共服务权益。

在保障对象方面,《管理办法》明确,杭州市共有产权保障住房的保障对象包括符合条件的市区户籍和稳定就业的非市区户籍家庭,保障范围覆盖面广。主申请人满足一定准入条件即可。

相较公租房和保障性租赁住房,共有产权房更能让所有者享受到更多的公共配套服务,享受城市发展的红利。

共有产权房可以大幅降低首次置业的房价门槛,是最好的人才引进政策,也是杭州"抢人大战"的一招妙棋。《管理办法》明确,购房家庭可根据支付能力在50%—80%范围内选择产权份额比例,按照单套销售价格对应的不同比例支付购房款。这意味着,购房者相当于最低5折"赊账"购买杭州商品住房。

此外,杭州版的共有产权保障住房购房家庭取得不动产证满5年的,可向代持机构提出一次性增购政府份额的申请,增购后住房性质转为商品住房;取得原不动产证满10年后,可上市交易。这样让原本是两条平行线的保障性住房和市场化商品房,在5年后靠拢、在10年后交汇。这既解决了新杭州人首次置业门槛的问题,也解决了租赁住房不持久、不稳定的问题,也回应了同等享受城市公共服务的关切。

共有产权房的定位主要是解决新城市人群、刚需人群的入门居住问题,甚至可能解决一部分蓝领人群的居住问题,这个对于一座大城市而言至关重要。

二、完善住房市场体系

全面落实城市主体责任,因城施策、一城一策,完善政策协同、监测预警和评价考核等机制,健全住房与人口、土地、金融、财税政策的数据共享、业务联动机制,实现稳地价、稳房价、稳预期目标。

持续推进房地产供给侧改革。建立健全以人的住房需求为导向的住宅用地供应机制,人口净流入大、住房供需矛盾突出的城市,要提高住宅用地占比,增加住宅用地供应规模。探索实施"限房价、限地价、竞品质"土地出让方式,强化地价与房价联动。稳妥推进商品房销售制度改革,探索商品房现房销售试点,强化新建商品房、存量房交易网签备案及交易资金监管制度,规范销售市场秩序。完善多部门会商、多政策协同机制,综合运用金融、税收、宣传等手段,合理引导调节住房需求。

加快建立住房租赁市场政策支持体系。强化部门协同,多措并举增加租赁住房有效供应,落实长租房税收优惠,完善金融支持政策,推进租购住房在享受公共服务上具有同等权利。指导杭州、宁波等试点城市加快培育一批专业化、规模化、品牌化住房租赁企业,重点支持自持物业租赁企业发展。人口净流入、租赁需求大的城市,土地供应要向租赁住房建设倾斜,单列租赁住房用地计划。持续加强住房租赁市场管理,规范住房租赁市场秩序。

严格落实房地产调控城市主体责任。坚持"房住不炒"定位,坚持"一城一策",精准施策,多策并举,压实城市政府对房地产市场平稳健康发展的主体责任。完善房地产市场"月监测、季评价、年考核"制度,健全监测分析、部门会商、督查问责等机制,切实防范和化解房地产市场风险,确保实现稳地价、稳房价、稳预期目标。

积极发挥住房公积金作用。改革完善住房公积金缴存、贷款、提取、准备金等政策机制,扩大灵活就业人员等群体建缴受益覆盖面。落实租赁提取、支持老旧小区改造等政策,支持杭州市等地开展住房公积金发展租赁住房试点、金华市等地开展住房公积金助力共同富裕综合改革试点。

三、全面推进住房工作数字化改革

浙江围绕住房的购、租、改、建、用等高频事项,谋划和建设了一批体现安居本色、宜居特色的多跨应用场景,大幅度提高城乡住房管理工作服务质量和管理水平。

打造"浙里安居·公租房保障"场景。在一体化智能化公共数据平台、省一体化在线政务服务平台("浙里办")、省大救助信息系统基础上,推进公租房保障"一件事"线上联办,实现资格申请、收入核对、配租管理的全流程线上"一站式"管理。同时,强化"一件事"线上线下一体建设,为特殊困难群众开展线上线下一体建设的协同管理和服务。

打造"浙里安居·浙房链"场景。立足房地产开发全生命周期管理,梳理"征收拆迁""土地出让""开发销售""竣工交付""居住维护"等核心阶段,对各个阶段子环节进行细项拆分,通过监管流程再造,打通各环节系统堵点,深化多部门数据共享,提升政府部门住房管理全流程数字化监管水平和风险排查治理水平。

打造"浙里安居·浙惠住房公积金"场景。整合提升全省住房公积金公共服务、业务操作、互联共享、数据资源、综合管理等应用需求,统筹建设一体化"浙里安居·浙惠住房公积金"场景,推进公共服务"全省通办""跨省通办"、长三角一体化融合,促进住房公积金高质量发展。

打造"浙里安居·智慧物业"场景。建设智慧物业管理服务系统,开展物业服务企业信用评价、物业管理信息查询、物业领域办事集成、报事报修等,实现主管部门监管端、物业服务端、业主生活服务端全面覆盖,提升物业智慧管理服务水平。

打造"浙里安居·农房浙建事"场景。加快建立涵盖农房设计、审批、施工、验收、使用、经营、改造、安全监测、防灾避灾、工匠管理等各环节的农村房屋全生命周期数字化管理系统。

打造"浙里安居·城镇住宅房屋安全"场景。建设城镇住宅小区数字化房屋安全监管应用,优化浙江省城镇房屋安全信息系统,完善城镇住宅房屋"一楼一档",强化城镇房屋网格化巡查功能,健全城镇住宅房屋信息动态更新、分类监督管理机制,提升房屋使用安全管理水平。

第七节　加强社会救助体系建设
实现弱有所扶

社会救助是保障基本民生、促进社会公平、维护社会和谐稳定的重要制度安排。近年来,浙江始终突出民生导向,逐步加大社会救助保障力度,在全国率先实现低保标准城乡统一、县级层面全面实现"城乡一体、标准一致",打造了全国第一个省域"大救助"信息系统。"十三五"时期末,浙江城乡低保平均标准为每月814元,惠及全省65.5万人;城乡特困供养平均标准分别为每年20436元、17640元,共2.9万人受益。

一、提升基本民生保障水平

2023年,浙江坚持在发展中更加注重保障和改善民生,补齐民生短板,增进民生福祉,让全省人民实实在在感受到推进共同富裕在行动、在身边。2023年年底浙江全省参加基本养老保险人数4606万人,参加基本医疗保险人数5621万人,参加失业保险、工伤保险、生育保险人数分别为1886万、2792万和2236万人。城乡居民养老保险基础养老金最低标准提高到200元/月。城乡低保同标,平均每人每月1148元。

一是围绕数字赋能,让民生实事紧跟时代浪潮。全省各地充分发挥数字经济资源优势,将数字融入民生,用数字赋能民生,构筑全民畅享的民生服务体系。如杭州市将物联网、大数据深度嵌入养老服务,实现智能监测设备与水、电、气、电信反诈等信息互联,感知潜在风险,4.79万次预警信号均得到及时响应。依托城市大脑,研发"数智绿波在线平台",以技术应用"小切口"服务城市交通"大场景"。

二是围绕拓宽资源,让民生实事顺应百姓期盼。全省各地发挥专业力量、注重资源整合,在保质保量的前提下,因地制宜扩点拓面,不断扩大资源受益圈。如宁波市聚焦"托有善育",推动"托幼一体化",鼓励有条件的公办幼儿园开设托班,拓展街道社区、产业园区办托空间,持续为育儿友好型社会"加油充电"。主动对接市民需求,深化公共交通"六进"服务,将"人跟线走"转为"线跟人走",让"地铁+公交"无缝衔接更通畅。

三是围绕普及普惠,让民生实事彰显共富底色。全省各地牢固确立为民导向,注重资源共享、兜底保障,以"体制不变机制变"的创新思路引领民生实事新突破。如衢州市强化教育结对帮扶,通过师徒结对、跟岗锻炼、成立名师工作室等方式,建好城乡义务教育共同体,以资源共享带动"教育共富"、助力"学有优教"。以"扩中""提低"为牵引,打造"一掌通、一站全、一链畅"的公共就业创业服务新模式,做好重点群体就业创业兜底帮扶,助力实现"人人有事做,家家有收入"。

二、提升基层社会治理成效

实施城乡社区工作者队伍建设提升行动。加强社区工作者招聘录用、规范管理、教育培训及薪酬待遇等制度建设,专职社区工作者一般由县级民政部门会同组织、人力社保等部门统一招聘调配,街道(乡镇)负责日常管理,社区统筹使用。进一步落实和完善"三岗十八级"薪酬保障制度,注重从连续任社区主职满5年、优秀的社区党组织书记中招录(招聘)街道(乡镇)公务员、事业编制人员,在核定编制内每个市3年内招录(招聘)数量为所辖社区数的5%左右。通过竞争性选拔等方式把优秀社区党组织书记选拔到街道(乡镇)领导岗位。

实施社会组织能力提升行动。加大对社会组织建设的支持力度,各级财政统筹一般公共预算资金、福利彩票公益金等专项用于社会组织的培育发展和能力提升,重点支持枢纽型社会组织、社区社会组织和慈善组织等建设。加强社会组织规范化建设和人才培养,每年在全省培育100家品牌组织和200名领军人物。优化社会组织登记流程,健全党建工作机制,建立业务主管单位(党建工作机构)对拟任负责人审核把关制度。深化行业协会商会脱钩改革,建立秘书长专职化制度,健全社会组织监管体制机制。

实施社会工作和志愿服务联动行动。开展社会工作领军人才选拔培养,将高层次社会工作人才纳入急需紧缺和重点人才引进范围。推动以社会工作服务为主的事业单位将社会工作岗位明确为主体专业技术岗位,实现社会工作者职业资格与专业技术职务评聘相衔接。完善政府购买社会工作服务成本核算制度,将社会工作专业人才人力成本作为重要核算依据。推动每个市重点培育至少5家社会工作服务机构,支持乡镇(街道)成立社会工作站。大力发展志愿服务组织,推广"社工+志愿者"联动机制。规范志愿者记录和信用管理,建立完善志愿服务激励保障制度。

三、提升基本社会服务能力

加强农村"三留守"人员关爱照护。健全农村留守儿童、妇女、老人的关爱服务体系,全面开展摸底排查,建立信息管理系统。加强农村文体设施建设,丰富农村留守人员精神文化生活。依托村(社区)服务中心、文化服务中心、文化礼堂、学校等设施,统筹推进"儿童之家"建设,推动26个加快发展县率先实现"儿童之家"全覆盖。加强儿童关爱保护队伍建设,农村留守儿童数量较多的地方,配强乡镇(街道)儿童督导员和村(居)"儿童主任"。优先安排村(社区)妇联主席或村(居)民委员会女性委员兼任"儿童主任",通过政府购买服务等形式解决服务报酬。充分发挥基层妇联组织在服务"三留守"方面的积极作用,鼓励农村公益岗位向符合条件的留守妇女倾斜。

在儿童福利方面,主要是提升儿童福利机构的社会服务功能,积极推进符合条件的事实无人抚养、重度残疾等困难儿童,由儿童福利机构集中进行养育,提供生活照料、康复训练、心理辅导等服务。同时,鼓励社会力量及慈善组织积极参与社会救助帮扶,提供探访照料、精神慰藉、能力提升等帮扶和人文关怀,加大政府购买社会救助服务项目和资金比例。

推进水库移民安置融入服务。健全移民安置法规政策,严格执行移民安置规划大纲和移民安置规划。加强移民后期扶持,保障移民资金投入,加大金融扶持力度,提高移民后期扶持和项目建设信息化管理水平。加快移民美丽家园建设,全面消除集体经济薄弱移民村,促进移民融入发展、稳定发展。

突出社会参与作用。浙江各地通过加大购买服务力度、实施财政奖补、设计公益创投项目、加强业务培训等方式,推动社会力量参与生活帮扶、精神慰藉、心理疏导等救助服务。省妇女儿童基金会联合阿里巴巴公益基金会发起的"焕新乐园"公益项目,带动 213 家当地社会组织共同参与,已为 5707 户家庭完成环境改造,11 万人次志愿服务陪伴孩子。

第 六 章

建设城乡协调发展引领区
促进城乡深度融合发展

城乡融合发展是中国式现代化的必然要求。城乡区域协调发展是习近平同志制定"八八战略"的重要着眼点。党的二十届三中全会提出,统筹新型工业化、新型城镇化和乡村全面振兴,全面提高城乡规划、建设、治理融合水平,促进城乡要素平等交换、双向流动,缩小城乡差别,促进城乡共同繁荣发展。[1] 近年来,浙江在推进城乡融合发展、缩小城乡差距方面进行了大胆的积极探索,已成为全国城乡区域差别最小、发展最均衡的省份之一。浙江应通过示范区建设,推动乡村振兴与新型城镇化全面对接,聚焦乡村产业、公共服务、以城带乡、农民福祉等关键问题,促进城乡深度融合发展。要坚持城乡融合、陆海统筹、山海互济,形成主体功能明显、优势互补、高质量发展的国土空间开发保护新格局。

第一节　深化乡村集成改革　深入推进
农业农村现代化

农村改革是浙江"三农"发展一直以来走在全国前列的重要动力和活

---

[1] 《中共中央关于进一步全面深化改革　推进中国式现代化的决定》,人民出版社2024年版,第22页。

力源泉。多年来,浙江通过持续深化农村基本经营制度、土地制度、户籍制度、产权制度改革、金融制度等改革,激活了主体、激活了要素、激活了市场,破解了一系列制约农业农村农民发展的体制机制障碍,在全国率先高水平全面建成小康社会中发挥了重要作用。但长期以单项、局部改革为特点的农村改革虽然取得显著效果,也面临边际效益递减的窘境,制约着改革效能进一步发挥。面对新发展目标和要求,针对已有农村改革的不足和问题,浙江与时俱进,在改革路径、方式、方法等方面进行了一场革命,通过集成改革,强调改革内容的顶层设计、综合集成,促进各项改革在政策取向上协同配合、实施过程中相互促进、改革成效上同向叠加,持续提升改革对"三农"发展的边际贡献。浙江通过实践形成了一批改革特色鲜明、要素配置合理、活力竞相迸发、城乡高度融合的样板,也为全省乃至全国实施乡村振兴战略探索了新路子、积累了新经验。随着集成改革继续推进和成功经验推广,农业农村现代化进程将得以提速,高质量发展建设共同富裕示范区的"三农"基础也将更为坚实。

一、乡村集成改革的整体思路

实施新时代乡村集成改革,是中共浙江省委、省政府为建设农业农村现代化先行省而作出的一项重大决策部署,顺应形势,引领方向,意义重大。新时代呼唤新担当,新时代需要新作为。要围绕高质量发展建设共同富裕示范区,突出制度重塑、机制优化、整体智治,着力打造农村改革"金字招牌"。

(一) 乡村集成改革的必要性

落实党的十八届三中全会以来中央确定的各项改革任务,前期重点是夯基垒台、立柱架梁,中期重点在全面推进、积厚成势,现在要把着力点放到加强系统集成、协同高效上来。浙江省委主要领导多次提出农村改革综合集成问题,强调要以"改革破题",掌握综合集成、迭代升级、久久为功的方法。浙江是农村改革的先发之地,也一直走在前列,但农村改革仍存在条块分割、单兵突进、碎片化、不协调、不配套等问题,迫切需要通过实施新时代乡村集成改革,推动各项改革在政策取向上协同配合、实施过程中相互促进、实际成效上同向叠加,加快从"事"向"制""治""智"转变,实现改革的系统性、整体性、协同性,为争创社会主义现代化先行省提供坚强保障。

（二）乡村集成改革的主要改革领域

新时代乡村集成改革要坚持农业农村优先发展,聚焦现代农业、农村经济、人居环境、乡村治理、农民发展等重点领域,围绕各领域重点环节开展 16 项集成改革。在每个项目形成"围绕一项目标、找准一个切入点、协同推进一揽子改革"的"三个一"体系,比如在农产品投入端,以建立稳定、安全的农业供应链为目标,以化肥农药等农业投入品实名制购买、定额制施用改革为切入点,协同推进县域农业生产资料供应储运销售机制、农资生产经营许可管理制度、种子种苗"育繁推"一体化机制、耕地保护制度、农业用地保障制度等改革。同时,构建人才供给、科技服务、资金支持、数字支撑四大综合配套服务体系,加快形成联动、融合、闭环的改革矩阵,全面构建更加稳定、更加成熟、更加定型的乡村振兴体制机制和政策体系。

（三）乡村集成改革的主要目标

通过乡村集成改革,打造一批改革特色鲜明、要素配置合理、活力竞相迸发、城乡高度融合的样板。"十四五"时期,浙江每年确定 11 个以上县（市、区）作为省级试点,分批推进。试点县（市、区）农业农村现代化水平显著提升,城乡生产要素流动更加畅通,城乡融合发展体制机制率先建立,乡村振兴政策体系率先构建,农村居民人均可支配收入、农林牧渔业增加值和村级集体经济收入增幅均高于全省平均水平,农民群众获得感、幸福感、安全感进一步增强。

（四）乡村集成改革的实现路径

致力于凝聚改革合力、强化系统集成,坚持在原始创新基础上集成创新,加强项目集成、政策集成、要素集成、力量集成,协同推进相关支持政策、财政奖补措施、重点项目安排等,有机融合农业农村改革各领域相关链条,从全局上加强各项改革之间的衔接配套,力求形成系统集成、前后呼应、整体推进、统筹实施的改革新格局。在改革广度上,凡是省内已有成功的改革,相关部门要允许并深度指导在集成改革试点地区推广。在改革深度上,有关部门对涉及突破现有制度规定的重点改革事项,依法按程序进行授权,积极创造有利条件,允许并深度指导集成改革试点地区进行改革探索。在改革保障上,要鼓励创新试验,建立容错免责机制。

二、乡村集成改革的经验做法

(一)农村集体经营性建设用地入市制度

一是率先探索农村集体经营性建设用地入市制度体系,起草农村集体经营性建设用地入市政策意见。二是合规推进集体经营性建设用地就地入市或异地调整入市,允许村集体在农民自愿前提下,依法把有偿收回的闲置宅基地、废弃的集体公益性建设用地转变为集体经营性建设用地入市,优先用于农村一二三产业融合发展。三是推进集体经营性建设用地使用权和地上建筑物所有权房地一体、分割转让。深化农村集体资产股份合作制改革,探索农村非土地集体经营性资产股权向入乡发展的管理、技术专业人员开放。

(二)农业转移人口市民化改革

一是健全新型居住证制度,深化构建"浙里新市民"应用场景,构建除杭州市区外全省统一、互认共享的积分体系,探索建立以"居住证+积分"为核心的优质公共服务梯度供给制度,推进居住证积分互认换算。除杭州市区外,其他地区全面取消落户限制政策,完善杭州积分落户政策,落实社会保险缴纳年限和居住年限分数占主要比例。二是推动农业转移人口共享优质公共服务,扩大公办学校和政府购买学位学校的学位供给,持续保障农业转移人口随迁子女义务教育在流入地就读比例。严格落实农业转移人口同等享受基本公共卫生服务项目,加强基本医疗保险跨省异地就医费用直接结算和医保关系转移接续。高水平建设"15分钟品质文化生活圈"和"15分钟文明实践服务圈",丰富公共文化产品和服务供给。三是加强农业转移人口社会保障,全面落实企业为农民工缴纳职工养老、医疗、工伤、失业、生育等社会保险费用的责任,将符合条件的农业转移人口纳入最低生活保障覆盖范围。落实农业转移人口同等享受灵活创业就业政策,支持从事新业态,优化职业技能培训服务,深入推进"金蓝领"职业技能提升行动。扩大公租房和保障性租赁住房供给。

（三）资金集成模式创新

一是提取土地出让金收益建立乡村振兴专项资金模式,在土地出让金净收益部分中提取10%的比例建立乡村振兴专项资金。二是坚持"集中财力办大事",把原本分散在各镇(街道)、用于各领域的资金进行统一分配、集中使用,聚力推动各镇(街道)农业农村公共基础设施、农村公共服务体系和农村公益性事业建设。三是通过土地综合整治、土地指标盘活等措施,有力挖掘乡村可用土地指标盘活和土地出让潜力,增加专项资金池体量。四是出台乡村振兴专项资金使用管理暂行办法,积极探索财政支农体制机制改革新路径,配套建立健全专项资金绩效管理制度,形成一整套资金管理流程办法和监督体系。

（四）城市基础设施向乡村延伸改革

一是创新城乡基础设施一体化投入和管护机制,研究制定乡村基础设施管护责任清单,将乡村道路、水利、渡口、农贸市场、污水垃圾处理等公益性和准公益性设施作为管护对象。推动产权所有者由直接提供管护服务向购买服务转变,引入专业化企业参与,通过统一管护机构、统一经费保障、统一标准制定,逐步将城市基础设施管护资源和模式向乡村延伸。二是高水平推进"四好农村路"建设,推动城市供水管网向乡村延伸,推动城市天然气管网向乡镇和中心村延伸,持续完善现代化农村配电网,推进5G网络向行政村覆盖。

（五）公共服务均等配置集成改革

一是探索城乡公共医疗共同体体系建设，深化医药卫生体制改革，推进医疗、医保、医药联动，持续推进县级医疗资源向基层医疗机构下沉；改革疾病预防控制体系，强化监测预警、风险评估、流行病学调、检验检测、应急处置等职能；深化医共体建设，创新医联体模式。二是探索城乡公共教育共同体体系建设，积极推进集团化办学和城乡学校共同体建设，推动义务教育"新优质学校"培育试点工作，充分发挥"名校+新校"的辐射引领作用，推动教育集群特色发展。三是探索城乡公共养老联合体体系建设，拓展完善以居家为基础、社区为依托、机构为补充、医养结合的养老服务体系，统筹市域县域康养资源，建立覆盖镇（街道）的康养联合体，增加养老服务供给，加快实施镇（街道）养老机构新（扩）建和公建民营工作，推动机构社区居家养老"互融互通"，支持发展民办养老机构。四是探索城乡就业服务共同体体系建设，加大对农业转移人口就业的支持力度，完善就业援助长效机制，建立城乡统一劳动力市场价格体系，促进初次分配更趋公平合理；建立健全农民职业发展体系，设立职业技能提升专项基金，加快培育高素质职业农民和农村实用人才；实施新型职业农民职称评审制度，探索建立新型职业农民高级职称评审"绿色通道"，完善职称激励机制，培养一批爱农业、懂技术、善经营的扎根农村、服务农村的专业技术人才。

（六）发展红利有效转化集成改革

一是深化强村富民，深入实施"强村富民"计划，推动村级集体经济高质量发展，做强做优"飞地抱团"，支持村集体经济实体化运营，引导村级集体经济组织据实分红，实现"强村""富民"同频共振；深入推进收入分配制度改革，扩大中等收入群体，建立解决低收入群体的稳定增收机制。优化农民收入结构，深化"薪金+租金+股金+保障金+养老金+经营性收入""六金"持续增收模式，农村居民人均可支配收入稳步增长，城乡居民收入水平差距进一步缩小；完善资本、知识、技术、管理等要素市场决定的报酬机制，稳步增加财产性收入和经营性收入。二是拓展村庄经营模式，完善新时代美丽乡村建设持续推进机制,开展乡村改造治理,做足农业"接二连三进四"文章,以农文旅融合理念打通美丽农业、美丽乡村与美丽经济之间的循环通道,合理引进和优化体育竞技、娱乐文创、研学科普等新兴业态,培育发展一批具有本地特色的农家乐、乡村美食、田园民宿、农事体验等"农业+""旅游+"的乡村旅游产品;成立镇村乡村振兴公司,构建村级融资平台,引入第三方公司,探索建立专业团队运营、村庄运营师管理、国资统一运作等村庄共建共享经营模式,构建规划、建设、管理、经营、服务一体的转化机制。三是加强农业科研体系和能力建设,深化农业科技领域改革,健全农业科技创新创业激励机制,健全产学研用合作机制。

（七）农业农村数字化改革

一是开发建设数字乡村"大脑",推动区块链、大数据等数字技术与乡村振兴深度融合。二是推进乡村产业数字化,加快智慧农业关键技术攻关和集成应用,推进乡村产业数字化转型升级。三是打通"互联网+政务服务"向乡村延伸"最后一公里",加速农业农村领域数字化改革。加快推进乡村整体智治,深入应用生态绿色积分制,以"一图一库一码一指数"赋能乡村治理,利用数字孪生、虚拟现实等技术,构建数字孪生乡村三维实景图,实现乡村要素资源数字集成,提高治理精准性。四是开展数字乡村大数据标准体系建设,加快构建数字乡村数据仓。

三、乡村集成改革的主要成效

（一）乡村振兴成效显著,城乡协调发展水平继续保持全国前列

农村居民人均可支配收入连续 39 年位居全国省区第一,城乡收入差距持续缩小。2023 年,浙江农民收入增速继续保持"三个快于"的良好态势,全省农村居民人均可支配收入 40311 元,连续 39 年位居全国省区第一。2023 年浙江城镇居民人均生活消费支出 47762 元,农村居民人均生活消费支出 30468 元。城乡居民人均消费支出比从 2020 年的 1.68 降为 2023 年的 1.57。城乡居民收入倍差降为 1.86,连续 11 年保持缩小态势,持续保持高

水平协调发展态势。

（二）城乡风貌整治提升工作成效显著,城乡风貌差距逐步缩小

持续深入实施"千村示范、万村整治"、美丽县城、小城镇环境综合整治、美丽城镇、新时代美丽乡村等一系列城乡风貌提升行动。2023年全省创建美丽城镇409个,新增省级美丽宜居示范村335个,景区镇（乡）、景区村的比例分别提升22.1个、7.1个百分点,创建共同富裕新时代美丽乡村示范带11条,城乡形象差距逐步缩小,尤其是乡村人居环境品质走在全国前列。

（三）基本公共服务均等化行动深入实施,城乡基础设施和公共服务一体化进程不断加快

打造新型城乡教育共同体,全年新增融合型、共建型城乡教育共同体结对学校（校区）1643家,实现乡村学校教共体全覆盖,"破解'乡村弱',全面组建城乡教育共同体"获2023年度全国基础教育工作优秀案例。建设医联体及县域医共体,制定数字医共体建设指南,有序推进数字医共体"住院服务一体办"试点工作。2023年,全省72个县（市、区）200家县级医院、1160家乡镇卫生院整合为162家医共体。优化城乡道路交通体系,农村公路总里程增长0.9个百分点,城乡公交一体化率由66%提升至68%,3个"1小时交通圈"人口覆盖率达86.6%。

（四）乡村集成改革深入探索,农村权益价值实现机制持续优化

扎实推进农村承包土地改革,岱山县皇坟村试点全面完成,共签订承包合同277份、签订率100%,乐清市、常山县获批新一轮全国土地延包试点。推动农村集体产权流转,促进农村产权交易规范化,所有涉农县（市、区）均建成农村产权交易平台,农村产权累计交易金额超过350亿元。指导各地积极开展闲置宅基地和闲置农房的盘活利用,全省累计盘活闲置宅基地8.04万宗,盘活价值41.69亿元,农房抵押贷款余额175.1亿元。

第二节　打通城乡要素循环　深化完善
"两进两回"机制

以城乡融合发展为重要抓手促进农业农村现代化,重点是建立健全城乡"人、地、钱"等要素的平等交换、双向流动的政策体系,促进要素更多向乡村流动,为农业农村发展持续注入新活力。浙江2019年发布《浙江省人民政府办公厅关于实施"两进两回"行动的意见》(以下简称《意见》),"两进两回"指的分别是科技进乡村、资金进乡村,青年回农村、乡贤回农村。这是激发乡村发展活力、推进乡村全面振兴的重要举措。

一、乡村振兴、城乡融合的关键堵点是城乡要素循环不畅通

我国城乡要素不平等交换和要素单向流出农村的局面已经大为改观,但城乡要素合理流动的体制机制障碍还没有被完全破除,渠道还没有全面打通,城乡要素双向流动成本较高,要素错配现象还比较多。对农业农村而言,大量要素流入城市,资金、人才、科技等要素无法向农村汇聚,造成农业生产率长期不高;对城市而言,农业转移人口向城市流动,农村资产要素权益流转却不同步,导致土地供求关系紧张,用地成本不断攀升。由于要素市场化配置机制不健全,农村要素资源无法得到有效盘活,不仅影响农业转移人口市民化,也影响了社会资本、城市人口入乡的积极性。

(一) 人才短缺阻碍乡村振兴顺利推进

乡村振兴,人才是必不可少的,人才振兴是乡村振兴的基础和灵魂。乡村产业需要人才来振兴,乡村文化也需要人才来振兴。目前,因为城市的快速发展,许多村庄出现"老龄化",乡村教育比较匮乏,乡村人才缺乏,并且即便是一些条件比较好的村庄也无法留住年轻人才建设农村。人才外流导致乡村振兴的主体匮乏。乡村振兴的主体应该以地缘、利益、血缘、文化和

与村庄有各种联系的利益、友情、文化等相关方,共同动员、组织起来参与到乡村振兴中去。当前农村的教育体系不完善,质量不高,许多家庭因为子女教育而被迫进城。在培育乡村本土人才方面面临着缺乏支持、动力不足、制度缺失以及缺乏激励机制等问题。所以,乡村人才短缺很大程度上也在制约乡村振兴战略的实施。

（二）资金不足制约乡村经济发展速度

自从家庭联产承包责任制以后,政社合一的农村组织体系解体,去组织化的现象导致农村集体经济薄弱,乡村普遍存在自有发展资金的不足。随着中国经济不断发展,国家对于乡村发展的财政支持也是逐年在增加力度。农村金融体系落后于城市,"三农"发展资金存在缺口。要统筹整合、利用好各方面的资金,尤其注重以制度改革引导工商资本投入农业农村。积极探索在政府引导下工商资本与村集体合作共赢模式,发展壮大村级集体经济。要建立工商资本租赁农地监管和风险防范机制,确保农村集体产权和农民合法利益不受到侵害。

（三）科技短板掣肘乡村跨越式高质量发展

当前基层农业科技服务乡村振兴工作中面临的一些困难和问题,制约着农业科技成果的转化,一定程度上影响了乡村振兴推进进程,主要体现在以下几个方面:一是农业科技成果供给不足,与服务基层农业科技创新需求不相适应。二是农业科技成果转化体制机制不完善,科技人员服务基层创新动力不足。近年来,中央、省、市出台了深化科技成果管理改革的一系列政策措施,但由于各有关部门对政策措施的理解不一,科技机构和人员存在顾虑,致部分政策措施在基层没有得到有效落实,很大程度上影响了科技人员服务基层的积极性和主动性。三是农业科技企业研发投入不足,创新能力弱。企业作为科技创新和科技投入的主体,尽管愿意采用新科技成果来提高农产品产量和科技含量,增强农产品的市场竞争力,但由于农业成果转化的高风险低回报,导致选择高技术成果进行转化的企业少,研发投入不足,农业企业科技创新能力弱,难以满足农业生产的需要。四是农业科技服务人才不足,科技人才供给不平衡不充分问题仍然突出,经验丰富、技术过硬的基层农技服务人员仍然不足,整体服务质量和效率都不高,难以承担成果有效供给与成果需求之间的双向沟通职责,农业新科技成果的推广不能满足成果转化的需要。

二、畅通城乡要素循环的改革思路

站在新的历史起点,立足新发展阶段、贯彻新发展理念、构建新发展格局,必须部署新的具有针对性的重要举措,特别是要打好"三张牌",发挥好资金、人才、科技的重要作用,书写乡村振兴新篇章。

（一）招引人才下乡,夯实乡村振兴根基

人才是乡村振兴的根本动力。科技特派员的入驻、创业人才的引进、本土人才的培养,新型职业农民的扶持,都是以人才振兴夯实乡村振兴。打好"人才牌",就要做好人才知才、爱才、敬才、用才的全方位工作。要求各级各部门以项目为重点,深入推行科技特派员制度,实施高素质农民培育计划、乡村产业振兴带头人培育"头雁"项目、乡村振兴巾帼行动;以政策为导向,落实艰苦边远地区基层事业单位公开招聘倾斜政策,对县以下基层专业技术人员开展职称评聘"定向评价、定向使用"工作,对中高级专业技术岗位实行总量控制、比例单列;以培养为切口培养乡村规划、设计、建设、管理专业人才和乡土人才,夯实乡村振兴根基。

（二）引导资金下乡,释放乡村振兴潜力

资金是乡村振兴的能量源泉。资金的注入可以为特殊困难群众提供基本保障,为产业发展提供扶持力量,为创新创业提供推力动能。打好"资金牌",拓宽资金来源、落实资金保障,做好资金分配,激发带动作用就成为重中之重。要求各级各部门要建立农村资金资产监督管理服务体系,保障好农业研发资金的投入,落实好各项惠农补贴,制定好各项资金扶持政策,从而保障各项试验田的顺利运转、高标准农田加快建设、各种农机具顺利推广使用、农村光伏、生物质能等新能源产业有序推进、数字化农村加快建设、家政服务、物流配送、养老托育等生活性服务业有序开展,切实以资金的高效使用激活乡村振兴"一池春水",释放乡村振兴潜力。

（三）鼓励科技下乡,激发乡村振兴动力

科技是乡村振兴的重要引擎。科技的接入是促进农业现代化发展的必由之路,无论是对于一二三产业的融合发展,还是推进数字乡村建设,抑或建设县域商业体系,都需要充分用好 5G、大数据、区块链的信息技术。推进乡村振兴,打好"科技牌",就要加强农业信息基础建设,加快实施"互联网+"农产品出村进城工程,推动建立长期稳定的产销对接关系;推动冷链物流服务网络向农村延伸,整县推进农产品产地仓储保鲜冷链物流设施建设,促进合作联营、成网配套;加快推动数字乡村标准化建设,研究制定发展评价指标体系,持续开展数字乡村试点,让强有力的信息科技,激发"数商兴农"的强大动力。

三、实施"两进两回"行动的具体举措

浙江省坚持农业农村优先发展,积极践行绿水青山就是金山银山理念,坚持发挥市场在资源配置中的决定性作用,深化改革,创新机制,建立高效完善的"两进两回"机制,进一步畅通人才、科技、资金等下乡通道,让乡村成为投资兴业的沃土、创新创业的热土、安居乐业的净土。2023 年,浙江农业科技的引领和支撑作用显著增强,建成省级高水平农业科技示范基地 800 个,农业科技贡献率达到 66%;力争省级支持乡村振兴财政投入 1000 亿元以上,省乡村振兴绩效奖补资金 100 亿元,省乡村振兴投资基金 100 亿元,涉农贷款余额新增 1 万亿元,农业信贷担保额 100 亿元,引导工商资本下乡 1 万亿元,财政优先保障、金融重点倾斜、社会积极参与的多元投入格局基本形成。

（一）鼓励青年回乡参与乡村振兴

试行科技、卫生等领域引进人才"县管乡用",推行乡村教师"县管校聘"。组织大学生回乡参与村庄规划设计、特色景观制作和人文风貌引导。

组织青年法律、科技、科普、文艺等工作者利用文化礼堂等农村阵地,开展农业实用技术、政策法律等宣教活动。推动青年文明号进农村,开展"农村青年致富带头人"等活动。支持返乡青年竞聘乡村振兴职业经理人,推动村庄经营和村级集体经济发展。支持青年企业家协会组织会员企业投身乡村产业发展,推出一批叫得响、市场占有率高的青创名牌产品。支持青年回乡创业、抱团发展。推动创业担保贷款增量扩面,拓宽农村创业青年融资渠道。实施"浙里担·青农贷"团银担合作公益项目,最高提供100万元无抵(质)押担保贷款。实施"百万英才"农村青年电商培育工程,培育农村青年电商3万名。加强精准化培训服务,开设青年"农创客""新农人"创新实验班。支持高校完善大学生农业定向培养机制,推动1万名以上高校毕业生从事现代农业。鼓励开展高校毕业生乡村创业创新活动。落实社会保障政策。"两进两回"人员可在创业地按规定参加社会保险,接续社会保险关系。完善全民医保体系,按规定将"两进两回"人员及其子女纳入基本医保覆盖范围。对毕业2年内返回原籍的高校毕业生按规定以灵活就业方式参加社会保险的,依照相关规定给予一定补贴。对"两进两回"人员初始创业失败后生活困难的,符合条件的按规定享受社会救助。探索统筹使用对农业转移人口的财政补贴资金。持有居住证的"两进两回"人员子女可在创业地接受义务教育、学前教育。

(二)吸引乡贤回归

成立县乡两级乡贤工作站,建立乡贤人才库和重点乡贤联系制度。广泛开展举乡贤、颂乡贤、学乡贤活动,因地制宜建设乡贤活动中心、乡贤之家、乡贤馆。支持各地制定乡贤回归激励措施,妥善解决回归乡贤及其直系亲属的社保、医疗、教育等社会服务需求,解决海外回归乡贤的签证、居留等相关问题,有条件的地方可建设乡贤公寓。发挥新时代乡贤在乡村建设中的特殊作用,凝聚起乡村振兴的强大力量。聚焦重点领域,建立乡村振兴和乡贤回归投资重大项目库,开展招商引资、招才引智活动。支持乡贤公益机构建设,鼓励乡贤参与基层慈善组织、组织公益活动,开展扶贫济困。引导乡贤在村党组织领导下,依法依规参与民主协商和乡村治理。把"两进两回"人员创业项目纳入小微企业发展政策范围,综合采用直接补助、项目扶持、贷款贴息、政策性融资担保、以奖代补等支持方式。"两进两回"人员创办的农业企业、农民合作社、家庭农场、小微企业,按规定享受小微企业普惠性税收减免政策,将开展农业规模经营所需贷款纳入农业信贷担保体系。

(三)实施资金进乡村行动

加大财政支农力度。把农业农村作为财政优先保障领域,确保公共财政更大力度向"三农"倾斜,确保财政投入与乡村振兴的目标任务相适应。调整完善土地出让收入使用范围,提高农业农村投入比例,重点用于农村人居环境整治、村庄基础设施建设、高标准农田建设和乡村产业发展配套设施建设等。支持市、县(市、区)政府申请一般债券用于乡村振兴领域的纯公益性项目建设。支持小微企业融资优惠政策适用于乡村产业和农村创新创业。大力发展普惠金融、绿色金融,加大乡村振兴领域信贷投放力度。完善政策性农业信贷担保体系,推广农村承包土地经营权、林权、农业设施、农机具、活畜禽等抵押贷款,在防范风险前提下开展农房财产权抵押贷款。发挥"移动支付之省"优势,推动2万多个银行卡助农服务点转型升级。灵活运用再贷款、再贴现工具,支农再贷款优先满足乡村振兴重点领域资金需求。推动农业保险扩面增品提标,探索指数保险、收入保险、价格保险和产量保险等试点,探索政策性保险和商业险保险联动的农业混合保险机制,提高保障水平。推动工商资本"上山下乡",搭建政企合作、民企合作、产权交易、信息发布、投融资等平台,建立省市县三级乡村振兴项目储备库。支持各地建立乡村振兴招商引资机构,推广重大投资项目"专员服务制"。推动工商资本以品牌嫁接、资本运作、产业延伸等形式与乡村企业实现联合。扩大农产品增值税进项税额核定扣除试点,落实农产品初加工所得免征企业所得税等税收优惠政策。

(四)实施科技进乡村行动

建立产学研用协同创新机制,健全科研院所技术团队联系县(市、区)、乡镇(街道)和科技示范基地制度。把科技服务送到田间地头,开展万名高级农技专家联村强科技行动,推动新品种、新技术、新机具、新成果进乡村。创新公益性农技推广服务方式,组织专家博士生科技服务团进乡村、农村实用技术对接、科普大讲堂等活动。支持科技人员以专利许可、转让和技术入股等方式转化科技成果,建立健全科研人员校企、院企共建双聘机制,实行股权分红等激励措施。每两年选派2200名各级科技特派员下基层,充分发挥团队、法人科技特派员的作用,建设一批科技特派员创业示范基地,带领农民群众创业创新。培养输送乡村科技人才,建立包括院士、科技专家、乡土农技人才在内的农业领域科技人才智力资源库。优化基层农技人员定向培养机制,实行定向招生、培养使用、管理服务一体化。实施农业科技中青年骨干人才"青蓝工程",推行"一个师傅带一个徒弟联一个基地实施一个项目"模式。充分发挥浙江农艺师学院等的作用,加大新型职业农民培训力度。拓宽职业农民职称评审渠道,探索建立乡村人才职业技能等级认定制度。加强农村生活生态科技支撑。推进绿色生态技术示范应用,重点突破适合农村的绿色建材、宜居住宅、清洁能源、污染防治与生态修复等方面关键技术。大力培育乡村工匠等乡土人才,为乡村规划设计、特色风貌塑造等提供智力支持和技术服务。推进集生产生活、文化娱乐、科技教育、医疗卫生等多种服务功能于一体的社区综合技术集成与应用。围绕重大慢性病防控等人口健康重大问题,加快疾病防治技术向农村普及推广。

第三节　集成政策支持山区县
跨越式高质量发展

浙江省素有"七山一水两分田"之称。山区26县主要位于浙江省南部,分布在衢州、金华、台州、丽水和温州市。山区26县的土地面积约为浙江全省的45%,人口接近24%,但长期以来,经济社会发展水平落后于浙江省平均水平。浙江省高质量建设共同富裕示范区,"短板"在山区 26 县,潜力也在山区 26 县。山区 26 县能否实现跨越式高质量发展、能否取得标志性成果,事关现代化先行和共同富裕示范区建设全局。浙江采取超常规举措推动山区县跨越式高质量发展,加快构建陆海统筹、山海互济的发展新格局,山区发展进入快车道。2022 年,浙江山区 26 县全体居民、城镇居民和农村居民人均可支配收入分别为 44560 元、56303 元和 29607 元,比上年增长 5.7%、4.8%和 7.2%,增速分别比全省高 0.9 个、0.7 个和 0.6 个百分点;人均收入水平与全省的比例由上年的 73.2%、78.4%和 78.4%提高到 73.9%、79.0%和 78.8%。①

一、科学审视山区发展的良好基础

经过长期发展,目前山区 26 县已具备了跨越式高质量发展的优势和条件。这 26 县均已超过全国县域经济发展平均水平,部分县的经济总量、财政收入等指标与西部省区一些地级市相比,也毫不逊色。

(一) 有良好的政策基础,形成了"一张蓝图绘到底"的工作机制和扶持体系

2003 年,时任浙江省委书记的习近平同志作出"八八战略"决策部署,提出要"推动欠发达地区跨越式发展,努力使海洋经济和欠发达地区的发展成为我省经济新的增长点"②,并制定出台了"山海协作工程"等一系列政策举措。随后,历届省委、省政府都把推动欠发达地区跨越式发展作为施政重点,实施"欠发达乡镇奔小康工程""低收入群众增收行动计划""重点欠发达县特别扶持政策"等系列政策,形成涵盖转移支付、生态补偿、异地搬迁、结对帮扶等方面的扶持体系,使山区 26 县一举摘掉欠发达的"帽

---

① 参阅浙江省统计局:《山区 26 县高质量发展持续发力 共同富裕扎实推进》,2023 年 2 月 20 日。

② 习近平:《干在实处 走在前列——推进浙江新发展的思考与实践》,中共中央党校出版社 2016 年版,第 72 页。

子"，成为加快发展县。

（二）有良好的资源基础，释放了农业、生态、空间资源优势

当前，民众的消费需求已发生根本性改变，对生态、健康、文化、旅游等的需求持续快速增长，山区 26 县的生态价值、经济价值、文旅价值、社会价值等正前所未有地显现出来。山区农业富有特色的粮油、干鲜果品、药材等的市场需求量价齐升，效益农业、生态农业、观光农业有着很好的发展前景。中央和省委提出，实现可持续发展和"碳达峰碳中和"，使山区森林资源在维护动植物多样性和森林碳汇上的作用更加凸显。山区还具有丰富的低丘缓坡资源，也为人多地少的浙江探索推进生态"坡地村镇"建设和发展新材料、生物医药等生态工业提供了广阔的空间。

（三）有良好的设施基础，加快了"不以山海为远"的高速路和互联网的互联互通

交通不便、信息不灵，是过去阻碍山区 26 县发展的"鸿沟"。如今，这道"鸿沟"正在被不断填平。一方面，全省已实现县县通高速公路，衢宁铁路、杭绍台城际铁路建成通车，杭衢高铁、杭温高铁等建设如火如荼，为山区 26 县接轨大上海、融入长三角和融入省内四大都市圈创造了有利条件。另一方面，自 2018 年以来，全省持续实施数字经济"一号工程"，极大完善了以 5G 为支撑的新一代互联网基础设施，实现了山区与城市的无差别信息共享。

二、山区跨越式高质量发展的亟须探索新路径

在高水平全面建成小康社会之后，浙江开启了现代化和高质量发展建设共同富裕示范区新征程，山区 26 县也迎来了前所未有的发展机遇。"十四五"时期，要立足新发展阶段、贯彻新发展理念、构建新发展格局，聚焦高质量发展建设共同富裕示范区的目标任务，找准山区发展的新目标新定位，以真金白银的大投入、集成精准的大政策、系统重塑的大变革，全面激发山区 26 县发展活力创新力竞争力。

（一）走出科技创新、数字化和绿色低碳的融合聚变之路

这是新发展阶段山区跨越式高质量发展的根本出路和显著特征。要充分发挥山区后发优势、生态优势，多渠道导入科技创新、数字变革、绿色低碳等新动能，把生态工业、数字经济和生物产业等培育为山区绿色崛起的战略引擎。跨越发展类要更聚焦先进制造业、生态工业、高新技术产业，谋划实施一批能够改变山区发展格局的大项目大平台大产业；生态发展类要做优做精特色优势产业，加快数字化绿色化转型，推动山区发展方式实现根本性转变。

（二）走出厚植特色放大特色的快速裂变之路

特色就是优势，就是竞争力，就是新空间。围绕发挥山区特色优势做好战略规划，每个县都要深入挖掘和提升山区独特价值，谋划打造1张强县富民、独具特色的，牵一发动全身、一子落满盘活的金名片，形成吸引集聚高端要素、推动跨越式发展的"吸铁石""聚宝盆"。跨越发展类要突出谋划特色产业，按照"一县一业"的思路，打造一批标志性的县域现代化产业集群；生态发展类要突出谋划旅游特色、生态特色、文化特色，聚焦一些重点领域，打造一批文旅农相结合的特色产业链。

（三）走出山区基本形态整体提升的全面蝶变之路

政府"有形之手"要发挥更大作用，完善转移支付制度，加大财政倾斜支持力度，充分发挥政府产业基金带动作用，以山区基础设施、公共服务、产业平台和城镇化发展格局中的大投入，实现大变化、大提升，每个县都要加快形成具有山区魅力的现代化和共同富裕基本形态。主要包括"7个1"，即力争打造1个产值100亿元级的特色生态主导产业，1个3平方千米以上的特色产业平台，1批高质量"产业飞地""科创飞地"，1个高品质县城中心商务区，1个高能级交通（高铁）门户，1条山水城文交融的美丽风景大道，1系列由公共文化中心和高水平学校、医院等构成的优质公共服务，形成山区跨越式高质量发展共同富裕的基本场景、基础支撑。

三、加强政策集成支持山区县跨越式高质量发展

总的来看,共同富裕示范区建设这一年多来,26县生态底色更加亮丽,经济发展更具活力,绿水青山就是金山银山转化通道更加顺畅,人民生活更加美好,实现了生态优化、经济发展、民生保障和社会和谐的有机统一。但对照现代化和高质量发展建设共同富裕示范区的新目标新定位,26县发展还有不少短板和弱项。要客观全面正视这些问题,充分估量26县跨越发展面临的困难和挑战,未来要进一步加强政策集成,全方位支持山区县跨越式高质量发展。

(一)实施招大引强行动

对绝大多数山区县的现代化而言,新型工业化是绕不过去的,没有新型工业化就没有现代化,财政也很难实现"自理"。山区也能搞工业,搞创新,把全球最高端的企业引进来,把高新低碳产业搞上去,关键是如何进行全球化招商,如何打造国际化营商环境。要实施做大产业扩大税源行动,每个县都要找准自身定位,立足自身比较优势,确定1—2个重点发展的特色产业,加快转入创新驱动发展跑道,形成自己独有的金字招牌。一要下大力气招引"链主"企业。县委书记和县长要亲自谋划、亲自招商,根据山区产业链全景图和产业招商地图,确定特色高新低碳产业,努力引进1家"链主"企业、1个央企项目,同时利用其辐射带动作用,集合产业链上各个规模企业的生产、供需等环节,培育现代产业集群。对这1—2个特色高新低碳产业和"链主"企业要研究实行所得税优惠政策。二要打造高能级产业新平台。加快整合提升26县开发区(园区),以建设低碳园区为导向,集中力量加快建设1个特色产业平台。加大力度推进浙西南科创中心、长三角(衢州)创新创业园区等重大创新平台建设,引进集聚高端科创人才,增强山区创新发展动能,打造产城融合新标杆。三要打造市场化法治化国际化一流营商环境。合力营造适合高新产业发展的生态环境,降低企业市场准入门槛,推进投资项目审批减环节、减材料、减时限、减费用,迭代推进"标准地"

改革,不断激发市场活力。要围绕企业市场主体,优化营商环境,引育更多"链主"企业、创新型企业、科技型中小企业,这是营商环境是否优良的根本标志。支援地要协同山区县,围绕26县明确的特色标志性产业链,建立健全项目共招共引机制和产业平台共建共营机制,合力推动招商引资,推动产业转移和辐射,引导更多"链主"企业和优质项目在山区开花结果。

（二）实施牵引型重大项目建设行动

一要加快建设一批重大基础设施项目。要超常规加快建设内畅外联交通体系,尽早填补机场空白,完善通用机场网络,加快衢丽铁路、杭衢高铁、杭绍台铁路等铁路项目建设,高水平打造高速公路网,加强四沿美丽富裕干线路和"四好农村路"建设,纵深推进建制村双车道和百人自然村通等级路,全面推进城乡公交一体化发展,加快融入3个"1小时交通圈"。加快新型基础设施建设,与全省同步布局新基建。加快能源水利等基础设施建设,推进钱塘江、瓯江等干支流堤防提标加固,推动江河流域上下游协作。二要加快建设一批重大产业项目。要抓好省市县长项目,发挥政府投资的牵引撬动作用,引进布局一批具有竞争力优势、乘数效应的标志性引领性重大产业项目,加快山区产业基础设施迭代升级,推动产业基础高端化和产业链现代化。三要加快建设一批重大社会事业项目。要聚焦公共服务均等化标准化优质化,建设一批具有带动性和标志性的社会事业项目,加快补上教育、医疗、文化等方面的硬件短板。支援地要与山区县合力谋划交通等重大基础设施项目,建立省属国企在山区投资建设基础设施引导机制,加大政策性银行支持力度,尽早改善山区县区位条件;合力推进重大产业项目建设,推动优质企业赴山区开展合作;树立公共服务共享理念,不仅在硬件上支援山区社会事业发展,更要在优化服务、提高质量等软件上加大帮扶力度。

（三）实施绿水青山就是金山银山转换促进行动

抢抓碳达峰碳中和的政策机遇,不断开辟绿水青山就是金山银山转换新通道。一要坚决守牢生态保护底线。严格落实生态功能区规划,全面打好生态环境巩固提升持久战,强化生物多样性保护,支持丽水建设全国生物多样性保护引领区,加快"六大森林"建设,探索建设国家公园县,高质量打造"诗画浙江"金名片。二要加快推动绿色低碳转型。大力推进生产方式绿色低碳循环化改造,实施节能、节水、节地、节材行动,抓好能源、工业、建筑、交通、农业、居民生活等重点领域绿色低碳转型,率先构建绿色低碳技术创新体系,打造一批低(零)碳试点县镇村。三要拓展生态产品价值转换途径。完善全流域生态补偿机制,加快"两山银行""两山基金"发展,培育"两山公司"等市场主体,推动水权、碳汇等自然生态资产交易取得实质性进展。深化绿色金融改革,支持金融机构开发特色金融产品。

（四）实施突破性集成改革推进行动

以数字化改革为引领撬动山区体制机制改革创新,通过调动社会、市场和广大群众积极性,创造山区发展核心驱动力,释放山区发展的活力创新力和竞争力。一要强化数字化改革牵引。以数字孪生空间重塑山区发展空间,加快梳理山区26县数字化改革"三张清单",按照"大场景、小切口",谋划开发一批能够牵引带动山区跨越式高质量发展的重大应用,推动重大改革落地见效。二要强化城乡集成改革。率先在山区26县探索推进"三块地"改革和宅基地"三权分置"有效实现形式,健全完善农村产权流转交易制度体系,以深化集体经营性资产股份合作制改革为突破口发展壮大农村集体经济。深化市民化集成改革,以农业转移人口为重点,打造"三权到人（户）、权随人（户）走"改革升级版,有序推进农业转移人口全面融入城市。推动易地搬迁政策惠及面拓展到26县低收入农户和整村（自然村）搬迁农户。三要强化现代乡村治理。迭代升级"基层治理四平台",把传统治理智慧和现代治理理念有机结合起来,推进"四治融合"模式,深化"县乡一体、条抓块统"改革,建强基层组织、配强干部队伍,实现政府治理与社会调节、村民自治良性互动,确保乡村社会充满活力、和谐有序。

（五）实施公共服务提质扩面行动

聚焦人的现代化,大力推动社会政策从兜底型向引领型转变,加快缩小公共服务差距,实现城乡同标同质,更好满足山区人民美好生活需要。一要突出均等化。要以基本公共服务均等化为导向,加快推进教育、卫生、文化、体育等领域基础设施建设,推动优质资源向山区 26 县下沉倾斜,补齐山区公共服务布局短板、质量短板和效能短板。二要突出标准化。探索建立全省统一的基本公共服务标准,率先实现教育、卫生领域现代化。三要突出优质化。以教育共同体、医共体、帮共体和"互联网+"等方式,推进教育、医疗等优质公共服务资源共享,让山区人民有获得感、可达可感。支援地要积极推动"校际结对帮扶""双下沉、两提升"及文化走亲等活动,在科技、医疗、教育、文化等领域开展有实质性内容的交流对接活动。完善"千校(园)结对"帮扶关系,加快教育共同体全覆盖,积极引导鼓励高等院校、科研机构到山区 26 县共建现代产业学院。

(六) 建立超常规的政策体系

围绕跨越式发展和生态发展两大类、7 个重点帮扶县和"八大行动",进一步谋深谋实倾斜支持政策。土地方面,省级层面要加大对空间规划指标和建设用地指标的统筹力度,特别要优先保障重大项目、"产业飞地""科创飞地",确保山区发展获得必备的土地要素支撑;财税方面,要兼顾补短板、提效率、增动能,调整优化转移支付的方式与重点,充分发挥财税政策的撬动效应,除了面上对山区 26 县实施普惠性税收政策外,对"产业飞地""科创飞地"要实施特别的税收政策。金融方面,拓宽山区发展投融资渠道,发挥各级政府产业基金带动作用,对符合产业基金管理办法推荐立项的山区项目,优先予以支持;加强央行政策性资金定向支持,支持金融机构向山区26 县分支机构下放农户贷款、小微贷款授信等审批权限;支持符合条件的山区发展项目申请政府专项债券;降低担保费率,更好发挥政府性融资担保机构的作用。人才方面,大力鼓励人才向山区流动,加大对下沉人才各项政策优惠力度,赋予山区县人才"引育留管用"等方面充分自主权,在住房保障、职称评审、岗位竞聘、高层次人才评定、个人所得税等方面给予更多倾斜支持;省级重大人才项目中,对山区 26 县的人才适当放宽申报资格条件,不设申报指标限制,对紧缺急需的人才,可赋予全省通行的人才码,在全省各地享受基本均等的公共服务待遇；深化创新共同体建设，支持 26 个山区县建设"人才飞地"。对重点帮扶县，各方面政策都要更大力度倾斜支持，专门制定多对一、全方位、一体化的帮扶政策。

第四节　创新实施山海协作升级版
念好新时代"山海经"

山海协作工程推动浙江省域一体化高质量发展。山海协作工程是习近平同志在浙江工作期间深入推进的重大工程，是"八八战略"的重要内容。多年来，浙江立足发挥比较优势和缩小区域发展差距，将"山海协作"作为补齐山区发展短板、加速绿色高质量跨越式发展的重中之重来推动，明确结对关系、落实帮扶任务、创新合作机制，注重造血功能培育和创新成果转化，围绕基础设施、绿色产业、创新发展、社会事业等领域，谋划实施了一大批标志性项目，展现出一幅陆海统筹推进区域协调发展的生动画面。

一、山海协作是一套系统的区域协调发展制度安排

山海协作是一个系统工程，涉及政府、市场和社会三大主体，在经济、文化、生态、民生、社会等各个领域都有所体现。因此，完善的顶层设计必不可少，通过一系列制度的设计和安排，明确协作的主体、内容、方式、目的等。

（一）山海协作的主体

山海协作实施主体的明确和加强对更好发挥"山海协作"工程的作用起着至关重要的作用。在不断的创新与实践中，浙江"山海协作"逐渐形成了三个层面的主体。一是省级层面。浙江省政府成立了山海协作领导小组，下设山海协作办公室，负责日常工作，包括提出总体要求和发展目标、制定中期方案和年度工作计划、明确结对关系和重点任务、实施政策激励和考核督察。二是市县层面。浙江"山海协作"工程中的"山"主要指浙江西南

部、浙江西部、浙江南部、浙江中部的 26 个加快发展县(山区县),他们相对省内其他地区,经济较为落后,工业基础较薄弱,地形闭塞,交通不便,是"山海协作"的受援主体。"山海协作"工程中的"海"主要指浙江沿海发达地区,是"山海协作"的支援主体。当前,浙江"山海协作"工程已实现 26 个山区县和发达县一对一结对合作全覆盖,同时衢州、丽水两个全域属于山区县的设区市也与杭州、宁波等发达地区开展结对合作。三是社会层面。浙江民营经济发达,市场活力强,注重用市场化的手段和方式推动山海协作,确立了以政府为主导、市场为主体的原则,定期组织发达地区的企业到欠发达地区考察、调研、投资,积极鼓励在外浙商和浙企到省内欠发达地区投资兴业。

(二)山海协作的内容

明确山海协作的重点内容是更好发挥"山""海"优势的关键所在。随着山海协作工程的深入推进和发展,"山海协作"的具体内容也随之变化,从以经济协作为主的单一模式转为经济、社会、生态、文化、群众增收等多领域、全方位的协作。一是经济协作。按照经济高质量发展和新发展理念的要求,经济协作的重点更加侧重在生态农业、生态工业、文旅融合等生态产业和绿色经济上,更加体现和发挥 26 个加快发展县的生态优势,加快推动生态优势转化为经济优势。二是社会协作。继续强化"双下沉、两提升"政策,助推优质医疗资源共享和优秀医疗人才下基层服务,提升欠发达地区医疗水平;通过校际合作、优秀教师送教、联合办学、远程教育等形式,助推城市优质教育资源共享,提升欠发达地区教育水平。三是生态协作。按照"绿水青山就是金山银山"的理念要求,生态协作的重点更加侧重在生态产品价值的转化、利用,生态资源的补偿机制的构建、生态产品的宣传、推介等方面,引入沿海地区的资本、技术,与山区 26 个县的生态资源禀赋有机结合,做大做强他们的生态产业和生态产品。四是文化协作。通过文化走亲、非遗展示、旅游推介等活动,增强"山"与"海"的文化认同感和归属感,拉近协作双方的距离。五是群众增收协作。实施山海协作百村振兴计划,推动浙西南山区乡村振兴,消除山区村集体经济薄弱村,促进低收入农户增收致富;加强大学生创业园、文化创意中心、农村电商孵化园等平台的建设,吸引优秀青年和乡贤回乡创业,带动山区群众增收致富。

（三）山海协作的方式

采用何种方式实施山海协作是实现产业集约化、规范化、规模化、特色化发展的重要保证。通过 20 年的不断探索与实践,在协作双方政府之间构建起共建合作机制,形成了三种产业发展平台。一是山海协作产业园。对适合发展工业的山区县,以建设科技化、信息化、集约化、生态化产业园为目标,围绕主导产业,引进上下游关联产业,培育生态型现代产业集群。二是生态旅游文化产业园。对重点生态功能区、源头地区等不适合发展工业的山区县,按照"共抓大保护,不搞大开发"的要求,发挥生态人文优势,培育省级旅游风情小镇、休闲旅游示范区、最美生态旅游线路和生态旅游项目。三是"飞地园区"。为破解后富地区高端要素缺乏、创新能力不足、发展空间受限、市场渠道不畅等难题,在结对合作的发达地区建设"飞地园区"、特色街区,实现企业研发在都市、生产基地在山区,土地指标后富地区提供、产业空间在先富地区,特色农产品及民间手工艺品生产在山区、销售在沿海地区。通过山海协作产业园、生态旅游文化产业园和"飞地园区",把山区县的生态优势与沿海发达县的经济优势更好地结合,实现"山"与"海"的协同发展。

（四）山海协作的目的

深刻理解和全面把握实施"山海协作"工程的初衷和目的,对更好地提升结对双方的协作度、推动山区共同富裕具有十分重要的意义和作用。一是助推山区发展。实施"山海协作"需要协作双方共同努力,但初衷仍是为了欠发达山区,希望通过"山海协作",山区 26 个县能加快补齐发展短板,实现跨越式发展和共同富裕。二是发挥沿海示范。沿海地区经济发展水平较高,人民生活较富足,率先实现富裕的基础和优势比较明显。通过加快发展县和沿海发达地区点对点结对合作,充分发挥沿海发达地区的经济优势,带动山区高质量发展。三是推动协调发展。山海协作的最终落脚点是实现"山"与"海"的协调发展。只有缩小区域、城乡的发展差距,实现全省的协调发展,才能最大限度激发起全省域的创新发展活力,为实现共同富裕提供浙江示范。

二、山海协作取得了丰硕成果

自 2002 年实施山海协作工程以来,浙江就没有停止对山海协作模式的创新和探索,从补短板、创平台、优服务、强合作等方面,不断深化山海协作工程的内容和形式,推动先富帮后富,解决发展不平衡不充分问题,为高质量建设共同富裕示范区提供重要保证。

(一)基础设施短板得到较快补齐

基础设施是经济社会发展的重要基础,具有战略性、全局性和整体性作用。欠发达地区发展之所以落后,很大原因在于基础设施落后,要实现跨越式发展,必须补齐基础设施短板。一是综合交通运输短板得到较好补齐。近年来,随着衢宁铁路、龙丽温文泰段等交通基础设施的规划和建成,打通了与外界的交流通道,结束了松阳、遂昌、龙泉、庆元不通铁路和文成、泰顺不通高速的历史,使得越来越多加快发展县融入"三个 1 小时左右交通圈",缩小与外界的时空距离,越来越多产业、项目可以更加便捷地落地山区。二是能源水利基础设施短板得到较好补齐。丽水、缙云、松阳、武义等地通过大力发展农光互补光伏电站、雨污分流管网改造、天然气管道建设等,解决了偏远山村喝不上纯净水的难题,通过农业和光伏资源的协同共享模式,高效利用土地资源,减少了碳排放,实现经济富民和生态富民。三是生态保护和生态经济短板得到较好补齐。近年来,山区 26 个县深入贯彻落实新发展理念和"两山论",依托各自良好的生态资源优势,不断补齐生态产业发展的短板,助力生态经济高质量发展。松阳通过老屋改造,并根据各地自然人文景观,打造高端精品民宿,发展文旅产业,使得闲置、破旧的古村落重新焕发生机;安吉、常山通过"两山银行",打破农民融资难问题,使得碎片化的生态资源得以集约化、高效化开发。

（二）后发地区内生发展动力持续发力

建设共同富裕示范区，重点就是要实现山区 26 县的跨越式发展和共同富裕，关键是要帮助他们提升"造血"功能。山海协作工程实施之初，浙江省就提出"把省内沿海发达地区的产业转移辐射到浙西南山区、海岛等欠发达地区"。为实现产业合作由零散型向集群型转变，推动后富地区高质量发展，针对山区县具体情况，分类创建合作平台。在此之后，山海协作产业园、山海协作生态旅游文化产业园和山海协作飞地园区的建设和发展，不但实现了"山"和"海"的优势互补、合作共赢，而且对于加快发展县引进好项目、实现产业的落地、产品的孵化、群众的增收、发展差距的缩小都具有较好的作用。2013—2017 年，首批 9 个省级山海协作产业园共投入开发资金 147.63 亿元，引进企业 335 家，累计实际到位资金 411.17 亿元，累计总产值 247.81 亿元。2018—2022 年，全省 27 个省级山海协作产业园（生态旅游文化产业园）实施产业合作项目 885 个。其中，"十三五"期间，丽水市共实施"飞出去"飞地 20 个，开展"山海协作"项目 890 个、到位资金 910.58 亿元。

（三）基本公共服务均等化顺利推进

推进基本公共服务均等化是实现共同富裕的内在要求。习近平同志在浙江工作期间，多次强调公共服务资源的重要性。他指出，"目前，欠发达地区不仅在经济发展方面落后于发达地区，教育、卫生等社会发展方面的距离更大""要通过实施'百亿帮扶致富'工程，整体推进欠发达地区的交通、水利、电力、通讯、生态等工程建设，提高基础设施的共享性和综合效应"①。因此，浙江始终将公共服务和社会事业建设作为山海协作工程的重点工作，不断推动优质医疗、教育资源下沉和共享。"关于实施新一轮山海协作工程的若干建议""双下沉、两提升"政策等意见和政策的出台，为推进和创新

---

① 习近平：《干在实处　走在前列——推进浙江新发展的思考与实践》，中共中央党校出版社 2006 年版，第 212、215 页。

医疗和教育优质资源的共享提供重要的制度保障,越来越多的优质资源开始下沉基层,提升了山区基本公共服务均等化水平。浙江大学衢州研究院、浙江大学丽水医院、遂昌县试点全国首创、浙江唯一的医疗卫生人才"省属县用"、强化省市大医院与县级医院、基层医疗卫生机构的合作等一些具体举措和政策的出台和实施,山区 26 县的基本公共服务水平显著提高。据统计,2023 年,浙江 11 个设区市基本公共服务均等化实现度差距进一步缩小,实现度最高的绍兴为 99.2%,实现度最低的丽水也达到 95.8%,差距由 2018 年的 4.8 个百分点缩小到 2023 年的 3.4 个百分点,趋于均衡发展。

(四) 结对协作促进山区群众持续增收

实现山区群众的增收致富是山海协作的重要目标和落脚点。通过"山海协作百村经济发展促进计划""深化百村结对计划"的实施、"消薄飞地"乡村振兴示范点的建设等,省里和沿海发达地区为山区 26 县援建了众多村集体经济增收和村民致富的产业项目和基础设施,在农家乐、民宿产业、文旅产业等生态产业发展商,贡献了诸多资金、技术、人才和市场,也主动积极引导企业到山区投资兴业,发展生态农业、生态工业和文旅产业。山海协作工程的持续推进,帮助山区群众实现了增收致富,共同富裕的基础更加坚实。截至 2023 年,浙西南山区市县通过山海协作累计获得援助资金近百亿元,乡村振兴示范点山区 26 县全覆盖,30 个"消薄飞地"建设带动 2500 多个集体经济薄弱村"消薄"。杭州、丽水两市人均国内生产总值的差距从 2002 年的 3.3 倍缩小到 2023 年的 2.1 倍,农村居民人均可支配收入的差距从 2.1 倍降低到 1.56 倍。发展水平最低的丽水市人均国内生产总值(按常住人口计算,下同)从 2002 年的 8532 元增加到 2023 年的 77908 元,农村居民人均可支配收入从 2002 年的 2920 元增加到 2023 年的 30811 元,城镇居民人均可支配收入从 2002 年的 9900 元增加到 2023 年的 58583 元;发展水平最高的杭州市人均国内生产总值从 2002 年的 28150 元增加到 2023 年的 161129 元,农村居民人均可支配收入从 2002 年的 5242 元增加到 2023 年的 48180 元,城镇居民人均可支配收入从 11778 元增加到 2023 年的

80587 元。①

三、山海协作旺盛的生命力在于政府和市场有效结合

山海协作工程以项目合作为中心,以产业梯度转移和要素合理配置为主线,推进发达地区的产业向欠发达地区梯度转移,组织欠发达地区的人力资源向发达地区合理流动,动员发达地区支持欠发达地区新农村建设和社会事业发展,实现全省区域协调发展。山海协作工程不是一般意义上的"富帮穷",而是发挥市场机制的作用,把"山"这边的资源、劳动力、生态等优势与"海"那边的资金、技术、人才等优势有机结合起来,充分调动发达地区与欠发达地区"两头"积极性,在优势互补、合作共赢中实现互动发展,优化全省生产力的布局。

(一) 山海协作的基础构架是政府搭台市场唱戏

浙江山海协作的成功之处不只在政府层面的全力推动,更重要的是通过政府引导激发了市场的力量。这也是浙江山海协作工程的"活力"所在。在对口协作过程中,刚开始各个地区都按照省里规划的结对地区寻找合作。但是,没过多久,市场主导占了上风。比如,省里原先确定常山和绍兴市的嵊州是协作伙伴,但由于两地的产业和要素资源不对接,合作起来比较勉强,而常山拥有的丰富的矿产和旅游资源,正是绍兴县和诸暨市一些企业的运作强项,于是双方一拍即合。丽水市的对口市为宁波和湖州,但丽水却积极利用地缘优势,引进了一大批适合在本土成长和扩张的温州、金华企业。对于产业转移,政府也只是引导为主,企业自愿才行。虽然省里有产业指导目录,但这只是一种引导,权衡之下,企业自然会有明智的选择。以杭州的一家玻璃企业为例,它原是一家大企业,杭州当年给予的财政支持也很大,但现在它的发展已经落后了,它的设备要升级,新的厂房要改造。而从目前

---

① 参阅《2023 年丽水市国民经济和社会发展统计公报》,2024 年 3 月 13 日;《2023 年杭州市国民经济和社会发展统计公报》,2024 年 3 月 15 日。

杭州新的发展战略来看,会要求它退到欠发达地区去,以便空出来它所占有的颇具规模的厂房用地。因此,利用升级改造的机会,迁往他处是最好的选择。在市场机制的调控下,加上政府的牵线搭桥,企业主动参与山海协作工程的主观能动性越来越大。

（二）山海协作实现了地区共赢

近年来欠发达地区投资合作环境不断改善,企业跨区域扩张正在由政府引导下的自发变为市场调节下的自觉保增长。实践证明,山海协作工程不仅成为推进浙江省欠发达地区加快发展的重要载体,而且有力地推动了发达地区企业的跨区域扩张,特别有利于全省产业结构优化升级和经济发展方式转变。发达地区和欠发达地区的互促共进不仅体现了既好又快的发展理念,而且使浙江这个经济大省在发展中更显和谐。山海协作既能促进欠发达地区加快发展,又能促使发达地区产业转型升级,它是一项促进资源优化配置、互惠互利的双赢工程。对于欠发达地区,通过山海协作,引进了产业项目,拓宽了人力资源增收途径,加快了新农村建设步伐,更新了干部观念,有力推进了经济社会的跨越式发展。同时,实施山海协作工程为欠发达地区剩余劳动力就业提供了广阔舞台。近年来,欠发达地区引进的一大批山海协作企业提供了7万多个就业岗位,吸纳了大量剩余劳动力。山海协作工程在加快新农村建设、促进低收入群众增收方面同样效果显著。对于发达地区而言,山海协作缩小了劳动力缺口,满足了企业扩张需求,实现了腾笼换鸟,促进了整个产业结构的调整和更新。例如,杭州的发展,离不开兄弟城市特别是衢州的大力支持。这几年,两市开展资源与产业合作,有效缓解了杭州土地等要素资源的制约,拓展了杭州的发展空间,促进了杭州经济社会发展。

（三）山海协作打开了企业的发展空间

实施山海协作工程对具有扩张愿望的企业更是重要机遇。一方面,实施山海协作工程满足了沿海发达地区工业化进程加快后对短缺资源的需求,参与山海协作的企业大多属于劳动密集型企业,为寻求欠发达地区所拥有的资源优势和成本优势而发生转移符合产业转移规律;另一方面,发达地区企业向欠发达地区扩张发展,促进了发达地区资本、技术、服务的输出,加深了发达地区对欠发达地区的市场渗透,增加了发达地区的贸易机会,有利于企业充分利用欠发达地区的区位、科技、信息、市场、土地等资源,加快企业成长,提高市场运作能力,规范企业行为。

第 七 章

深化收入分配制度改革
多渠道增加城乡居民收入

完善收入分配制度,既关系到经济的长远可持续发展,也关系到社会公平和正义,更关系到国家安全和社会稳定。在做大"蛋糕"的同时,还要把"蛋糕"分好,让发展成果更多更公平惠及全体人民。党的二十届三中全会提出:"构建初次分配、再分配、第三次分配协调配套的制度体系,提高居民收入在国民收入分配中的比重,提高劳动报酬在初次分配中的比重。"①共同富裕美好社会使社会结构更优化、体制机制更完善。习近平总书记指出:"着力扩大中等收入群体规模。要抓住重点、精准施策,推动更多低收入人群迈入中等收入行列。"②根据 2023 年世界银行统计标准,中等收入标准为人均国民总收入(GNI)4466—13845 美元,折合人民币 3.15 万—9.76 万元。按照国家统计局内部测算标准,中等收入群体为典型的三口之家年收入在 10 万—50 万元,2023 年我国达到该收入的家庭数量为 1.4 亿万户,中等收入群体超过 4 亿人口,占总人口的 30%。培育和扩大中等收入群体是新发展阶段"扎实推动共同富裕"的关键领域和主要抓手。

---

① 《中共中央关于进一步全面深化改革　推进中国式现代化的决定》,人民出版社 2024 年版,第 35 页。
② 习近平:《扎实推动共同富裕》,《求是》2021 年第 20 期。

第一节 探索扩大中等收入
群体的有效路径

"扩中""提低"即扩大中等收入群体规模,提高低收入群体收入,这是推动共同富裕改革中最具标志性,也是群众最关注的问题。实施居民收入和中等收入群体双倍增计划,深入研究推动"扩中""提低"问题,率先基本形成以中等收入群体为主体的"橄榄型"社会结构。中共浙江省委"十四五"规划和2035年远景目标建议明确提出,要显著扩大"中等收入群体",基本形成"中等收入群体为主的'橄榄型'社会结构"。近年来,浙江中等收入群体不断壮大,社会结构正在从"金字塔型"向"橄榄型"转变,民生发展的公平性和普惠性日益凸显。

一、浙江具有扩大中等收入群体的良好基础

浙江正在跨过"中等收入陷阱",率先进入"高收入经济体"序列,这为扩大中等收入群体推进共同富裕奠定了雄厚的物质基础。近年来,浙江中等收入群体占比持续扩大,"两头小、中间大"的"橄榄型"社会结构逐步形成。2023年浙江人均GDP达到125043元,超过全国平均水平39.9%,按年平均汇率折算约为1.77万美元。按照世界银行2023年新标准,人均GDP在1.40万美元之上属于高收入国家,由此判断,浙江已经进入"高收入经济体"序列。

(一) 中等收入群体持续壮大,社会"橄榄型"结构正在形成

浙江城乡居民收入水平分别连续第23年和第39年位列全国各省区首位。2023年,浙江居民人均可支配收入63830元,其中城镇居民为74997元、农村居民为40311元。按照世界银行标准,浙江省居民可支配收入已经高于中等收入的最低临界值;按照第七次全国人口普查资料,浙江家庭户均

人口数为 2.35，户均可支配收入约 15.0 万元，也超过了家庭收入 10 万元的最低临界值。2023 年浙江家庭年可支配收入 10 万—50 万元群体比例达 75.8%；20 万—60 万元群体比例达 36.5%。

（二）居民消费水平持续优化，消费结构不断高级化、多元化、数字化

浙江居民越来越注重生活品质的提升，居民家庭发展享受型耐用消费品拥有量不断增加，休闲娱乐方式更丰富，出行也更便捷舒适。2023 年，全省居民人均生活消费支出 42194 元，是全国平均水平的 1.57 倍；城镇居民人均消费支出 47762 元、农村居民人均消费支出 30468 元，分别是全国平均水平的 1.45 倍和 1.68 倍。全省居民恩格尔系数为 0.278，联合国粮农组织把恩格尔系数低于 0.3 作为从小康社会进入富裕社会的门槛指标，据此浙江居民开始进入富裕社会的消费水平。2023 年年末，浙江居民每百户家用汽车拥有量为 64.7 辆，空调拥有量为 220.2 台，空气净化器（含新风系统）拥有量为 12.1 台。居民每百户拥有烤箱 11.4 台、洗碗机 7.3 台，地面清洁电器拥有量为 23.0 台。除了最常见的调节温度的空调，净化空气有空气净化器，做美食有烤箱，洗碗有洗碗机，打扫卫生有地面清洁电器，居民生活品质稳步提升。

（三）社会保障事业快速发展，城乡发展趋势从二元结构转向一元融合

2023 年，浙江城乡居民收入比为 1.86∶1，远低于江苏（2.07∶1）和广东（2.36∶1）等其他发达省份，城乡收入差距进一步缩小。这得益于社会保障事业持续推进，城乡融合发展提速增效。2001 年，浙江率先建立城乡一体化的最低生活保障制度；2009 年，浙江率先建立城乡一体化居民社会养老保险制度，率先实现基本养老金制度全覆盖和人员全覆盖；2018 年，浙江又在全国率先实现低保标准城乡一体化。2023 年年末全省参加基本养老保险人数 4606 万人，参加基本医疗保险人数 5621 万人，参加失业保险、工伤保险、生育保险人数分别为 1886 万、2792 万和 2236 万人。城乡居民养老保险基础养老金最低标准提高到 200 元/月。年末在册低保对象 55.6 万

人(不含五保),城乡低保同标,平均每人每月 1148 元。

二、浙江培育和扩大中等收入群体的主要难点

扩大中等收入群体的关键在于加快产业结构升级、培育现代化企业、调整收入分配结构和分配方式等。浙江省高质量就业岗位不足、收入渠道来源单一、城乡居民收入差距较大等问题仍旧突出,社会分层加剧、收入差距拉大等风险挑战依然存在。

(一)传统产业和中小企业占比偏高,就业集中在传统劳动密集型产业,工资水平不高限制浙江省中等收入群体扩大

2023 年,浙江就业人口主要集中在制造业、建筑业、住宿和餐饮业这三大产业,分别达到就业总人口的 35%、15% 和 11%。这三类产业创造了大量就业机会,但都属于传统的劳动力密集型产业,劳动报酬相对较低。2023年,浙江制造业、建筑业、住宿和餐饮业的平均收入水平仅为 108026 元、79719 元、65371 元,低于全省所有行业 133045 元的平均水平,远低于信息传输、软件和信息技术服务业 296276 元、金融业 219310 元、卫生和社会工作 198037 元、公共管理、社会保障和社会组织 177400 元的水平,而这四类高收入行业的就业人数不足总人口的 10%。[①]

(二)收入来源以工资性收入为主,收入分配中个人所占比重偏低

2014—2023 年,浙江工资性收入在居民收入中的占比都在 55% 以上,财产性收入占比处于较低位置,仅为 10% 左右。近年来,工资性收入占比有下降趋势,而财产性收入占比上升了将近 2 个百分点,间接说明了浙江省居民收入结构呈现多元化态势,收入来源渠道有所增加。与此同时,按照 2023 年数据测算,浙江居民个人收入占 GDP 的比重为 51.2%,虽然高于全国 43.9% 的平均水平,但显著低于美国等发达国家 65% 的水平,收入分配

---

① 浙江省统计局:《2023 年浙江省单位就业人员年平均工资统计公报》,2024 年 6 月 18 日。

格局需要继续优化。

（三）农村居民收入来源单一，尤其是财产性收入远远低于城镇居民

浙江中等收入群体中城市户籍人口约占 3/4，农村居民和农业转移人口约占 1/4，城市居民中的中等收入群体占比明显高于农村居民和农业转移人口。从收入结构来看，农村居民在工资性收入和财产性收入方面远远低于城镇居民。2023 年，浙江农村居民工资性收入为 23825 元，仅为城镇居民的 57.5%；财产性收入为 1259 元，仅为城镇居民的 16.2%，其中差距最大的为出租房屋净收入，城镇居民为 2591 元，而农村居民仅为 421 元。[①]浙江要扩大中等收入群体，需要充分关注农村居民这个群体，推动城乡要素平等交换、双向流动，拓宽收入来源，提高农村居民财产性收入占比。

三、培育和扩大中等收入群体的主要举措

浙江高质量建设共同富裕示范区的关键目标之一，是要培育一个庞大且稳定的中等收入群体，力争将家庭年可支配收入 10 万—50 万元群体比例提高到 80% 以上，20 万—60 万元群体比例提高到 45% 以上，基本形成"橄榄型"社会结构。因此，要深入实施居民收入和中等收入群体双倍增计划，深入研究推动"扩中""提低"问题。"扩中"群体包括产业工人、专业技术人员、个体工商户与小微创业者、进城务工人员等；"提低"群体包括低收入农户、困难群体等。部分发达国家通过培育现代产业体系、促进企业成长、优化收入分配格局等举措扩大中等收入群体。例如，新加坡大力发展生物医药、高端制造业、现代服务业等技术密集型和知识密集型产业；挪威将家庭收入分为 14 个等级，对税收和转移支付进行精准设计等。借鉴发达国家经验，建议采取以下举措：

（一）技术工人是中等收入群体的重要组成部分，加速构建现代产业体系，提供高质量就业岗位

要加大技能人才培养力度，提高技术工人工资待遇，吸引更多高素质人

---

① 浙江省统计局：《2023 年浙江省国民经济和社会发展统计公报》，2024 年 3 月 4 日。

才加入技术工人队伍。深入实施数字经济"一号工程"2.0版,强化数字产业化发展引领、产业数字化转型示范,推进数字经济和实体经济深度融合。围绕"互联网+"、生命健康、新材料等产业领域,大力培育和超前布局新一代信息技术、生物医药、前沿新材料、人工智能、量子信息等未来产业,加速建设未来产业先导区。推进制造业产业基础再造,提升产业链龙头企业核心环节能级,建设全球先进制造业基地。大力发展现代服务业,尤其是高端化、专业化的生产性服务业,提升软件与信息服务、科技服务、现代物流、金融服务等服务业竞争力。

（二）加大税收、社保、转移支付等调节力度,形成合理有序收入格局,建立相对公平分配制度

中小企业主和个体工商户是创业致富的重要群体,要改善营商环境,减轻税费负担,提供更多市场化的金融服务,帮助他们稳定经营、持续增收。以科创板、创业板为契机,培育上市企业,为居民提供更加丰富的投资空间与渠道。健全现代产权制度,加强对非公有制经济产权保护,增强人民群众财产安全感与获得感。进一步破除市场中的壁垒,构建公平有序的竞争环境,激活各类市场主体,推动民营经济实现新飞跃。鼓励居民自主创业并予以相应政策优惠;适当调整财政支出结构,增加公益就业岗位、社区就业岗位。探索加快税收结构变革,深化分项和综合相结合的征收办法,探索建立根据家庭负担情况相应豁免费用的制度形成有利于扩大中等收入群体的新税制。

（三）深入推进农民工市民化集成改革,有效拓宽农村居民收入渠道

进城农民工是中等收入群体的重要来源,要深化户籍制度改革,解决好农业转移人口随迁子女教育等问题,让他们安心进城,稳定就业。提高中等收入群体的最大潜力在农民和农业转移人口,努力增加财产性收入是提升农民和农业转移人口在中等收入群体中比重的重要手段。全面推行"人地挂钩、以人定地、钱随人走"制度。深化农村土地制度改革,加快落实集体经营性建设用地入市改革,建设城乡统一的建设用地市场。推广绍兴农村

宅基地数字化管理(交易)系统、宁波象山乡村产业信息对接平台等改革经验,厘清宅基地所有权、资格权、使用权之间的关系,探索完善宅基地分配、流转、抵押、退出、使用、收益、审批、监管等制度的方法路径,重点结合发展乡村旅游、返乡下乡人员创新创业等,盘活利用农村闲置农房和宅基地,促进城乡要素双向流动。

（四）完善社会服务保障体系,促进基本公共服务均等化和城乡融合发展

要健全浙江省居民社会保障体系,提高各项社会保障项目的保障标准,加快推进各类社会保障项目在城乡间和地区间的统筹,适当增加公共支出规模,缓解教育、医疗、养老、住房等对中低收入人群的负担,重视商业保险在社会保障体系内的积极作用。深化户籍制度改革,推进基本公共服务均等化,促进农业转移人口在城市稳定就业和享有均等化基本公共服务体系。完善职业教育、技工教育体系,深化职普融通、产教融合、育训兼融,优化教育资源布局配置和教育结构、学科专业结构。完善终身学习体系,建立终身职业技能培训体系。

第二节　提升居民收入在国内生产总值中占比

中共浙江省委"十四五"规划和 2035 年远景目标建议明确提出,到 2035 年浙江省居民人均收入与人均国内生产总值之比达到发达经济体水平,并把其作为共同富裕率先取得实质性重大进展的关键衡量指标。根据纵向和横向对比发现,浙江省居民人均收入占比相对于全国平均水平优势不明显,与世界发达经济体相比仍有相当距离,迫切需要引起重视。

一、浙江居民人均可支配收入的基本情况

2023 年,浙江居民人均可支配收入达 63830 元,高出全国平均水平

62.8%,然而居民人均收入的 GDP 占比水平在全国并不领先。通过国内外横向比较和趋势分析,总结出浙江居民可支配收入存在以下优势和不足:

(一)人均可支配收入水平位居全国前列,但居民收入的 GDP 占比处于全国中游水平

根据最新的全国各省份横向可比数据分析,2023 年浙江省居民人均可支配收入仅次于上海和北京,位列全国第三;人均可支配收入比 2022 年增长 5.6%(扣除价格因素),连续三年超过人均 GDP 增速;居民人均可支配收入与人均 GDP 比值为 51.0%,略高于全国平均水平(43.9%),在全国 31 个省市排名第 13 位,处于中上水平。该指标一定程度上反映国民财富分配情况、人民的生活水平和购买力,该比值排名靠前的省份多为东北和内陆省份,在沿海省份中,浙江排位最为靠前,这说明浙江在兼顾效率和公平方面走在全国前列,同时显示出浙江省增加居民收入占比仍有较大提升空间。

(二)居民收入在 GDP 中占比稳步提升,但与世界发达水平差距仍较为明显

2013—2023 年这 10 年间浙江居民可支配收入在 GDP 中的占比提高了 7.2 个百分点,与全国平均水平对比来看,浙江领先全国平均水平的距离有拉大的趋势,这些都说明浙江改善居民收入的成效不断凸显。但从国际比较来看,利用联合国统计司提供的数据计算发现,2023 年我国居民可支配收入与 GDP 的比值为 43.9%,远低于西班牙、英国、希腊、意大利等发达国家,美国这一比例高达 75.46%,我国与之差距较大。这说明,浙江居民收入的 GDP 占比指标与世界发达经济体相比仍有较大的追赶空间,完成“达到发达经济体水平”的 2035 年远景目标任重而道远。

(三)经营性收入优势突出,工资性收入、财产性收入和转移性收入仍需大幅提升

就收入来源而言,工资性收入是浙江居民可支配收入的主要来源,2023 年占比为 56.0%。但人均工资性收入水平与全国最高地区仍有差距,仅为北京和上海的 70% 左右;人均经营性收入 10664 元,在各省市中位列第一,

经营性收入为浙江居民的第二大收入来源,占比为16.7%,这一比例高于全国15.5%的平均水平。这很大程度上源自浙江民营经济占比高的结构性特点。浙江人均转移性收入9615元,占比为15.1%,明显低于全国其他省市,在全国位列倒数第四,就人均水平而言,仅为上海的41%和北京的51%,而且低于辽宁。一方面说明浙江为全国的区域协调发展作出了巨大贡献,另一方面说明浙江亟须完善社会保障体系、强化转移支付在收入再分配中的作用。浙江居民的四类收入来源中,财产性收入占比最低,仅为12.2%,人均财产性收入与领先地区差距明显,仅为北京和上海的一半左右。

表 7-1 2023 年浙江省居民人均收支主要指标情况

指标	全省居民		城镇居民		农村居民	
	绝对数（元）	比 2022 年增长（%）	绝对数（元）	比 2022 年增长（%）	绝对数（元）	比 2022 年增长（%）
人均可支配收入	63830	5.9	74997	5.2	40311	7.3
工资性收入	35769	4.7	41439	4.3	23825	5.0
经营净收入	10664	7.9	10833	5.9	10307	12.7
财产净收入	7783	5.2	10880	4.6	1259	7.0
转移净收入	9615	8.7	11844	8.5	4920	8.1
人均生活消费支出	42194	8.3	47762	7.3	30468	10.9

资料来源:浙江省统计局:《2023 年浙江省国民经济和社会发展统计公报》,2024 年 3 月 4 日。

二、居民收入占比长期偏低的问题和原因

浙江作为社会主义初级阶段共同富裕的先行者、探路者,必然会在这一开创性工作中遇到种种挑战,与发达国家相比发展水平还存在较大差距,必然导致发展的充分性和均衡性,山区加快发展县自身发展能力还未完全形成,还需要持续帮扶协作,乡村发展仍然面临要素流出的困难,各项民生社会事业、公共服务无法超越现实生产力水平,距离群众的期许仍有较大差距。

（一）高质量发展对标国际国内先进存在差距

2023 年浙江人均 GDP 为 12.5 万元,总体上与江苏、福建和广东处于同一水平,劳动生产率低于江苏、广东,国家质量奖数量显著低于广东、江苏、山东,数字经济硬科技力量落后于广东、江苏。2023 年浙江人均 GDP 为 1.77 万美元,城镇化率超过 70%,比较接近发达国家中的韩国和意大利,以此为参照凸显更大的差距,韩国半导体产业、消费电子产业占有世界最大份额,意大利的产业集群树立了世界级品牌。综合与国内国际先进的对标,浙江省创新驱动动能相对不足。基础研究投入偏弱,大国重器缺少,研发投入不够均衡。产业结构调整还需努力,产业数字化绿色化转型偏慢。普惠性人力资本还需提升,教育水平不够高,劳动生产率有待提高。

（二）城乡发展差距的短板比区域发展差距的短板更明显

2022 年,浙江山区 26 县全体居民、城镇居民和农村居民人均可支配收入分别为 44560 元、56303 元和 29607 元,分别相当于全省平均水平的 73.9%、79.0% 和 78.8%,折算成发达地区与加快发展地区的区域差距为 1.73、1.55 和 1.55。2022 年,山区 26 县城乡居民收入比为 1.9∶1,与全省持平。① 得益于长期坚持山海协作互助和山区加快发展县一县一策等政策实施,缩小区域差距的政策效果明显。对比英美等发达国家,城乡收入略微超过 1,个别年份乡村收入水平超过了城市收入水平。而且,乡村的农业产出比重很低,仅有 1.5% 左右。2019 年,美国非都市区就业岗位中,农业仅占 1.56%,服务业成为主导产业,占比高达 37.34%;制造业占比 11.47%,零售业占比 11.05%,金融、保险和房地产业占比 7.42%。同年,美国有 36% 的就业分布在中心城区,51% 分布在郊区,12% 分布在乡村地区。② 发达国家的乡村也是承载非农产业发展要素的重要空间和居住空间,与城市连接形成了制度统一、要素流动的发展连续体。

---

① 浙江省统计局:《山区 26 县高质量发展持续发力　共同富裕扎实推进》,2023 年 2 月 20 日。

② 刘守英等:《城乡融合理论:阶段、特征与启示》,《经济学动态》2022 年第 6 期。

（三）劳动者发展能力赋能的短板

高素质劳动力是高质量发展的前提,浙江主要劳动年龄人口受教育年限为 11 年,大约 65% 的劳动者为初中及初中以下,受教育年限为衡量的劳动者的人力资本水平与发达国家明显存在差距。城乡低收入家庭培养子女成长的重要途径是就读技工院校并成为技能型人才,浙江技能人才数量和质量与广东、江苏、山东等先进省份相比有较大差距,广东、江苏拥有技工院校 146 所和 113 所,在校生分别有 60 万人和 26 万人,浙江有技工院校 83 所,在校 17.3 万人,反映技能人才培养质量的重要指标"技能竞赛获奖"方面,广东、江苏也大幅领先浙江。

劳动者的收入在扣除基本生活开支后才能投资于提升人力资本,住房、医疗和幼儿托育等基本生活开支增加必将减少劳动者积累人力资本的投资。发达国家干预住房市场,或提供保障性住房,或对房租提供补贴,并在租房合同上偏向保护租房者,这些公共政策有利于营造劳动者提升发展能力的有利环境。浙江省建设了一大批保障性住房和廉租房,但是作为主体的租房市场还没有纳入公共服务的支持范围。中低收入家庭住房、医疗、幼儿托育等领域得到的公共服务支持普遍不足,削弱了劳动者投资于人力资本的能力。总之,对劳动者普惠性人力资本增加积累的政策赋能尚显不足。

（四）第三次分配(慈善组织和慈善事业)的短板

以社会机制解决社会问题,社会组织、社会力量调动社会资源的第三次分配优先发挥作用,这在世界范围内尤其是文明程度更高的发达国家尤为显著,也积累了丰富的经验。共同富裕进程中的经济与社会发展协调、物质和精神的同步富裕等议题,尤其需要发挥慈善等第三次分配的作用。浙江民营经济发达,各类社会组织、行业组织发育较早,但总量和规模与先进省份还有差距,慈善事业的发展水平、管理的专业化程度、制度保障支撑等方面与发达国家的差距更为显著。例如全社会的慈善公益的观念明显偏狭,以为只有社会少数富裕者群体才能够做到,甚至认为是财富金字塔顶端的少数个体或者家族应该做的,而不是广泛地覆盖大部分的社会群体。公众对慈善方式单一理解为捐款。公益组织的激励引导不足,资助社会事业、文化事业的参与面有限,慈善组织的分割碎片现象普遍,制约了慈善资源联合。

三、提高居民收入占比的对策建议

（一）用好"黄金比",将居民收入占比等指标列为经济发展与政绩考核的重要指标

一方面,这是落实中共浙江省委"十四五"规划和 2035 年远景目标建议的必然要求。中共浙江省委"十四五"规划和 2035 年远景目标建议明确提出到 2035 年浙江省居民人均收入与人均国内生产总值之比达到发达经济体水平,将其纳入年度考核指标体系,有利于督促各级政府稳步推进居民收入占比提升工作,确保目标任务按期完成;另一方面,居民收入占比这个"指挥棒"能破除"唯 GDP"的政绩观,使经济发展不忘"以民为本""以人为本"的初心,使各级领导干部将工作中心向工资报酬和居民收入的增长等方面倾斜,确保浙江省人民能充分共享经济发展的福利,提高经济发展获得感。

（二）打造"金饭碗",创造高质量就业岗位

第一,要加快推进创新发展。在国内消费需求升级的背景下,不少企业面临着诸多困难,这种环境下一味要求企业提高员工收入并不现实,推进企业创新发展、加快转型升级才是根本之路。政府要在促进企业、科研机构、中介的协同创新方面起到协调与引导作用,加快企业技术进步,促进劳动生产率提高,才能为劳动收入提高奠定坚实基础。第二,要推进产业结构升级。根据经济学诸多实证分析,在工业化后期与后工业化时期,居民收入占比往往与第三产业比重有着高度关联。第三产业属于轻资产行业,有助于减少 GDP 中固定资产折旧的比重,有利于劳动与企业收入的占比扩大。第三,要提高劳动者素质。浙江省劳动者受教育程度仍偏低,要进一步加大职业教育与企业在职员工培育力度,增强高层次人才引进力度,为经济发展提供高素质的劳动力资源。

（三）擦亮"金名片"，充分发挥民营经济在稳定就业和增加经营性收入方面的关键作用

就业是民生之本，工资性收入是居民可支配收入的大头。作为国民经济重要的参与者、贡献者，民营企业解决了我国 80%的就业岗位，民营企业的发展与就业稳定息息相关。同时，浙江人均经营性净收入在全国遥遥领先的突出优势与民营经济占比高的特征密不可分。民营经济是浙江经济的最大特色、最大优势和最大资源，是浙江经济最亮丽的"金名片"，2023 年浙江民营经济占 GDP 比重达 67.2%。要充分认识到民营经济在提高居民收入、实现共同富裕中发挥的关键性作用，给予民营企业公平的营商环境，从金融、税收等各方面加大扶持力度，充分激发民营经济的活力和创造力，保证各类所有制经济依法公平参与市场竞争，下一步要继续推进新时代"两个健康"先行区创建的深化提升工作。

（四）转动"金钥匙"，通过改革打开城乡居民增收空间

一是完善资本、知识、技术、管理等要素参与分配机制。当前，我国收入分配领域出现的问题很多与要素价值没有得到充分体现有关。尤其是知识和技术参与分配的机制还未理顺，在一定程度上抑制了市场的活力和社会的创造力。今后，要把保障技术成果参与分配，作为扶持"双创"的一项重要举措。要完善有利于科技成果转移转化的分配政策，采取科技成果作价入股、岗位分红权激励等多种方式，让大量的高端人才和创新、创业者得到应有的回报和激励。二是赋予农民更多财产权利。积极发展农民股份合作，保障农民集体经济组织成员权利，赋予农民对集体资产股份占有、收益、有偿退出及抵押、担保、继承权。改革完善农村宅基地制度，选择若干试点，慎重稳妥推进农民住房财产权抵押、担保、转让，探索农民增加财产性收入渠道。在符合规划和用途管制前提下允许农村集体经营性建设用地出让、租赁、入股，实行与国有土地同等入市、同权同价，提高农民在土地增值收益中的比重。

（五）织密"安全网"，强化社会保障对困难群众的兜底功能

按照兜底线、织密网、建机制的要求，以社会救助、社会保险、社会福利制度为主体，全面建成多层次社会保障体系。着力打造"弱有所扶"的大救助模式，建立以最低生活保障为基础、相对低收入群体临时救助为补充、社会力量充分参与的社会救助制度体系。加强农村低保与政策的有效衔接，切实发挥农村低保制度的兜底保障功能。缩小职工医保、城乡居民医保筹资模式、待遇保障等方面的差异，逐步实现医保基金的省级统筹，推动基本医疗保障制度向保障范围更广、均等化水平更高的国民健康保障制度转型。加大失业保险援企稳岗政策力度，充分发挥失业保险"保生活、防失业、促就业"的作用。

第三节 "技能促富"增加低收入群体收入

技能促富，顾名思义是指通过提升劳动者的技能促进增收，有两层意思：一方面，技能人才充足可以保障企业不因缺"技术工"遭受损失，促进企业做大经济蛋糕。另一方面，劳动者技能提升可以实现更加充分更高质量就业，增加工资性收入，向中等收入群体迈进，从而实现双赢。

一、实施"技能促富"行动重大意义

技工教育是"技能促富"行动的主力军，"十三五"期间，全国新增高技能人才超过 1000 万，其中 50% 来源于技工院校。技工教育的"技能促富"主要体现在以下四个方面：一是学好一技之长，给农村孩子以"人生出彩，技能促富"的机会。2023 年浙江全省技工院校 90% 左右的学生来自农村地区，帮助这批孩子培养一技之长通过技能致富，达到年收入 10 万元以上从而进入中等收入群体，是共同富裕题中应有之义，现实中实现难度也不大。二是培养一技之长，给社会低收入群体以"技能促富"的机会。技工院校可

以利用自身"高技能人才培训基地"平台,为社会劳动者开展职业技能培训,实现增收。根据对 670 人份参加技能培训学员的抽样调查,受访者认为通过技能培训,不仅多掌握了一门技能,对提升就业机会、岗位适应度和增加收入等都很有帮助。在受访者中,超过 62% 的人通过培训取得了高级工、技师和高级技师,25% 左右的受访者表示年薪资增加了 1 万元以上,近10% 受访者的年薪资增加了 3 万元以上。三是提供技能服务、技术攻关,帮助企业创收节支,做大共同富裕大蛋糕。技工院校可以利用自身与市场高度匹配的专业特色,大力推行"校中厂、厂中校"合作方式,积极服务企业技术攻关,帮助企业增收节支。如温州技师学院电气技术工作室为温州吉速护理用品有限公司研发的"剃须刀片自动冲载器"每年节约人工成本 500 万元。四是实施技能帮困,帮助山区 26 县共同富裕。鼓励综合性技师学院到山区 26 县设立分院,在学生录取时予以技能帮困分数照顾,帮助当地培养产业急需的技能人才,从而实现共同富裕。如 2021 年设立的温州技师学院平阳分院,设置了平阳产业发展急需的服装设计与制作、电气自动化设备安装与维修 2 个专业,帮助平阳培养产业急需的本地技术人才,取得了很好的效果。

二、浙江职业技能人才培养方面面临的三大问题

近年来,虽然浙江高度重视技能人才培养,各地市也做了大量有益的探索和尝试,但在全省层面推动"技能促富"工作依然存在明显不足和短板。

(一)从横向上看,浙江技能人才数量和质量对比国内先进省份还有较大差距,"促富"群体还不够

以技能人才培养的主阵地技工院校为例,2023 年浙江技工院校数量、在校生规模分别位于全国第 16 位、第 10 位,远低于 GDP 的全国排名,且在与广东、江苏、山东三个经济强省对比中处于落后地位。截至 2023 年年底,广东、江苏、山东三省分别拥有技工院校 146 所、113 所和 181 所,拥有在校

生 60.87 万人、26 万人和 40 万人,而浙江有技工院校 83 所,在校生 17.37 万人,差距较大。而在反映技能人才培养质量的重要指标"技能竞赛获奖"方面,在 2020 年举行的全国首届职业技能大赛中,广东取得 32 枚金牌,金牌数和奖牌数位列全国第一;江苏 12 枚、山东 8 枚、浙江只有 5 枚;在第 41 届—第 45 届世界技能大赛中,浙江累计获得的金银铜奖不足广东的 1/3,技能水平亟待提升。

(二)从纵向上看,浙江技能人才数量和质量难以满足浙江高质量发展的需要,"促富"潜力要提升

浙江是"制造大省",本身对技能人才需求就很大,机械、设备、重工服装、纺织、皮革等行业一直稳居浙江省人才需求量前十排行榜之中,数据显示浙江省技能人才市场供需比达 1∶2 以上,且还呈扩大态势。随着浙江制造业产业升级,从"制造大省"迈向"智造大省",浙江企业对高技能人才的需求将与日俱增。而当前,浙江省企业"用工荒"形势仍然比较严峻,除了数量上、结构上不能满足企业需求外,其总体素质上也与企业需求不适应。此外,纵览全省技工院校,浙江地区分布发展还不平衡、不充分,主要集中在杭州、宁波等地,其他地市特别是山区 26 县的技工教育资源明显稀缺,新职业领域专业建设薄弱;大部分学校存在着学科建设、专业设置与行业企业的用人需求衔接不够,办学场地、师资队伍、教学设施与发展需求不够匹配,培养的人才技能等级偏低、缺乏高技能人才等短板。

(三)从资源配置上看,浙江人才资源配置与市场需求之间还存在着一定"错配"现象

主要表现在:一方面企业存在"招工难",另一方面大学生存在"就业难",两"难"之间反映了教育资源的错配问题。而以培养高技能人才为主、适应社会需求、基本不存在"就业难"问题的技工院校,在普职分流的情况下,依然是分数在"后 50%"学生的不得已选择,而非主动选择。因此,从招生开始,教育资源就存在一定的"错配"现象,同时由于招生专业设置调整总是滞后于市场发展等原因,产生了"两难"现象。

三、推动浙江"技能促富"行动的对策建议

（一）率先在浙江创建"技能型社会"

这是推进实施"技能促富"行动的先决条件。在中共中央办公厅、国务院办公厅印发的《关于推动现代职业教育高质量发展的意见》中明确要求，到 2025 年，技能型社会建设全面推进，到 2035 年，技能型社会基本建成。浙江作为共同富裕示范区和窗口，也应成为技能型社会建设的示范区和窗口。在全省率先创建一个人人崇尚技能、人人拥有技能的技能型社会，打出"技能浙江"品牌，多措并举提升技能人才的经济待遇、社会待遇、政治待遇，让技能人才通过技能实现人生价值，并且实现进入中等收入群体的行列。

（二）加快推进浙江技工教育与职业教育"职技融通"

这是提升"技能促富"行动效率的有效途径。现有体制下，高职、中职院校归教育部门管理，技工院校归人社部门管理，同属职业教育，有两个部门在管理，势必会造成协调、资源分配等诸多问题。如教育口的职业院校有学历证书但没有技能等级证书，人社口的学校有技能等级证书但学历证书上不了学信网，大大削弱了职业教育的含金量和吸引力。建议浙江从省级层面加快推进职业教育与技工教育深度融合发展，开展技师学院与高等职业院校建立学历、技能证书互认制度，让每一个毕业生都可以获得"学历证书+技能等级证书"双证，增强职业教育吸引力和含金量；支持省级一流技师学院按照同区域高等职业院校规格设置和建设，并视同高等职业院校办学层次，办学经费按照高等职业院校标准统筹解决。推进技师学院与高等职业院校在世界技能大赛、全国技能大赛等重大赛事备赛中的合作，共享训练设备、共建专业师资团队，提升浙江技能人才的世界影响力。

（三）建立基于未来人才需求研判的统筹招生制度，从源头解决"资源错配"

这是"技能促富"行动实施的基础保障。建议省级层面建立完善统筹

招生制度,从顶层设计破解"资源错配问题"。立足浙江先进制造业,加强对全省技能人才缺口现状调查以及未来四年主要技能人才缺口的研判,来统筹研究当年的普通高等教育、职业教育、技工教育等招生指标、分配地区、分配行业。省外来的有多少,本省要培养多少(本省培养的技能人才有流动性小的优势)。要加强对技工院校的统筹规划,立足全省各区域发展新需要,进一步优化技工院校结构布局,平衡教育资源,建设一批品牌专业和特色专业;同时建设一批与地方产业高度匹配的专业型技师学院,如"乐清电气技师学院"等,建立一套基于未来的专业动态调整机制,倒逼学校"专业要围绕产业转",支持综合性技师学院在山区 26 县开设分院,通过分数照顾等政策,促进技工教育资源向山区县倾斜。同时加大职业本科、职业硕士建设力度,畅通职业技能人才的学历上升通道。

（四）挖掘资源做好社会低收入群体的技能提升工作

这是"技能促富"行动实施的重要载体。在技能培训方面,全省技工院校有先天的资源优势,但现在还没有完全充分发挥。建议省级层面可以出台政策,激发全省技工院校沉淀的资源,加强对技工院校开展企业职工技能提升、社会人员技能培训、职业技能鉴定、助推山区 26 县劳动人口技能提升等方面的考核,从机制上提升各地参与"技能促富"的主动性。

第四节　鼓励勤劳致富创新致富
探索先富帮后富的路径

"郡县治,天下安",县域是共同富裕的基本单元。县域共同富裕是浙江"扎实推动共同富裕"、高质量建设共同富裕示范区的关键领域和主要抓手。近年来,台州市路桥区紧紧抓住做大蛋糕、分好蛋糕这一主线,通过民营经济创富、集体经济共富、特色产业造富、专业市场兴富、小微金融助富、民生优享齐富等"六富"联动,积极探索建立先富帮后富、推动共同富裕的路径,有效解决地区差距、城乡差距、收入差距等问题,其做法具有一定的借鉴意义。

一、民营经济创富:牢牢抓住做大蛋糕这一主线

持续做大做强民营经济,充分激发市场主体活力,形成了大众创业、全民致富、先富带动后富的持续创富之路。民营经济是"富民经济",是持续做大蛋糕、持续造富"永动机"。台州路桥区鼓励和支持全民创业,是一个盛产企业家的地方。民营企业一度占企业总数的99%,路桥区有46万总人口约15万户家庭,市场主体高达8万多家,平均每两三户就有一户经商办企业。路桥区中等及以上收入家庭占比高达82.8%,2023年全区居民人均可支配收入74827元,其中,城镇居民人均可支配收入89028元(全省第二),农村居民人均可支配收入45542元,分别是全省同一指标的1.2倍、1.21倍和1.16倍,居民消费恩格尔系数为27.1%,总体跨入富裕阶段。民营经济发展显著提高了居民的高经营性收入和财产性收入,形成收入多元化的增富效应。2023年路桥区居民人均可支配收入中,经营性收入和财产性收入占比达23.6%和15.7%,分别高于全省平均水平6.9个和3.5个百分点;工资性收入和转移性收入占比为50.1%和10.7%,分别低于全省平均水平5.9个和4.4个百分点,增富效果显著。[1]

二、集体经济共富:盘活农村特色资源

创新产业兴村、市场兴村等模式,培育壮大集体经济新优势,多渠道促进农民增收致富,实现城乡同富。提高农民收入、缩小城乡差距是推进共同富裕的重点难点。路桥始终坚持创新发展集体经济,因村制宜选准发展路

---

[1] 参阅台州市路桥区统计局:《2023年路桥区国民经济和社会发展统计公报》,2024年5月6日。

子,拓展村集体收入,在富村富民方面成效显著。在摸清村集体的土地、山林、水库等"家底"的基础上,宜工则工、宜农则农、宜林则林、宜商则商、宜游则游,既有打造文旅项目兴村、开发生态资源兴村,也有经营各类市场的"以市兴村"模式。全区63家市场中,村级集体就有33家,占比一半以上。2022年全区村集体资产总额达77.47亿元,村均3397.84万元。村集体经济总收入11.52亿元,收入在100万元以上的村社有182个,收入超过1000万元的有27个村社。2022年年底,已实现"年家庭人均收入8000元以下"、"两不愁、三保障"突出问题和"集体经济薄弱村"三个全部清零。与时俱进创新经营模式,化解"小富即安"、经营理念陈旧、发展后劲不足等持续发展难题。村集体专注发展专业市场,构建开放可持续的产业发展平台,并引进经理人团队,制定稳妥的投资策略,实现村民一人一股、全员参股,形成了持续发展的良好态势。

三、特色产业造富:探索先富带后富的具体路径

蓬勃发展的特色产业推动了社会财富的快速积累和居民收入的持续增加,改革开放以来,路桥坚持"工业强区、商贸兴区、工贸互动"的发展战略,形成了汽车、机电、塑料、金属加工、智能卫浴、植保机械、商贸流通、优质林果等特色产业。路桥特色产业发展中,在先富的引领和示范作用下,人带人、厂带厂的现象非常普遍,一个人创业,带动了身边一群人创业,发展出一条产业链;众多中小企业基于产业链分工在空间上的聚集,形成了汽摩配、机电、卫浴等6大产业集群。特色产业的发展过程就是一个先富带后富、先富帮后富,逐步实现共同富裕的过程。依托特色产业的发展,路桥区生产总值、财政收入和居民收入保持持续较快增长,实现了经济实力的显著跃升,书写了高水平全面小康的路桥答卷。2023年,路桥区实现地区生产总值783.3亿元,财政总收入92.88亿元,以占全市7.6%的人口和2.9%的土地,创造了台州市12.72%的生产总值和10.36%的财政总收入。

四、专业市场兴富:增加居民经营性收入

建一个市场、带一批产业、活一方经济、富一方百姓、兴一座城镇,专业市场的发展增加了居民经营性收入,是路桥开启共同富裕之路的金钥匙。路桥素有"百路千桥万家市"的美誉。改革开放迅速激活了历史积淀的商业文化传统。专业市场是一个富民产业,通过办市场、兴商贸,一大批路桥人赢得了致富路上的"第一桶金"。从普通商品流通载体到"中间品市场""共享式"销售网络,再到双循环节点,专业市场拓宽了销售市场,集聚了要素资源,深化了产业分工,促进了经济循环,形成了专业市场与区域特色产业相互促进的良性互动机制。截至 2022 年年底,全区拥有各类专业市场 63 家,共有各类市场主体 86240 个,市场成交额 451.67 亿元,其中超百亿元市场 2 家。经营性收入已成为路桥居民收入的重要来源。

五、小微金融助富:金融"活水"扶持小微企业和农户增收创富

长期深耕普惠金融,通过面向基层布点、创新信贷服务和风控技术,金融"活水"扶持小微企业和农户增收创富,这是路桥迈向共同富裕的助推器。共同富裕必须提高金融包容性,要求金融服务惠及所有群体,特别关注草根群体的金融服务权利。小微企业发展和农户增收是共同富裕的薄弱环节,也是推动共同富裕的重要着力点。路桥是台州小微金改创新试验区的主要实践地,长期深耕普惠金融,在降低收入差距、扶持小微企业发展和农户增收等方面发挥了重要作用。主要表现在:一是利率低授信广,真正实现金融"普惠"。2022 年路桥农商银行对全区家庭金融授信覆盖率达 92.3%,贷款支持覆盖率达 55.4%,平均贷款利率大多在 3%—5%。这为农民创业、资金周转、消费支持提供了重要的金融保障。二是构建特色信用体系,践行"让守信用的人先富起来"。基于企业"三品三表"(企业主的人品,经营的产品和押品,客户的水电、电表、海关报表)和个人"两有一无"标准(有劳动

意愿、有劳动能力、无不良嗜好），构建科学有效的信用体系，既化解信息不对称难题，又激励市场主体维护良好信用。三是创新驻村式金融服务形式，与小微企业和个体户形成"同成长、共富裕"的金融生态。路桥小微金融机构长期"扎根当地、精准服务"，客户经理就像驻村干部一样长驻某一区块，主动上家门、上市场为客户提供金融服务，建立长期互信、及时发现基层群体需求、无缝对接金融支持。

六、民生优享齐富：建立全区统筹的公共服务体系

实现全域基本公共服务全覆盖、高水平、均等化，从支持经济发展向民生改善延伸，促进低收入群体和外来居民共享共富。路桥通过提高公共服务统筹层级，高水平兜底社会保障，实现住房、教育、医疗等公共服务的全区统筹，提升低收入群众获得感。始终把高水平保障低收入困难群众的基本生活作为推进共同富裕的重要着力点，逐步提高最低生活保障标准、教育补助标准和医疗救助补偿标准，低收入困难群众的获得感明显提高。2023 年路桥区最低生活保障补差率达 85%，居全市第一、全省前列。低收入农户子女教育补助水平高于省定标准 300—1000 元。义务教育阶段低收入农户家庭小学寄宿生生活补助标准从省定 1000 元/人·年提高到 1600 元/人·年，初中寄宿生生活补助标准从省定 1250 元/人·年提高 2000 元/人·年，非寄宿生生活补助标准减半。普通高中教育阶段低收入农户家庭学生享受国家助学金，在省定标准平均每生每年 2000 元基础上，区财政再补助每生每年 1000 元。基本实现低收入农户看病不要钱。低收入农户在路桥区属医院就诊，住院治疗费用中自付费用 1 万元以内部分免费，超出 1 万元的部分通过慈善予以救助。

全区交通教育医疗等优质资源共建共享，推动城乡公共服务一体化发展。目前已实现城乡公交服务全覆盖，全区所有镇（街道）通高等级公路，在全省城乡客运一体化发展水平评价中被评为 5A 级。建成全国义务教育发展基本均衡区，城市优质教育资源加快向乡村延伸，每年选派特级教师、

教学名师到乡村学校开展结对帮扶和送培送教活动,公办幼儿园和中小学教育加快向外来人口的随迁子女覆盖。基本实现城乡医疗一体化,全面深化"医共体"改革,扎实开展"双下沉、两提升"工程,城乡居民在家门口就能看上医、看好医,2023 年住院医疗费用"零支付"人数达 100%。

第 八 章

打造未来社区、未来乡村
建设共同富裕现代化基本单元

　　未来社区、未来乡村建设的核心要义,是以美好生活为目标追求、美丽宜居为环境底色、智慧互联为基本特征、绿色低碳为核心理念、创新创业为时代风尚、和睦共治为治理方式,打造以人为核心的共同富裕基本单元。党的二十届三中全会提出:"推行由常住地登记户口提供基本公共服务制度,推动符合条件的农业转移人口社会保险、住房保障、随迁子女义务教育等享有同迁入地户籍人口同等权利,加快农业转移人口市民化。"①建设未来社区、未来乡村,是打造共同富裕现代化基本单元的必然要求,是提升基层治理体系和治理能力的一场深刻革命。未来社区、未来乡村是对传统村社建设模式的系统性重构,是一个系统工程。要把优质公共服务贯穿到未来社区、未来乡村建设的全过程、各环节,精心做好顶层设计,统筹协调、整体推进、督促落实。要高标准规划设计,通过"微改造"的方式,以小切口推动大场景,嵌入可操作、适配高的场景功能。

---

　　① 《中共中央关于进一步全面深化改革　推进中国式现代化的决定》,人民出版社2024年版,第22页。

第一节 共同富裕现代化基本单元的
重大意义与基本要求

中共浙江省第十四次代表大会作出了高水平全面建成小康社会和高水平推进社会主义现代化建设的战略部署,确立了共创共享高质量发展、高品质生活的浙江主旋律,决定了浙江城市发展和社区建设新的时代使命。2021 年 7 月,浙江省委省政府正式发布《浙江高质量发展建设共同富裕示范区实施方案(2021—2025 年)》,标志着浙江省探索共同富裕示范区的实践已经开始全面推进。实施方案指出,大力建设共同富裕现代化基本单元,在全省域推进未来社区建设。未来社区作为共同富裕现代化基本单元,是推动共同富裕从宏观到微观落地的重要载体,既是共同富裕示范区建设的"细胞",也是共同富裕示范区建设的"试验田"。未来社区是浙江打造"重要窗口"的一项标志性成果,也是高质量发展建设共同富裕示范区的重要内容。

一、共同富裕现代化基本单元的重大意义

(一) 展示浙江高质量建设共同富裕示范区的"重要窗口"

以小区(街区)为基本单元的社区是城市的细胞,是承载人类城市生活的基本单元,也是一个城市品质发展水平的重要标志。社区是一个立体的概念,涵括了居住形态、关系形态、组织形态、街区形态、文化形态、生产形态等极其丰富的内涵,成为人类社会最具基础性的社会单元。在我国城市化进程不断加快的同时,生态环境、社区发展、社会治理等较为滞后,生活成本高、居住环境差、交通拥堵、社会服务跟不上等一系列城市问题也逐渐凸显。随着社会的主要矛盾已经转化为人民日益增长的美好生活需要和不平衡不充分的发展之间的矛盾,人民群众对高品质社区的需求日益迫切,社区特别

是城市社区,在共同体建设中往往面临着人口集聚性、异质性、流动性的巨大挑战,在人民群众对美好生活的向往和现实的社区居住环境、社区公共服务和社区社会关系之间,存在着很大张力。因此,不断出现的城市病和居民对高品质生活的追求,对传统社区以及治理模式提出了严峻的挑战,未来社区是在深刻反思社区发展的基础之上形成的新的理解建构机制,构建未来社区是时代之所需,是民众之所待,是满足人民群众对美好生活向往的重要载体。

所谓未来社区建设,主要是将城乡社区纳入未来发展的视域之下,引入技术、生态、社会、生活等变量,运用整体、综合性的观念和行动来超前性地解决城乡社区所面临的各种各样的问题,以致力于社区经济、社会、文化、生活环境等各个方面发生具有积极意义的变动,进而使得城乡社区生活获得长远而持续的改善和提高。未来社区在国外发达国家已经进行了不少的探索和发展,近年来逐渐成为社区发展的方向和热点。未来社区是新一轮科技革命和产业变革同行的城市文明产物,主要以城市交通、能源、通信等领域更迭加速为基础,实现社区形态、功能和管理创新,其最大的特征在于其内涵迭代升级的丰富性和技术变革性。从生态社区、智能社区、健康社区,到零碳社区、智慧社区、共享社区,都是未来社区的基本特征,代表了智慧、复合、绿色、共享等与时俱进的时代新要求。未来社区注重突出现实虚拟结合、系统集成创新,通过移动互联、物联网、云技术、大数据、人工智能等前沿技术运用,对社区环境与建设运营模式进行系统集成创新,实现社区建设和运营治理的"未来化"。

长期以来,浙江在小镇级别的区域组织上进行了多年的探索实践,从过去的块状经济、县域经济的产业集群,到近期的特色小镇建设,都是实现产业创新的集聚平台。然而,浙江对城市治理的重心和基本单元——社区探索得较少,共同富裕示范区建设为浙江的社区治理实践创造了重要机遇,是促进城市有机更新的有力抓手,也是带动浙江省经济高质量发展的标志性项目。2019 年 3 月 20 日,浙江省政府印发《浙江省未来社区建设试点工作方案》,在新时代构建共建共治共享社会治理新格局的背景下,率先推出中国版的未来社区综合建设模式,提出"将聚焦人本化、生态化、数字化三维价值坐标,以和睦共治、绿色集约、智慧共享为内涵特征,突出高品质生活主轴,构建以未来邻里、教育、健康、创业、建筑、交通、低碳、服务和治理等九大场景创新为重点的集成系统,打造有归属感、舒适感和未来感的新型城市功能单元,促进人的全面发展和社会进步",并从城市规划、组织体制创新、技术支撑、文化发掘等方面,作出系统全面的未来社区建议。通过未来社区建设,把技术创新和城市社区品质提升的群众需求有机结合,将社区治理实践推向一个新的发展阶段,有望打造为浙江高质量发展建设共同富裕示范区的新金字招牌。

（二）建设共同富裕先行示范区的微观试验场

建设共同富裕美好社会,是充满生机活力的阶梯式递进、渐进式发展的过程,是从低层次共同富裕向高层次共同富裕跃升的过程,是从局部共同富裕到整体共同富裕拓展的过程,要积小胜为大胜,以小切口牵引大突破。社区作为城市最基本的功能单元,将其打造为人民群众共建共享现代化生活的美好家园,关乎人民精神生活丰富、人与自然和谐共生、社会团结和睦的文明图景的基础。未来社区作为共同富裕现代化基本单元,是推动共同富裕从宏观到微观落地的重要载体,既是共同富裕示范区建设的"细胞",也是共同富裕示范区建设的缩影。

共同富裕示范区建设需要立足国情省情,对当前存在的体制机制障碍进行全面深化改革,未来社区建设正是引领浙江社会治理创新走在前列的改革要求。尽管在社区治理领域,浙江积累了一系列经验,走在全国前列,但是仍然面临一些长期累积的体制机制障碍,需要以未来社区建设为契机进行改革突破。例如,社区居委会、业委会、物业公司依然存在"三张皮"矛盾,如何破除粗放式社区管理积弊,探索党建引领的社区科学治理架构,一直是改革的深水区和硬骨头。再如,社区建设过程中存在人文价值缺失的情况,如何树立"以人为本"价值坐标,重塑邻里关系,推进历史文脉传承和文化再生,强化人文氛围、规则意识等社区软实力,推进社区自治与居民参与式治理,创造有利于人才落户的新机制等,也已成为社区治理补短板的重要内容。此外,现有社区管理模式难以符合时代发展需要,特别是在互联网时代的大背景下,不少传统旧社区面临精细化服务不足、智能化支撑不强问题,如何加快以智能化建设带动精细化服务、支撑科学化管理,创新建立覆盖社区全生命周期的智能化运营管理系统,上接城市大脑,下连家庭小脑,融合政务服务系统,已经成为探索以数字化引领社区智慧治理变革的改革重任。这些都是未来社区建设面临的问题,也是共同富裕基本单元建设的短板与不足,需要在未来社区建设试点工作中,通过体制机制创新着重加以解决。因此,未来社区为浙江省共同富裕示范区建设提供了重要的微观试验场和微观实践平台。

（三）承载共同富裕内涵的重要载体

共同富裕以满足人民日益增长的美好生活需要为根本目的,是全体人民通过辛勤劳动和相互帮助,普遍达到生活富裕富足、精神自信自强、环境宜居宜业、社会和谐和睦、公共服务普及普惠,实现人的全面发展和社会全面进步,共享改革发展成果和幸福美好生活。未来社区作为共同富裕现代化基本单元,从内涵看,是"以人民为中心"美好生活家园的迭代提升,体现了鲜明的家园属性和民生属性。从目标看,最终指向打造绿色低碳智慧的"有机生命体"、宜居宜业宜游的"生活共同体"、资源高效配置的"社会综合体",与共同富裕示范区建设"人文之美更加彰显""生态之美更加彰显""和谐之美更加彰显"的发展目标高度一致,是共同富裕的题中之义。

未来社区是共同富裕内涵精神的关键载体,是托举起民众对美好生活向往的重要载体。2023年,浙江全省城市化率74.2%,大约4917万人常住在城市和城镇社区。随着居民需求不断升级,人们对社区不再满足于单一的居住功能,对社区提出极大挑战。未来社区立足于以人为本的价值追求,更好地回答社区为谁服务、社区转型是为了什么这一命题。它将一项项民生工程、一件件民生实事贯穿其中,集成了各种资源满足人民对美好生活的需要。无论是众多老旧小区加装电梯、增设车位、环境整治等一系列改善生活品质的措施，还是新社区应用现代科技手段和建设新理念为生活方式变革赋能的行动，不仅能更好地满足居民的生理需求、安全需求，还能更好地实现社交需求、尊重需求乃至自我实现的需求，有力地促进需求升级，让居民的美好生活更实在、更具体、更丰富。

作为共同富裕基本单元的未来社区，也是城市有机更新的关键载体。我国人居环境科学的创建者吴良镛教授认为，城市是如同生物体一样的有机联系、和谐共处的鲜活的生命体。和以前大拆大建的城市更新模式不同，未来社区建设遵从城市内在的规律，实现旧功能升级，新功能注入，顺应城市肌理，在打造中分类施策，对改造项目进行小微尺度的更新，对新建项目则进行大片区的更新。比如，在 2022 年浙江省首批未来社区试点 24 个名单中，绝大多数对象瞄准城市建成区内 20 世纪 70—90 年代老旧小区，即房龄四五十年的老小区是试点主力军，这些老旧小区迫切需要有机更新。在未来社区项目改造时，要摸清居民真实诉求，重视对老旧小区生活内涵和社区网络的保护，避免一刀切"推倒重建"的方式，既改善小区配套和提升各项服务，又维护和丰富老旧小区自身特色。在推进未来社区建设中，无论是改造项目的小微尺度的更新，还是新建项目大片区的更新，妥善地处理了目前和将来、局部和整体的关系，顺应了城市发展的纹理，促进了"社会综合体""生活共同体""有机生命体"的打造，推动城市在可持续发展的基础上实现有机更新。

（四）探索共同富裕可感可及可体验的现代化应用场景

数字经济已经成为我国经济高质量发展的重要引擎，以数字化驱动制度重塑，在共同富裕场景下重塑政府、社会、企业和个人的关系，率先形成与数字变革时代相适应的生产方式、生活方式、治理方式，是高质量建设共同富裕示范区的未来方向。因此，构建高质量发展建设的共同富裕示范区要以全面深化数字化改革为重要保障，未来社区是浙江数字经济"一号工程"创新落地单元，是浙江数字社会建设的重要载体，更是数字化改革引领共同富裕示范区建设的重要单元。

建设共同富裕基本单元,需要围绕满足人民美好生活向往这个中心,加强数字赋能未来社区治理,推动未来社区管理现代化、服务精准化、参与常态化,实现社区治理流程再造、规则重构、功能塑造、生态构建。特别是要将未来社区与城市大脑共同构成数字化改革五大系统之一——数字社会系统的核心业务场景,通过承载数字社会多跨场景精准落地,探索实现社会空间数字化、社会服务共享化、社会政策精准化,不断增强人民群众的获得感、幸福感、安全感和认同感,切实推动共同富裕看得见、摸得着、真实可感。

依托未来社区推动数字社会建设,可以将现代化的场景"实景化"呈现。一方面,以城市大脑为支撑,打造一批跨部门多业务协同应用,为社会空间所有人提供全链条、全周期的多样、均等、便捷的社会服务。推动"九场景"集成式、协同式落地,系统性、集群式推动发展数字生活新服务、新业态、新模式,形成 5 分钟、10 分钟、15 分钟服务圈以及全天候服务链、全人群服务面,拓展和满足群众更高层次、更多样化、更均等化的需求,提升人民群众的获得感幸福感安全感。另一方面,以数字化改革撬动各领域改革,探索建立社区整体智治路径,突出搭建社区数字治理平台,探索制定未来社区智慧化标准,构建业务协同模型、数据共享模型,推动基层事务高效协同、流程再造、智能服务,有机贯通城市"大脑"、社区"中脑"、家庭"小脑",打造现实与数字"孪生"社区。因此,未来社区建设是数字技术的应用中心,为居民提供了可感可及可体验的现代化应用场景,将现代化的蓝图远景与落地实践"精准对接""高效转化"。

二、建设共同富裕现代化基本单元的基本要求

浙江需要不断强化以人为本的理念,坚持面向未来的现代化导向,推进多跨应用场景快速有效落地,把未来社区打造成为数字社会综合应用核心业务场景,推动生活方式变革、生产方式重组、生产关系再造,高质量推进城乡未来社区社会建设,积极塑造共同富裕现代化基本单元。

（一）聚焦以人为本，满足人民对美好生活的向往

满足人民对美好生活的向往，是共产党人的政治初心和奋斗目标。随着中国特色社会主义进入新时代，进一步完善城市治理体系、提高城市治理能力，为人民群众创造更高品质的生活质量，成为满足人民日益增长的美好生活需要的重要一环。

未来社区作为共同富裕现代化基本单元，根本原则是以人为本，以满足群众需求为导向，注重体现人文多样性、包容性和差异性，一切规划与设计都将围绕人的便利、人的健康、人的安全、人的尊严、人的幸福等进行考虑。未来社区着眼将居住环境的质量和人的幸福与邻里间的关系紧密结合。一方面，城市化进程已进入新阶段，粗放型"摊大饼"式城市空间资源利用模式已难以为继，寻找城市高质量发展转型突破口已成当务之急。以老旧建筑改造、公共空间设计、交通出行改善、智慧设施升级、公共服务提升等为重点，提升居住环境，满足居民全方位的居住需求。另一方面，未来社区是以实现人与人和谐为价值追求、满足居民美好生活向往的新型城市功能单元，其建设目标是实现"人的城市化"，让现代城市更有"温度"。需要打造全生活链服务，涵盖教育、医疗、创业、商业等百姓物质和精神生活的方方面面，实现服务需求全覆盖、服务时段全覆盖、服务对象全覆盖。此外，还应着力营造"近邻胜于远亲"的浓郁人文氛围，以城市文化、邻里文化、家庭文化为重点，营造新型城市精神和社区人文氛围。通过为城市居民提供更优质和个性化的生活服务、更高质量的生活环境、更包容友好的生活氛围，使居民更有获得感、幸福感和安全感，让城市更有归属感、温暖感。

（二）聚焦数字赋能，一体化推进未来社区与数字社会融合发展

未来社区建设处在全球新一轮科技和产业革命的历史背景下，面临万物互联智能化时代的新机遇，积极利用互联网、物联网、大数据、云计算、人工智能等先进技术赋能社区高质量发展。当前，浙江正全面推进数字化改革，未来社区作为数字化综合应用核心业务场景，加速数字赋能是其不二选择。

　　未来社区的关键内容是数字化建设,强调以科技来重构未来城市的人居体验感,让城市现代化更具智慧与活力。要以实现人与科技和谐为价值追求,发挥科技赋能的力量,注重数字化技术在社区建设过程中的应用,打造与实体社区镜像的"数字孪生社区"。一方面,建设未来社区数字平台,由未来社区服务应用商城和社区智慧服务平台支撑,以"服务+创新"为根本理念,打通城市大脑和社区智慧服务平台的数据,实现"规划设计、建设施工、运营管理"全生命周期数字化。另一方面,通过将现实和虚拟、线上和线下打通,为居民提供高精准匹配、零距离服务、零延迟响应的集成服务。通过大数据集成与信息技术应用,围绕未来社区九大场景,打造一批"邻里帮""邻里停""邻里社群"等"邻系列"未来社区生活场景,以新技术、新业态、新模式实现社区居民供需信息精准匹配,提升社区服务的精准化、精细化水平。数字化的未来社区,作为智慧城市的社区智慧中脑,上联城市智慧大脑、下接家庭智慧小脑,从高效社区营建、精准服务供给、便捷智慧出行等多方面,让城市更具智慧、更加高效。

　　(三)聚焦共建共治,实现全生命周期公共服务优质共享

　　党的十八大以来,浙江加快推进社会建设,在改善保障民生、加快社会事业发展方面取得显著成就,实现了高水平全面建成小康社会的目标,社会建设总体上走在全国前列。当前,浙江省处于高质量建设社会主义现代化建设先行省和共同富裕示范区的关键时期,社会建设仍然存在诸多问题短板,既有总量上的不足,也有结构性的突出矛盾,特别是现代化社会治理存在短板,平安、高效、智能的整体智治效能尚未充分发挥,公共服务供给的精准性不够高。

　　社区是居民的生活家园,共享共富是追求目标,共建共治亦是打造重点,要结合政府、企业、居民等多方力量,通过共商、共建、共治、共享,实现公共服务的普惠化、均等化、共享化。一方面,在公共空间上,规划邻里中心、社区综合服务平台,提供相对完善的物质条件和社会基础,包括"双创"空间、共享学习平台和医疗资源等,形成功能集成、覆盖全面、便民惠民的社区

服务圈。另一方面,在公共服务上,通过"智慧医疗""社区文化"等社会事业领域12个"有"多跨场景落地未来社区,在幼有所育、学有所教、劳有所得、病有所医、老有所养、住有所居、弱有所扶等方面不断突破,有效扩大高品质公共服务供给,显著提升公共服务质效。从整体上推动人的全生命周期优质公共服务优质共享,促进人的全面发展和社会全面进步。

（四）面向未来发展,打造现代产业的要素集聚平台

未来社区应该牢牢把握"面向未来"的现代化属性,以"未来"为着眼点,以"新"的模式和技术构建现代化先行场景。未来社区不仅仅是一个简单的居住功能,而是集生产、生活、生态于一体的有机体。未来社区包含邻里、教育、健康、创业、建筑、交通、能源、物业和治理等九大创新场景,将云计算、大数据、人工智能、物联网等新一代信息技术嵌入其中,形成一个个新兴城市功能单元,既用科技进一步提升老百姓的居住生活品质,又促进相关产业转型升级。

由此可见,未来社区既是一项民生工程,更是一项产业创新工程。一方面,建设未来社区需要构建完善的九大场景功能空间,滚动实施、整体推进包含全拆重建、拆改结合、综合提升、规划新建等多类别项目的全域未来社区建设。推广集约高效的以公共交通为导向的开发布局模式,推动立体空间复合开发和美化绿化,推进5G网络、新能源汽车充电桩等新基建和传统设施智慧改造,构建社区智慧服务平台,夯实韧性社区、智慧社区的设施基础和数字基底。塑造宜居的社区景观,将社区公园、街头绿地等地面绿化,与屋顶花园、阳台绿槽等垂直绿化相结合,建设复合型立体绿化系统,营造社区"森林",为居民创造现代便捷、绿色低碳的生活环境。另一方面,未来社区建设需要开拓相关产业施展的新领域,给众多产业带来新机遇和新平台。在构建未来社区新理念引领下,倒逼诸如城市规划、房地产管理、建筑施工、生态环保、能源输送、教育医疗、休闲娱乐、交通运输、再生利用等传统产业转型升级,催生云计算、人工智能、大数据、物联网等新领域的蓬勃发展,立足产业创新,为社区居民提供中高端就业岗位,使城乡未来社区成为

现代化建设的要素集聚平台。

第二节　建设城镇未来社区基本单元
打造精致生活场景

一、加强高标准谋划与系统性供给，打响"两个高水平"建设新名片

根据《关于全力打好高质量发展组合拳的意见》、浙江省大湾区大花园大通道大都市区建设行动计划和近年来浙江省《政府工作报告》的要求，扎实推进"两个高水平"建设，切实改善大民生、带动大产业、驱动大投资、促进大转型，省政府对未来社区建设工作进行了系统谋划部署。以《浙江省未来社区建设试点工作方案》印发为标志，浙江未来社区建设试点工作全面启动，加强顶层设计、明确创建标准、坚持问题导向、精心谋划部署，进一步突出前瞻性、系统性、科学性，打响浙江"两个高水平"建设新名片。

（一）准确把握独特内涵，加强顶层设计与高标准谋划

《浙江省未来社区建设试点工作方案》对未来社区的内涵作出了明确定义，提出"139"顶层设计，为浙江人居高质量发展提供原创性、系统性和可操作的未来社区样板。具体来说，就是以人民美好生活向往为中心，聚焦人本化、生态化、数字化三维价值坐标，以和睦共治、绿色集约、智慧共享为内涵特征，突出高品质生活主轴，构建以未来邻里、教育、健康、创业、建筑、交通、低碳、服务和治理等九大场景创新为重点的集成系统，打造有归属感、舒适感和未来感的新型城市功能单元，促进人的全面发展和社会进步。

从未来社区的内涵来看，《浙江省未来社区建设试点工作方案》聚焦人本化、生态化、数字化三大价值坐标，为浙江未来社区建设提出了明确的工作目标和建设要求，勾勒出的浙江未来社区九大场景，涵盖了未来社区的方方面面。

强化数字赋能推动制度重构。在全省数字化改革的大背景下,推进未来社区和数字社会深度融合尤其需要注重数字赋能,将数字化手段与社区整体智治融合起来,依托5G、大数据、物联网、人工智能,丰富未来社区数字应用场景,对存量未来社区进行数字化改造,新(重)建类未来社区先试先用智慧服务平台,构建空间、服务、治理多领域社区智慧环境,提升居民服务体验。

突破传统思维重塑更新模式。未来社区是人民幸福美好家园,要更加聚焦"住房+服务"本质、家园属性,坚持"房住不炒"的定位,推动"九场景"落地,实现从造房子向造社区、造生活转变。因此,在价值观念上,未来社区建设需要从传统"以开发商为核心"的项目管理思维转为摆脱房地产路径依赖,回归民生和社会属性,引导开发商向城市运营商、生活服务商转型升级。特别是要将未来社区建设与新型城镇化、数字化改革、城市更新、城市体检、老旧小区改造等相关工作融合起来统筹谋划,强化工作联动和政策集成,推动未来社区建设加快落地见效。

以数字智能化为导向。随着人们对美好生活需求的增加,与传统社区相比,对"未来社区"的建设发展提出了更高的要求,其主要集中在利用数字化、信息化手段,精准对接居民的多样化需求,整合社会各种资源,提高社区的服务水平及其承载力。因此,在"未来社区"建设过程中,我们应充分利用大数据、互联网、人工智能等技术,着力打造智慧家居、数字化医疗、电商平台、智能化教育等,完善居民智能服务终端和公共服务设施建设,进而拉近人与人之间的距离,打通人与物、人与社区、社区与社区间的屏障。利用新技术,新手段以数字智能化为导向,打破老旧小区改造的困难,提高社区的服务水平,实现传统社区的转型升级,建设智慧化社区。

以生态化为导向。在"未来社区"的建设过程中,生态、环保是永恒的主题,我们应该以生态化为价值导向,避免土地资源的浪费,提高房屋的利用率,睦邻友好;借助新技术和新手段充分利用太阳能,实现能源自给自足;打造资源共享、循环利用、集约高效的低碳化场景;营造绿色社区和田园社区。优化以公共交通为导向的开发模式。以公共交通利益最大化为原则，依托大湾区建设，聚焦于杭州、宁波两大社区，选择轨道交通等公共交通便利的地区进行依站点而建，并且建设集多元化功能于一体的综合型社区，从而实现空间的集约开发，土地资源的节约，以及人与自然环境的和谐相处。

（二）明确建设路径，多角度推动系统性供给

关于未来社区建设的目标任务，全省将其划分了三个阶段：一是试点启动阶段，目前已经选定了首批 24 个省级试点，要努力"干一个、成一个"，打造成为全省未来社区的样板示范；二是增点扩面阶段，到 2021 年年底培育省级试点 100 个左右，形成一批可复制可推广的经验做法；三是全面推广阶段，2022 年开始全面复制推广，实现改善大民生、拉动大投资、发展大产业、驱动大创新的红利持续释放。

基于以上未来社区的建设路径，省委省政府提出需要把握三个方面：一要以改造更新为主，重点推进城镇老旧小区改造。未来社区试点分改造更新、规划新建两大类型，我们明确以改造更新类为主。这既是国家的要求，也是群众的迫切需要。2022 年选定的 24 个试点社区，21 个都是老旧小区改造项目，涉及用地面积 600 公顷，预计总投资 1300 亿元，直接受益居民12.26 万人，还将新增引进人才 4.34 万人。比如，始版桥社区，占地面积540 亩，有 65 幢建于 20 世纪 80 年代初的居民楼，常住人口 6000 多人。他们抓住试点机遇，摒弃"打补丁"式的修修补补，坚决全拆重建，规划地上建筑面积 70 万平方米，容积率 3.5—5.5，规划绿地率 15%、停车位 3278 个，回迁安置人口 7400 人，人才引进人口 1600 人，为居民创造"上城之上、空中坊巷"的全新美好生活。规划新建类则要严格落实房地产调控要求，按照"系统设计、去房地产化"的原则进行，推进房地产开发模式从"造房子"向"造社区、造生活"转型，以未来社区建设引领房地产业转型提升。这方面，新加坡社区建设的先进经验值得学习借鉴。萧山的瓜沥七彩小镇，就是借鉴新加坡经验，"全新规划建设＋老旧小区改造"于一体的试点项目，充分运用以公共交通为导向的模式的建设理念，建成符合中国老百姓生活习惯的

"新城镇文化生活综合体",预计受益居民 1.3 万人以上。

二要以市场化方式推进,更好发挥政府引导作用。未来社区建设是深化市场化改革的生动实践,要坚持有为政府和有效市场并重,充分调动市场主体积极性,央企投资、国资、民资、外资共同参与,共同推进规划建设。充分发挥未来社区产业联盟的作用,做强做优产业链、整合提升供应链,使相关企业以一个整体投入建设运营。探索带方案土地出让方式,优先采取"全过程咨询+工程总承包"模式,引入总承包商、全过程咨询师、综合服务运营商等新兴主体,实现建设运营全过程有序可控。政府的引导作用主要体现在规划引导、标准引导、评价引导上,要统筹做好顶层设计,建立健全未来社区项目储备库,抓紧出台未来社区创建导则和工作指南,以政府有为确保市场有效、企业有利、百姓受益。

三要深化央地务实合作,实现互利共赢。要充分发挥央企名企和浙江省优质企业的优势互补作用,促进资源协同、技术协同、人才协同,在前沿技术攻关、关联产业发展等方面打造央地之间务实合作的样板示范。浙江省相关企业要深化与央企名企合作,共同打造产业生态圈,推动更多技术研发成果在未来社区试点先行先试,加快成长为行业领军企业。要建立健全央地之间的紧密型人才合作培养机制,尤其是针对全过程工程咨询、立体绿化、智慧运营等人才紧缺的重点领域,不定期开展合作交流,充实人才储备。试点社区所在的市、县要主动加强与央企名企交流对接,共同研究制订项目推进工作计划,做到季度有形象、年度有成果,让央企名企在试点项目实施中得资产、得品牌、得市场。

按照"139"顶层设计内涵,高质量推进未来九大场景建设任务。以营造特色邻里文化、创新邻里贡献积分机制、打造邻里互助生活共同体等为重点,构建"远亲不如近邻"的未来邻里场景。以推进 3 岁以下托育全覆盖和幼小提升扩容、打造"名师名校在身边"青少年教育平台、搭建"人人为师"共享学习机制等为抓手,构建"终身学习"的未来教育场景。促进基本健康服务全覆盖,居家养老助残服务全覆盖,构建"名医名院"零距离服务机制等举措,构建"全民康养"的未来健康场景。通过搭建社区"双创"空间、激发共享经济潜能、建立住房租售"定对象、限价格"等特色人才落户机制等方式,构建"大众创新"的未来创业场景。通过推进"大疏大密"集约高效的以公共交通为导向的布局模式、打造绿色宜居空间与社区精神地标、搭建数字化全生命周期管理城市信息模型平台等举措,打造"艺术与风貌交融"的未来建筑场景。通过创新车位共享停车管理机制、充电设施供给、车路协同探索、街道分级、慢行交通便利化设计、出行链一体化定制、智慧物流服务集成等手段,构建"5、10、30分钟出行圈"未来交通场景。以多能协同低碳能源系统、分类分级资源循环利用系统、互利共赢运营模式创新,构建"循环无废"的未来低碳场景。通过推广"平台+管家"物业服务模式、创新社区居民基本物业服务免费和增值服务收费的持续运营机制、建立便民惠民社区商业服务圈、建设无盲区安全防护网等方式,构建"优质生活零距离"的未来服务场景。以打造党建引领的治理组织、采用居民志愿参与的自治方式、搭建数字化精益管理平台等为抓手,构建"党建引领的居民自治"的未来治理场景。

（三）试点政策创新,高质量体系化推进未来社区建设

未来社区建设要见成效,必须在政策供给上力求创新突破,充分挖掘政策潜力,让利于企业、让利于群众,确保试点项目高性价比落地。省委省政府重点做好顶层设计与政策引导,充分调动市场主体、投资主体积极性,激发社会活力,探索形成产业联盟支撑的可持续未来社区建设模式。鼓励大胆探索、迭代优化,创新设计、适度留白。充分发挥政策创新牵引作用,系统推进民生改善、产业培育、投资拉动和管理转型。坚持因地制宜,分类施策,推动未来社区模式多样化、差异化、特色化,形成百舸争流、百花齐放的建设格局。

未来社区建设过程中试点创建了一系列政策,在诸多方面作出了初步探索和政策突破。例如在空间政策方面,指出改造更新类项目,要在满足原有居民利益、符合建设标准的前提下,以多维度、全局性思维,探索改变原有

空间指标"一刀切"的简单化管控,适当增加容积率、突破平面绿地率限制、提升开发强度,通过增量面积租售基本实现资金平衡,让居民"搬得进、住得起、过得好"。在用地政策方面,规划新建类项目时,土地出让参照"标准地"做法,实行"带方案、带规划、带项目"出让,适当减免土地出让金和相关费用。对于土地复合利用、高效利用的再予以奖励,降低用地综合成本。试点项目认定命名后,可按增存挂钩机制奖励建设用地计划指标。在财政金融政策方面,改造更新类项目的土地出让金净收益,除上交国家部分外,全额返还县(市、区)用于试点建设。对试点成效突出、建成标杆性引领性示范性项目的县(市、区),省级财政将再予以奖励。鼓励金融机构信贷资源向未来社区试点项目倾斜,提供利率优惠。

未来社区建设统筹考虑不同城市、不同政策路径、不同类型环境和不同体量范围等因素,优先考虑公共交通便捷、地上地下空间高强度复合开发的区块开展试点。试点项目分为改造更新和规划新建两大类型,以改造更新类为主。改造更新类以 20 世纪 70—90 年代老旧小区为主体,鼓励采取全拆重建和插花式改修建等方式,综合政策处理难度小、居民意愿高、改造需求强等因素选择试点。规划新建类依托省重大发展平台,高铁、轨道交通站点,人口集聚潜力大等要求选择试点。按照系统设计、去房地产化要求,立足社区建设运营资金总体平衡。改造更新类在满足原权利人利益、符合未来社区建设标准、可市场化操作前提下,测算设定改造地块容积率,提升开发强度,通过地上地下增量面积的合理限价售租,基本实现资金平衡;规划新建类参照"标准地"做法,实行带方案土地出让模式,适度降低用地成本,提高综合配套水平。设置综合评价指标与九大场景分项评价指标,兼顾指标的约束性和引导性,以居民满意度为最终评判因素,以满足未来社区内涵要求为底线,形成不断提升的"领跑者"指标体系。县(市、区)人民政府作为试点创建主体,鼓励和支持优质国资、民资、外资投入未来社区建设运营、管理服务,鼓励优先采取"项目全过程咨询+工程总承包"管理服务方式。原则上规划新建类 2 年左右完成试点建设,改造更新类可放宽至 3 年左右。

建立省市县三级联动的未来社区建设工作机制,明确任务分工,强化协同推进,成立省未来社区建设研究机构和产业联盟,为未来社区建设发展提供咨询决策服务,配套土地、规划、资金、审批等多方面政策支持,强化未来社区建设试点要素保障。

二、培育产业平台投资平台需求平台,探索现代化"生产—生活—生态"居住新模式

未来社区是浙江首创,是在我国语境下人们追求跨越简单居住模式的新的生产—生活—生态耦合模式,它不仅是破解我国社会主要矛盾、满足人民群众美好生活需求的突破口,而且为加快新型城镇化进程提供了新方案,是培育新的经济增长点的新场景。

（一）驱动大投资,促进城市功能有机更新

面对经济下行压力大背景,聚焦20世纪70—90年代历史价值低的"老破小"改造,通过出招未来社区建设,既可以拉动社区建筑更新及其周边的水、电、路、信(信息化基础设施)等有效投资建设需求,又可以通过未来社区建设集约化导向,在"原拆原回"前提下,放宽开发强度制约,以配套设施和增量住宅开发回笼资金,实现自我财务循环,不给财政增加新负担,激发民间社会投资。

未来社区是新一轮有效投资的发展平台,将极大撬动民间投资。首批24个试点创建项目实施单元总面积801公顷,总投资2114亿元,是2018年全社会固定资产投资2.2万亿元的1/10,每平方公里投资264亿元。一是带动大产业。未来社区是培育新兴产业的重要抓手。未来社区建设助推关联产业发展,包括数字智能、节能环保、绿色装配式建筑等一大批新技术应用与关联产业发展;打造产业大平台,谋划招引一批重大产业项目,带动产业链发展,打造若干个未来社区关联产业大平台;成立产业联盟,充分发挥市场主体作用,积极支持创建产业联盟,倡导开放式合作,吸纳省内外优质企业参与未来社区建设。二是促进大转型。未来社区是城市现代化的新型

单元。推动城市经营向城市运营转型,让更多的"城长"变"市长",从依靠土地财政、负债经营方式转变为长周期运营模式,围绕居民需求提供高性价比综合服务,产生长期稳定的收益,并提升群众获得感。推动社区管理向公共管理转型,把未来社区作为数字经济一号工程创新落地单元,构建"云端城市大脑+社区平台中脑+居民终端小脑"的智慧管理体系,通过城市信息模型平台和智慧服务平台的搭建,落实未来社区实体建设和数字建设孪生成长。推动生活方式向绿色共享转型,依托轨道等公共交通,鼓励未来社区试点项目按照以公共交通为导向的模式提高空间混合开发强度,支持试点项目科学优化容积率、建筑高度等规划技术指标,支持立体绿化合理计入绿化率,允许试点项目防灾安全通道、错层挑空露台花园和底层架空空间等不计容,提高空间资源集约利用效率。鼓励各类社区公共服务设施集约化布置,营造一站式邻里生活。鼓励试点项目实行土地带方案出让模式。

（二）对接大需求,显著改善居民高品质生活

以 1988 年国务院出台的《关于在全国城镇分期分批推行住房制度改革实施方案的通知》为分水岭,在此之前建设的小区基本为低矮砖混结构住宅,之后开始逐渐出现多层无电梯住宅。到 1994 年国务院出台《关于深化城镇住房制度改革的决定》,以及 1998 年国务院印发《关于进一步深化城镇住房制度改革加快住房建设的通知》,浙江城市社区建设积累了不少老旧小区,成为现代化城市短板,存在一系列问题和隐患。例如,居住人群高龄化和租户化,黄金地段土地利用低效,建筑性能退化能耗高,公共配套缺失,交通环境和开放融合不适应等,迫切需要改造。

未来社区建设通过系统化重组老旧小区空间布局,提升资源配套水平,破解老旧小区停车难、电梯缺乏、设施管网老化等"老大难"问题,提升居民生活品质;通过信息化、智能化建设和精细化管理,利用物联网等技术统筹联接社区水、电、气、交通、公共服务等配套设施,监测、分析、整合各种数据满足居民需求,以数字化破解方案引领生活方式变革;通过提升高度降低城市密度,以更集约的土地承载更多城市人口,腾挪出的土地用于生活服务、

交通站点等综合配套开发,既解决土地资源紧张的制约,又实现居民生活、出行便利大提升,收获改善大民生的社会效应。

（三）带动大产业,促进经济社会转型发展

未来社区是承接科技革命和产业变革的集成平台。以"未来"一词蕴含的无限科技潜力需求遐想,为人工智能、物联网、云计算、大数据等先进科技在社区应用提供融合集成大舞台,催生产业新业态、新技术、新产品。

作为系统集成、功能复合、迭代升级的未来社区,物联网、云计算、人工智能等前沿技术将充分运用于社区基础设施、公共配套、物业管理、出行服务等各方面,具有楼宇资产和数字资产双重价值,衍生带动数字经济相关产业发展,包括硬件设备制造(如传感器、芯片、无线模组等)、网络通信、软件和信息服务、系统集成、运营服务等产业链环节,继而带动未来社区云上生活网络和智能产业链网络。建筑有机更新,又可以带动建材垃圾回收利用等循环经济产业。因此,未来社区建设将带动形成一个大产业,进而推动生产方式、生活方式的大转型。

通过未来社区建设,研究放开容积率限制,鼓励腾挪出的土地用于社区公共空间和基础设施建设,以配套服务运营回笼资金,实现传统依赖卖地维系的粗放式城市管理模式,向城市精细化运营转型;依托云端城市大脑,推进社区小脑建设,以数字技术引领,结合分布式能源、建筑信息模型、信息处理技术、绿色建筑等领域,集成应用于未来社区综合体建设、管理与运行,实现技术运用从单一环节向集成化应用转型。

三、打造有归属感、舒适感和未来感的新型城市功能单元

未来社区建设要按照"139"顶层设计内涵,打响"两个高水平"建设新名片。具体是以人民美好生活向往为中心,聚焦人本化、数字化、生态化三维价值坐标,突出高品质生活主轴,构建以未来邻里、教育、健康、创业、建筑、交通、低碳、服务和治理等九大场景为重点的集成系统,打造有归属感、舒适感和未来感的新型城市功能单元。未来社区建设要按照综合指标与九

大场景 33 个分项指标要求,兼顾约束性和引导性,鼓励在满足约束条件基础上百花齐放,根据需要不断迭代升级。

"未来邻里场景"定位是"城市文化公园",营造"远亲不如近邻"的人居氛围,重点解决重房地产轻人文、邻里关系淡漠、缺少文化交流载体平台等痛点。在这里,邻里空间更加艺术化,每个社区设计不同的色彩、形态,设计统一的标识品牌。统一配建体育健身、亲子活动、文艺活动以及婚丧嫁娶等重大聚会仪式、社区便民餐饮和个性化活动空间。未来社区里会采用电子认证、数字身份证、人脸识别、信用积分等方式,建立共享、声望两大积分体系,与居民行为规范关联,居民可通过志愿服务、邻里之间互帮互助,获得积分。通过积分兑换,可以享受社区个性化、定制化的特别服务。

"未来教育场景"主要服务社区全人群教育需求,实现"终身学习"教育目标,重点解决托育难入幼难、课外教育渠道有限、优质教育资源稀缺等痛点。为社区居民提供全托、半托、假期托管;配置四点半课堂、共享图书馆等;3 岁以下养育托管点成为社区"标配",提供全托、半托、假期托管等,专业托管员持证上岗;配套社区儿童生活体验工具房、社区涂鸦墙、户外骑行绿道等。家长们担心的学后托管问题将彻底得到解决,社区开设四点半课堂,民办教育资源、专业社工、大学生志愿者、社区热心家长为小学生提供学后辅导和看护服务。和品牌培训机构合作,比如在节假日,按照喜好选择科普考察、营地探险、户外活动、艺术创作等活动。针对成人和老年人,建立居民学习心愿单,组织线上线下教育活动。建设社区幸福学堂,配置"品质书屋"、亲子阅览室、共享图书馆、咖啡馆、沙龙会客厅等复合功能。

"未来健康场景"面向全人群与全生命周期,提供"全民康养"服务,重点解决社区医疗"看得起"但"看不好"、养老设施与服务缺失、健康多元化需求难以满足等痛点。例如,打造适老化住宅与普通住宅混合布局,老人在家门口养老,离家不离亲,与子女只有"一碗汤的距离"。实现 5 分钟步行到室内、室外健身点,15 分钟步行到健身场馆、球类场馆。社区里配置智能健身绿道、健身仓、全息互动系统;饮食上,针对不同人群健康需求,可自由定制"养生膳食"。建立全生命周期健康电子档案系统,推广可穿戴设备等智能终端设备,社区检查→上级人工/人工智能诊断→向上转诊+无缝对接,国内外名医名院专家在线问诊,"院前院后"都在社区解决。配建五星级养老服务机构,提供全托、日托、医疗、护理、餐饮、娱乐等一站式专业照护服务。

"未来创业场景"顺应未来生活与就业融合趋势,创造"大众创业"的社区场景,重点解决缺乏适宜创业的办公设施与环境、人才公寓供给不足、初始创业成本高等痛点。设立社区众筹平台,为居民创业提供零租金办公场所。社区里将配建 300 平方米以上的双创空间"未来创客厅",提供"共享办公+共享服务+人才公寓"三大功能服务。设立社区众筹平台,创业者发布项目,多轮路演,设定筹集目标,社区业主优先出资众筹,并获得收益。建立社区创业教育基地,定期举办双创大赛,邀请大咖入驻运营。邀请第三方为创业者提供品牌设计、专利申请、架构等全要素服务。规划新建人才公寓面积占比 6%—10%,政府配建人才公寓占比 30%—50%,其余面向市场,让"创者有其屋"。为社区居民创业提供零租金办公场所,提供水电补贴。使未来社区成为创新、创业的暖心"孵化器"。

"未来建筑场景"创新空间集约利用和功能集成,打造"艺术与风貌交融"的居住环境,重点解决土地集约利用率低、建筑品质不高、建筑风貌缺乏特色、公共场所与空间开发不足等痛点。建筑会围绕地铁站点等以公共交通为导向的站点,进行梯度混合开发;公共服务设施与交通站点、垂直交通和建筑间立体交通无缝衔接。绿色公共空间与邻里中心、广场、住宅、写字楼、沿街商业等各类建筑和场所会进行串联,形成有机整体。城市风貌整体会更有特色,"城市—社区—庭院"空间景观自然过渡,点缀布设雕塑、景观小品、邮箱、路灯等"城市家具"。集成 24 小时便利店、日杂店、物流配送终端、社区健身场所、共享单车等便民服务设施,分散布设在各居住街坊内。

"未来交通场景"突出差异化、多样化、全过程,构建"5、10、30分钟出行圈",重点解决停车难、公共交通不便、物流配送服务不完善等痛点。在重要建筑功能区之间建设风雨连廊和通道,打造"100—300—500 米"街区步行生活圈。社区人车分流,配建社区公共停车位和机械立体停车位,5 分钟可一键取车,停车难问题得到彻底解决。同时社区集成(加油、加气、充电)服务站,停车位充电桩 100%覆盖。日常出行、家门口步行 10 分钟内到达对外交通站点,路口间距不超过 300 米。未来试点无人车、无人机送快递、外卖服务,30 分钟内从社区到家门口。让人畅其行、车畅其道、物畅其流。

"未来低碳场景"聚焦多能集成、节约高效、供需协同、互利共赢,构建"循环无废"的低碳生活,重点解决能源供给方式单一、综合利用效率不高、资源利用方式粗放等问题。幕墙采用"呼吸式"光伏,阳台和屋顶花园使用光伏玻璃,社区公园是光伏长廊,屋顶是光伏瓦,路边是光伏路灯。预留氢能和燃料电池等新技术应用接口。居住的房屋,集中供暖供冷成为标配,告别空调和地暖,享受四季如春的环境体验。家家都是智能家居和家电,提供多元化供应套餐、差异化节能方案,大大降低能耗成本。雨水会回收利用,滴灌下凹式绿地花园,喷洒景观园林;厨余垃圾、大件垃圾、装修垃圾会分类投放。

"未来服务场景"围绕社区居民 24 小时生活需求,打造"优质生活零距离"的便捷模式,重点解决老旧小区物业服务不足、物业收费与服务品质不匹配、便民惠民服务设施覆盖不全等短板。社区将引入"平台+管家"智慧服务,接入社区管理智能设备,专业物业管家为居民服务,配套全天候安保服务、环境维护服务、社区活动、房屋增值等服务,配备超市、银行、餐饮、洗衣、美容美发、医药零食、菜场等十大服务,线上链接 O2O 个性化服务。由业主、第三方等通过平台对管家进行服务。社区安防,采用移动端(无人机、巡航机器人)+固定端(摄像头、智能门锁、电子围栏);社区里的设备,安装各类传感器、流量计等,实现消防预警、地图定位、一键式求助、联动报警等多项功能。在未来社区里,老旧小区物业服务不足、物业收费与服务品质不匹配、便民惠民服务设施不全问题统统解决。

"未来治理场景"依托社区数字精益管理平台,构建党建引领的"政府导治、居民自治、平台数治"的治理模式,重点解决社区居委会、业委会、物业公司矛盾突出、社区治理效率不高等问题。未来社区将由社区治理委员会来治理,成员包括居委会、社区工作站、业委会、驻辖区单位、社会组织及社区贤能人士。推举有声望、贡献积分高的居民作为代表,共同治理社区。建立未来社区自下而上的考评机制,做得好不好,全体居民说了算。彻底告别物业、居委会、业委会管理"三张皮"的困扰。建立社区时间银行,提供统一的时间支付平台,居民参加志愿服务可以折算成时间单位和积分,兑换物品和服务。办事也不用出社区,通过未来社区数字中心,建立"采集+提交办理+审批+对接"的业务流程,提供"一平台、一窗、一人"的全能社工服务模式。

第三节　建设乡村新社区基本单元
打造江南韵味特色乡村

浙江一直践行"绿水青山就是金山银山"理念,实现了"美丽乡村"到"数字乡村",再到"未来乡村"的三次迭代,成功缩小了城乡发展差距。自2019年浙江省出台《浙江省未来社区建设试点工作方案》,对未来社区的内涵、目标作出阐释,并启动建设试点后,杭州、宁波、衢州、丽水等地相继启动了"未来乡村"建设的探索。未来乡村是一项创新性、前瞻性工作,没有先例可循,随着实践探索,未来乡村的概念将持续更新、演进甚至迭代。从杭州乡村演变和发展趋势看,未来乡村是以更好满足农民群众对美好生活向往为根本目的,注重人与自然和谐共生、人与人和谐共富、人与社会和谐共荣,在风貌上保持农村味、在功能上紧跟都市风、在品质上媲美国际范,能引领时代潮流、呈现未来元素、彰显江南韵味的新型乡村。通过未来乡村建设,让我们切实感受到在我国现代化新征程中,乡村与城市是同步推进的,余村展示了中国乡村未来发展的模样,一个"绿水青山"与"金山银山"双轮驱动的乡村,一个集现代产业、诗意环境、村民富裕、高品质生活于一体的现代化乡村。

一、建设宜居宜业有活力的现代化乡村,绘制中国乡村新愿景

我国快速推进工业化和城市化的进程中,农村发展面临相对滞后的现象。中国的乡村不能只有传统、没有现代,必须实现历史文脉与现代文明的融合,既要留得住乡愁,更要看得到未来,才能持续焕发乡村活力。进入新时代以来,随着乡村振兴战略的深入实施,乡村旅游产业发展迅速,在现代服务业领域呈现出了明显的后发优势,但是产业发展依然后劲不足,宜居宜游但不够宜业。

2035年全国要基本实现现代化,在加速现代化的进程中,乡村不应再次落后城市,而是要城乡同步实现现代化。因此,"未来乡村"的实验与发展是一个现代化背景下的长期过程,使得乡村逐步具备现代化的发展特征,实现与城市现代化协同发展。"未来乡村"的实验要改变长期以来村民"心不在农"的发展窘境,让村民更加专业自信,让乡村更令人向往。未来乡村必须拥有三产深度融合的现代产业支撑;必须拥有生态优美、设施现代、宜居宜游且更加宜业的产业环境;必然是一个城乡一体、机会更加公平、观念更加开放的乡村。

在时间维度上,"未来"并非遥不可及,必须既可落地,又留余地,可与现代化目标同步考虑,并分2025年基本实现和2035年全面实现"两步走"。按照这样的进展,杭州乃至浙江的未来乡村建设较全国实现农业农村现代化目标提早10—15年。在结果上,未来乡村是新时代美丽乡村和数字乡村的递进版,它必须满足乡村振兴和实现农业农村现代化的要求,满足人民群众对归属感、获得感、幸福感、安全感的多元需求,重点突出人的公共保障、品质生活、邻里关系、安全供给、人文关怀等民生福祉。

未来乡村首先要宜居宜业,就要加快补齐农村公共服务短板,为农村居民提供高品质生活。农村公共服务供给不足是城乡发展差距的重要短板。

为此,要以未来乡村建设为契机,加快推进城乡基本公共服务均等化,打造好基础设施、住房、医疗、养老、卫生、教育、文化等公共服务场景。重点任务是加快农村传统基础设施提档升级和新型基础设施建设;建立城乡一体与协同的医疗共同体,推动市县级优质医疗资源向基层医疗机构下沉,完善家庭医生和云诊室制度,实现普通病症就地就诊和疑难杂症急症在线远程医疗服务;统筹县域康养资源,发展普惠性和互助性养老,建立康养联合体,推动机构社区居家养老"互融互通";推进集团化办学和城乡教育共同体建设,推动教育集群化特色化发展和城乡教育资源的均衡配置。

二、重塑新型城乡关系,培育要素流动与空间集聚的新平台

随着过去城市化的快速推进,农村的劳动力、资本等要素加速向城市集聚,高端人才、社会资本不足,成为乡村振兴发展的瓶颈制约。近几年,随着特色农业、民宿经济、文创产业等新经济新业态的快速发展,不少年轻人选择回乡创业,也带动了社会资本和设计团队的进入,已经呈现出了乡村要素回流、集聚的趋势,给乡村发展带来了新理念、新元素、新活力。但是仍然是以"潮汐式"或"候鸟式"人口为主,愿意留在乡村创业、就业和发展的高端人才较少。未来乡村试验区要加速调整城乡关系,进而实现乡村再造,不仅要继续发挥本土智慧,更要加强与外界的联系,要探索构建城乡要素集聚的新平台,充分吸引科技创新人才和社会资本等高端要素集聚,弥补过去乡村发展的人才与资金两大"短板",将乡村转变为"众创空间""创新平台""就业平台""服务平台"。未来乡村将成为现代社会结构的经济和居住单元,与城市之间具有"经济耦合、社会趋同"的特征,即一方面在经济发展中,与城市形成差异化互动、优势互补的产业分工,承接发展城市主导产业的配套产业;另一方面在社会发展中,促进城乡人口双向流动、城乡社会福利趋同均等。

未来,要以乡村建设为驱动,加快完善城乡要素自由、平等的对流机制,特别是重点深化"两进两回",联动乡村各类园区建设,集中打造一批能级

高、作用强的双创空间、星创天地、小微创业园,从创业、居住、公共服务等全套政策支持体系建构出发,不断完善创新创业扶持和激励机制,以人才回流为乡村发展引入更多的技术流和资金流。

乡村的未来在人,如果能够提升产业配套和优质公共服务,吸引村外的高端人群集聚,便能为未来乡村振兴发展提供源源动力。例如,杭州余杭区的黄湖镇,注重加强吸引外来人才,让更充沛的要素资源和人才汇聚到乡村发展建设中来,特别是互联网技术领域的研发设计人员和大专学历以上的专业技术工人。黄湖镇出台了一系列针对中高端人才服务的配套政策,充分发挥本土村民与村外智慧的积极性与主动性。一是基于杭州西站高铁站建成之后的辐射作用,提早谋划、提前布局更加广泛的公共交通系统,打通乡村与市区及周边省市人才流动的便利通道。二是加大对外来人才的吸引力度,探索"未来乡村试验区"人才政策的创新,建立"未来乡村"人才准入、评定和奖励标准,吸引更多海内外人才扎根乡村,特别是文创设计、数字研发等团队的引进。三是加大对教育、医疗、公共交通等生产生活配套,如增加投资现代化的幼儿园和小学,并适当引进国际学校,以及与浙江高校合作办学、开设分校,以满足新老村民的子女入学需求,能够享受到优质的公共服务。四是改建村集体闲置房屋,建设"未来乡村"人才公寓,推动农居的租赁共享,解决人才居住之忧。

加强城乡要素流动,能够有效推动乡村集群的协同发展。乡村形成是人与自然互动演化的结果,毗邻村庄往往存在地域相接、人缘相亲、习俗相近、文化相通、产业相似的特点,但由于行政边界的存在,阻碍了乡村与乡村的要素流通、产业融合和治理协同。为此,要推进乡村集群化发展,加快运用数字技术破除地理和行政边界效应,形成设施共建、资源共用、产业共兴、文化共融、服务共享、区域共治的格局。如浙江省淳安县建立的大下姜乡村振兴联合体,开展产业共兴、品牌共建、环境共保、资源共享等协作,取得了较好的发展成果;临安区太湖源等地在村落景区化发展基础上,积极探索村落集群化协同发展,从资源利用、市场引流、品牌打造等方面开展一体化运营模式。

三、拓展两山转化新路径，实现"绿色+"与"数字+"双轮驱动

与城市"未来社区"相比，"未来乡村"的显著特征是承载了重要的经济功能、生产功能。长期以来，我国一直没有解决乡村发展内生动力不足的问题，主要原因在于没有形成规模化的高附加值产业，目前诸多乡村的生态和生活功能较强，生产功能明显较弱。"未来乡村"必须强化生产功能，并与生态、生活功能相平衡，形成内生发展动力。每个乡村都有其独特优势，"两山"转化的路径一定是多元化的。一些地区山水资源丰富且具有特色，适宜依托绿水青山发展乡村旅游、民宿经济，打造"休闲文化"场景，但存在收入不稳定、市场波动较大的局限，不少地方出现投资过热、市场饱和、同质化竞争严重等问题，未来发展空间愈发受限。因此，只有发展稳定的制造业，才可以创造稳定的就业，拓宽居民收入与财政收入来源，有现代产业支撑的乡村才是有活力的乡村、现代化的乡村。

未来乡村不是原生态的乡村，也不是局限于依托"绿水青山"转化为"金山银山"的乡村，更不能囿于环保要求而过度限制发展制造业，而是要在绿水青山之中直接发展"金山银山"产业，在注重环境保护的前提下发展资源节约型、环境友好型的现代制造业，实现"绿水青山"与"金山银山"的双轮驱动。一些地区如余杭区，具有较好的数字经济等现代产业优势，完全可以在生态优先的条件下，加强科创引领，发展低碳环保的数字产业，打造"创业创新"场景，在最优美的环境中实现"绿色+"与"数字+"的完美融合，进而激发未来乡村发展新动能。

浙江未来乡村建设过程中，通过进一步优化乡村空间布局，释放未来产业发展新空间。许多乡村通过存量调整和增量优化，提高相关产业发展用地指标。一是优化国土规划，科学合理界定生态功能区边界、农田边界，在政策允许的范围内，增加工业用地，用于发展资源节约型、环境友好型的战略性新兴产业；二是继续开展低散乱整治工作，清退淘汰落后产能，加快现

有工业园区整合改造,腾出或者增加更多工业用地指标,为发展数字产业提供空间支撑;三是推进核心区块闲置房屋综合开发利用,加强重要节点、重要轴线、重点区块的功能设计和风貌管控,串联产业项目、景观廊道、公共设施、商业街区,为乡村旅游和民宿经济规模化、高端化、专业化提升发展奠定基础。

不少未来乡村纷纷探索发展数字经济配套产业,把金山银山做得更大更强。未来乡村若要做大金山银山,必须发展以创新为主导的现代产业。例如,杭州余杭区的黄湖镇,发挥数字产业优势,以国家新基建项目为导向,扶持培育行业龙头企业,打造5G通信设备产业创新发展联动基地。既制订了发展数字经济相关产业的行动计划,加快培育以5G通信、软件开发、数字服务为主导的开源产业,充分发挥黄湖镇数字经济的产业基础优势;又鼓励乡村集体资本与社会资本的深度合作,引导资金进乡村,加大对5G等新兴产业投资力度。此外,还积极与杭州城西科创大走廊、余杭未来科技城、良渚等数字经济新高地联动,联合共建实验室,资源共享,协同创新创业,探索全国领先的产业应用和推广模式。

以未来乡村建设加快促进农村产业提质增效。农村产业发展是未来乡村建设的重头戏,也是实现农民增收致富的主要路径。未来乡村建设所贯穿的数字化和低碳化技术主线,将有效促进农村三产高质量融合发展。为此,要加快顺应消费结构升级,以激活市场、激活主体、激活要素的改革深化,推进农业供给侧结构性改革;以园区化、特色化和科技化,引导农业产业集聚和创新发展;以技术创新不断提高农业生产率;以产业融合发展不断延伸产业链和价值链,提高农产品附加值和竞争力。

以未来乡村建设促进集体经济发展和农民增收。发展壮大村级集体经济和促进农民增收是未来乡村建设的重要内容。为此,要进一步深化农村集体产权制度改革。要瞄准消费空间逆城市化趋势,加快盘活闲置的宅基地、民房、公益性用房等资产。同时深度挖掘和利用好生态资源,做好生态资源转化文章,加快资源资产化、资产股权化、集体与农民股东化进程。要创新乡村经营模式,构建村级集体融资平台,引入社会资本,建立由多元主体投资、专业团队运营、利益机制紧密的村庄经营新模式。要鼓励村集体打破村域界限,通过村企合作、异地开发、多村联营等方式发展新型集体经济,如嘉善县采取"土地+资金""强村+弱村"等形式,引导集体经济薄弱村将闲置或低效利用的资源集聚至"飞地"项目,实现抱团发展。未来乡村建设还要强调包容和开放,要充分惠顾低收入农户,鼓励乡村各类经济实体优先吸纳低收入农户就业,以提高乡村公共服务供给为契机,尽可能多设立公益性岗位并优先安排低收入农户,提高低收入农户家庭的工资性收入。

第 九 章

共建共享美丽家园
打造美好生活环境

中国式现代化是物质文明和精神文明相协调的现代化。要完善公共文化服务体系,健全社会力量参与公共文化服务机制。党的二十大报告指出:"发展面向现代化、面向世界、面向未来的,民族的科学的大众的社会主义文化,激发全民族文化创新创造活力,增强实现中华民族伟大复兴的精神力量。"[①]浙江要加强精神文明建设,推动生态文明建设先行示范,打造以社会主义核心价值观为引领、传承中华优秀文化、体现时代精神、具有江南特色的文化强省,实现国民素质和社会文明程度明显提高、团结互助友爱蔚然成风、经济社会发展全面绿色转型,成为人民精神生活丰富、社会文明进步、人与自然和谐共生的幸福美好家园。

第一节 建设全域文明的精神家园
打造新时代文化高地

共同富裕是物质和精神的共同富裕,习近平总书记强调,"文化自信是

---

① 习近平:《高举中国特色社会主义伟大旗帜 为全面建设社会主义现代化国家而团结奋斗——在中国共产党第二十次全国代表大会上的报告》,人民出版社 2022 年版,第43页。

一个国家、一个民族发展中更基本、更深沉、更持久的力量"①。在浙江高质量发展建设共同富裕示范区中,文化工作具有决定性作用、是关键变量,文化也是展现共同富裕美好社会图景的最富魅力、最吸引人、最具辨识度的标识。党的十八大以来,历届省委坚持一张蓝图绘到底,一任接着一任干,以文铸魂、以文育德、以文图强、以文传道、以文兴业、以文惠民、以文塑韵,从加快建设文化大省、文化强省到努力建设文化浙江,既一脉相承又与时俱进,在不同历史条件下,不断推动文化建设跃上新台阶。浙江文化的繁荣兴盛,不仅丰富了人民文化生活,有效激发和凝聚了人民的智慧、热情和勇气,为浙江改革开放和现代化建设提供了强大的精神支撑和坚实的文化基础,而且为新时代浙江攀登文化高峰打下了坚实基础。高质量发展建设共同富裕示范区,需要发挥文化铸魂塑形赋能的强大功能,加快打造新时代文化高地,为高质量发展建设共同富裕示范区注入强大文化力量。

一、打造思想理论高地,展现"红色根脉"守护传承、思想力量充分彰显的新气象

浙江是习近平新时代中国特色社会主义思想的重要萌发地,在"八八战略"指导下,浙江经济社会发展和现代化建设走在全国前列,如今浙江被赋予建设共同富裕示范区的光荣使命,更要围绕"习近平新时代中国特色社会主义思想在浙江的探索与实践"推出更多有学理深度、学术厚度和浙江辨识度的研究成果,健全"八八战略"抓落实机制,不断把习近平总书记留给浙江的宝贵财富转化为浙江改革发展的动力源泉,更好地推动习近平新时代中国特色社会主义思想在浙江的生动实践。

党的十八大以来,浙江深入贯彻落实"八八战略",习近平新时代中国特色社会主义思想学习宣传实践走在全国前列,系统开展"习近平新时代中国特色社会主义思想在浙江的萌发与实践"研究,取得了显著成效。特

---

① 《习近平著作选读》第二卷,人民出版社 2023 年版,第 19 页。

别是铸魂工程、溯源工程、走心工程等得到扎实推进。深入推进习近平新时代中国特色社会主义思想学习教育,大力加强党的创新理论研究阐释,有效推进党的创新理论大众化。截至 2023 年 12 月,"习近平科学的思维方法在浙江的探索与实践"课题成果全网点击量超 16 亿次。发挥"8090 新时代理论宣讲团"理论宣讲品牌效应,全省共组建各类青年宣讲团队 400 余支,重大主题宣讲实现全覆盖,全省 5000 多名宣讲员宣讲超万场。衢州"8090 新时代理论宣讲团"获得习近平总书记批示肯定。

近年来,衢州市深入贯彻落实习近平总书记关于青年思想政治工作的重要指示精神,在理论宣讲方面进行了一系列探索实践,特别是牢牢把握青年这一关键群体,创新组建了"8090 新时代理论宣讲团",在青年学理论、讲理论上找到了突破口,开创了新时代青年理论宣讲工作的新格局,凝聚了同心共建"重要窗口"的青春力量。

实践中,衢州市委提出全市域体系化推进"8090 新时代理论宣讲"工作,按照"理论进万家、'最后一公里'、走群众路线、育时代新人"的总体目标,制定出台 18 条指导意见,着重完善队伍体系、服务体系等"五大体系",坚持"体制内+体制外""党内+党外""市内+市外"一体推进,吸引各行业、各领域的青年才俊进入宣讲队伍,包括寓外乡贤、企业家、创业者、农村致富能人、"网红主播"等,形成市县乡村联动、更大范围参与的青年理论宣讲格局。同时,配套出台服务保障的"硬核十条",在考核、资金、后勤等方面为宣讲团提供最大的服务保障和支撑担当。

推动党的创新理论通俗化、大众化,衢州"8090 新时代理论宣讲团"做了许多探索。比如坚持小切口,在群众的身边人、身边事中找准宣讲的切入点,以小切口反映大政策,以小故事讲好大发展,让宣讲更接地气、更有情感、更有温度。比如善用大白话,鼓励引导青年学习使用群众语言,通过拉家常、说方言等阐述党的"好声音",增强宣讲的亲和力、感染力,进一步拉近了党的创新理论与群众的距离。再如挖掘新形式,将宣讲内容改编成群众喜闻乐见的文艺作品,像快板、三句半、歌曲、小品等,用舞台演出把政策理论送到老百姓身边；设计问答、游戏等参与互动环节，让老百姓参与进来、沉浸其中，在潜移默化中接受思想洗礼。让宣讲更有"年轻味""思政味""新鲜味""生活味""泥土味"。

推动党的创新理论"飞入寻常百姓家"，是习近平总书记赋予新时代宣传思想工作的基本职责和重要任务。高质量发展建设共同富裕示范区，要在深入挖掘传承习近平总书记留给浙江的宝贵思想理论财富上下功夫，深化习近平新时代中国特色社会主义思想溯源工程和党的创新理论走心工程，放大视野、观照现实、入脑入心，不断把总书记留给浙江的宝贵财富转化为浙江改革发展的动力源泉，争当学懂弄通做实习近平新时代中国特色社会主义思想的排头兵，使党的创新理论真正成为党员干部政治上的主心骨、思想上的定盘星、行动上的指南针。要用奋力打造"重要窗口"、争创社会主义现代化先行省、高质量发展建设共同富裕示范区的具体实践，生动展现习近平新时代中国特色社会主义思想耀眼的真理光芒、独特的思想魅力、巨大的实践伟力。

二、打造精神力量高地，展现人文精神标识鲜明、人民精神昂扬奋进的新气象

文明素质工程不断创新推进。组织开展国庆爱国周活动、走访慰问志愿军老战士、"敬英烈、升国旗、奏国歌"等系列主题活动。拓展深化新时代文明实践中心建设，打造"15 分钟志愿服务圈"，仅 2023 年就有 900 余万名志愿者参与文明实践。制定实施《浙江省新时代公民道德建设实施纲要》，持续擦亮"最美"金名片。2023 年浙江拥有新时代文明实践中心全国试点数量 27 个，新时代文明实践中心省级试点数量 27 个，新时代文明实践中心实践所（站、点）数量 5 万余个，入选中宣部"最美人物"人数 12 人。

大力弘扬伟大建党精神，纵深推进党史学习教育，做好内涵提升和实践转化的文章，不断激发创业创新创造活力，形成展示文化浙江建设成果的亮

丽品牌。

要坚持以习近平新时代中国特色社会主义思想为指导,围绕举旗帜、聚民心、育新人、兴文化、展形象的职责使命,守好"红色根脉",增强精神力量。要大力弘扬红船精神、浙江精神,激励广大干部群众在忠实践行"八八战略"、奋力打造"重要窗口",争创社会主义现代化先行省,高质量发展建设共同富裕示范区的具体实践中,切实把红船精神、浙江精神转化为"永无止境"的精神状态、"要谋新篇"的精神追求、"方显担当"的精神力量,融入血脉,筑好引领未来的精神家园。

三、打造文明和谐高地,展现崇尚美美与共、自信开放包容的新气象

围绕培育时代新人这个目标,推动社会主义核心价值观深入人心,着力提升公民思想道德素质、科学文化素质和社会文明程度,进一步擦亮"最美浙江人"品牌,推进全域精神文明创建,加快之江文化中心等重大文化设施建设步伐,实施百城万村文化惠民工程,推广"文化家园""城市书房""文化驿站"等文化服务模式,让广大群众在看得见、摸得着、真实可感的美好精神文化生活中,得到精神升华、气质提升、文化熏陶。

要推动社会主义核心价值观深入人心,强化教育引导、实践养成、制度保障,把社会主义核心价值观融入社会发展各个方面,转化为人们的情感认同和行为习惯。要不断地提高人民思想觉悟、道德水准、文明素养,提升全民文明素养和全社会文明程度。要健全"最美浙江人"发现、选树、宣传、褒奖长效机制,进一步擦亮"最美浙江人"品牌。要完善测评体系,创新方式方法,推进全域精神文明创建,让浙江社会正气充盈、温暖如春。

文明实践品牌产生广泛影响。全省 11 个设区市全部跻身全国文明城市行列。礼让斑马线、公筷公勺等文明好习惯成为亮丽风景。全省共 12 名典型入选全国 10 个系列"最美人物",成为入选人数最多的省份。

四、打造文艺精品高地,展现流派高峰涌现、创造活力充沛的新气象

把构建催生文化精品力作的生态链作为一项综合集成、久久为功的系统工程来推进,深入实施新时代文艺精品创优工程,探索重大文艺创作项目"揭榜挂帅"机制,精心打造之江艺术长廊,加快推进之江编剧村、中国网络作家村等文艺创作平台建设,不断健全文化精品创作闭环管理机制,逐步完善文艺创作引导激励机制和生产资助体系,让浙产文化精品力作成为浙江文化高地最鲜明、最令人信服的标识。

近几年,浙江文化研究工程取得丰硕成果。围绕"今""古""人""文"四大领域,扎实推进文化研究工程第二期,谋划文化研究工程第三期。截至2023年12月,完成研究课题349项、出版学术著作达到1000余部,年度国家社科基金立项数居全国第三位,教育部人文社科研究课题立项数居全国第六位。文化精品工程佳作迭出。打造之江编剧村,形成国内一流创作人才和文艺原创重要集聚地,搭建成立由省市区三级共建的组织架构体系,促进传统文化传承发展,推动浙产文艺精品创作。浙江文化艺术发展基金投入1.3亿元对6大艺术门类进行创作扶持,共遴选扶持195个项目。成功举办中国国际动漫节、中国电视艺术创新峰会等。文化研究工程进入新阶段。着眼浙江当代发展问题研究、浙江历史文化研究等,持续推进浙江文化工程、挖掘弘扬浙江精神,推进"浙学"品牌建设,不断强化社科资政服务。

要创新文化精品力作创作生产的体制机制,完善全周期文艺精品服务机制,建立多层次文化艺术发展基金,完善基金管理办法,建立与绩效挂钩的机制,积极打造文化精品创作的重要平台,完善文化精品创作的全流程保障。要坚决摒弃不良社会习气、腐朽思想、传统糟粕等对文化领域的影响,为文艺精品创作生产营造良好的社会氛围,使浙产文化精品力作成为浙江文化高地最鲜明、最令人信服的标识。

五、打造文化创新高地,展现文化引领驱动、形神融合兼备的新气象

加快向高层次、全链条、数字化迈进,实施好百家文化名企创优工程,持续做强之江文化产业带、横店影视文化产业集聚区、国家短视频基地以及各类文化产业园区、文化创意街区、文化特色小镇,培育流媒体、电子竞技、视频点播、数字文娱等文化产业新业态,做好文旅融合、跨界拓展、文化出海的文章,打造浙江高水平文化人才方阵,推动浙江高质量发展建设共同富裕示范区获得新动能、打开新空间、塑造新优势。

文化阵地工程建设提档升级。2023 年浙江公共文化设施持续升级完善,图书馆、文化馆、博物馆、"非遗"馆达标率均为 100%,每万人拥有公共文化设施面积达 3670 平方米。公共文化供给不断丰富,启动制定新时代公共文化服务体系 2.0 版。文化整体实力和竞争力显著增强。实施文艺精品创优工程,推进现代文化产业体系建设,逐步健全中华优秀传统文化保护、研究、利用工作体系。文化保护研究利用体系不断健全。加强重大文化遗产保护,推进 10 个省级文化生态保护区建设。组织实施考古发掘项目 62 项。加强文化遗产转化利用。评定公布 10 座国家历史文化名城、7 座省级历史文化名城、21 个中国历史文化名镇、31 个省级历史文化名镇、28 个中国历史文化名村和 43 个省级历史文化名村。城乡一体现代公共文化服务体系更加健全。公共文化设施基本实现全覆盖,每万人拥有公共图书馆建筑面积和文化设施建筑面积均居全国第 2 位。全年共建成农村文化礼堂 3463 家,全省共建成农村文化礼堂 17804 家。文化产业实现业态升级。2020 年,共实施重大文化产业项目 271 个,实际投资额 1017 亿元,数字文化企业营业收入占规模以上文化企业营业收入的比重为 59.4%。浙报传媒、浙江出版联合集团、华数集团、宋城演艺入选第 12 届"全国文化企业 30 强"。白马湖生态创意城获"国家级文化产业示范园区"称号,横店影视文化产业集聚区、衢州儒学文化产业园被纳入"国家级文化产业示范园区"重

点创建名单。文化传播能力有效提升。打造新型主流移动传播平台,全省各级媒体共有 120 余种新闻客户端,覆盖用户 13 亿人次。实施浙江文化"出海"行动,打造网上网下一体、内宣外宣联动的主流舆论格局。文化人才队伍进一步壮大。积极申报国家级人才工程,引进紧缺型高层次人才,加大人才梯队建设力度。文化人才工程项目覆盖率达 54.55%,入选国家级人才培养工程 35 人。

要不断地推动以宋韵文化为代表的浙江历史文化创造性转化、创新性发展,抓研究、抓传播、抓转化,做足特色、放大优势,传承好浙江优秀传统文化的精神内核,擦亮浙江历史文化金名片。要不断地完善公共文化设施网络,建设一批重大文化地标,创新和优化公共文化服务供给内容和方式。要加快建设现代文化产业体系,积极打造文化领军企业,加快建设文化产业功能平台,创新文化产业业态,以文化深度融合发展进一步激发文化领域创新创造活力。要做深媒体融合发展,拓展对外传播渠道,讲好浙江故事。要加快打造重大文化人才集聚平台,创造文化人才脱颖而出的环境和机制。

第二节　建设和谐共生的生态家园 打造美丽宜居的生活环境

绿色是共同富裕先行示范区的底色,生态文明建设也是浙江的一张金名片。浙江是习近平生态文明思想的重要萌发地和率先实践地,浙江一直深入践行"绿水青山就是金山银山"重要理念,大力推进美丽浙江"大花园"建设,打造山青水绿气净的优美生态环境,并探索出一条绿水青山转化成金山银山的新路子,实现了人与自然的和谐共生。

一、加强环境整治与优化,高标准建设美丽中国先行示范区

"十三五"期间,浙江污染防治攻坚战取得决定性胜利,生态环境质量

全面好转,大幅度消除环境污染的历史欠账,首个通过国家生态省建设试点验收,生态文明建设水平领跑全国。研究表明,浙江绿色发展指数位列全国第一、省级可持续发展综合排名全国第三,"山更绿、水更清、天更蓝、空气更清新"的美丽浙江"大花园"正在形成。2023 年,浙江劣 V 类水质断面全面消除,Ⅲ类及以上水质断面占 97.0%;日空气质量优良天数比例平均94.4%;11 个设区市平均 PM$_{2.5}$ 浓度较 2015 年年末累计下降 28%,全省森林覆盖率达 61.3%,省域主要河流水质达标率及人均公共绿化面积达到全国领先水平,全省生态环境公众满意度平均得分连续八年上升。随着浙江工业化、现代化、城市化进入新阶段,浙江将深入推进生产生活绿色化转型,努力打造引领国际绿色低碳可持续发展的美丽中国先行示范区,率先走出一条人与自然和谐共生的省域现代化之路。

一是以环境整治淘汰落后产能,促进产业绿色低碳循环发展。有什么样的产业结构和生活方式,就有什么样的生态环境。生态环境治理的"根子问题"是生产方式与生活方式不合理,是产业转型升级问题。浙江把水环境治理作为贯彻"两山"重要思想的突破口与切入点,推动了经济发展方式和环境治理模式的转变。

一方面,大力倡导清洁生产和循环经济,推动末端治理向源头控制转变。长期以来,我国"高能耗、高污染、高排放"的经济增长方式形成了巨大的污染存量和现实增量,无论是基于庇古税理论的排污费征收,还是基于科斯产权理论的排污权交易,均属于末端治理方法,并未有效地控制环境污染。根本解决环境污染问题,需要探索以低能耗、减排放、高效率为特征的内涵式增长模式,推动环境治理从末端治理向源头控制转变。浙江坚决淘汰落后产能、积极倡导清洁生产,目的就是争取在生产环节中降能耗、减排放,实现水与大气环境的源头保护。全省一方面加大对传统产业、重化工业的绿色改造,积极发展循环经济、绿色工业,以此带动传统优势产业的改造提升;另一方面通过创新驱动、技术改造、工艺提升,发展以新能源和低碳经济为主的生态型产业,最大限度地促进生产过程中的减量化、再循环、再利用,努力从源头上减少污染物排放,形成"源头严控""过程严管"的治污模式。目前,浙江经济正在向着形态更加高级、结构更加合理、质量效益更好的方向演化。

另一方面,加快推进产业园区、集聚区的生态化改造,实现点源治理向集中治理转变。产业布局与环境治理效率息息相关,"低、小、散、乱"的产业布局会形成众多分散的污染源,阻碍集中治理,增加治理成本和难度。例如,对于家庭作坊和个体厂商而言,低成本加工和小规模经营的生产方式在水污染治理领域既缺乏技术创新能力,又没有成本优势。分散的产业分布也不利于获得污水处理的规模经济优势和循环经济优势,从而陷入"治水不经济"的局面。为改变散乱无序的产业布局,浙江注重产业集聚发展和循环发展,以生态工业园区为载体,引导关联企业入园,通过形成产业生态链和生态网,实现资源的高效配置、污染物的减量排放、资源的循环利用。产业园区、集聚区促进了传统块状经济向现代产业集群转型,实现了环境治理从点源治理向集中治理转变。2013年浙江省发布《园区循环化改造推进工作方案》,推动工业园区生态化建设。绍兴纺织印染、富阳造纸、长兴蓄电池等特色产业集群均以治水为契机逐步实现升级改造,通过规模优势降低了管道建设成本、水气净化成本和行政监督成本,实现了环境高效率、低成本治理。

二是全面建设全域"无废城市",打造清洁健康的优质人居环境。2020年1月,浙江省政府办公厅印发《浙江省全域"无废城市"建设工作方案》,提出到2023年年底,全省所有设区市和半数县(市、区)建成"无废城市",基本实现产废无增长、资源无浪费、设施无缺口、监管无盲区、保障无缺位、固废无倾倒、废水无直排、废气无臭味,浙江也成为全国第一个以省政府名义部署开展全域"无废城市"建设的省份。方案还提出从产生到处置、从技术到制度、从政府到市场的10个方面工作任务,还配套印发了管理规程和指标体系。

"无废城市"是指通过推动形成绿色发展方式和生活方式,持续推进固体废弃物源头减量和资源化利用,最大限度减少填埋量,将固体废弃物环境影响降至最低的城市发展模式。建设全域"无废城市",是强化不产废、少产废的鲜明导向,让社会生产更集约、生活更绿色,同时也为高质量发展腾出环境容量和空间资源。2019年4月,绍兴市作为全国首批"11+5"试点城市率先探索,上虞区推进农药废弃包装物"统一回收、集中处置",实现回收率和处置率100%;永康市工业固体废弃物"精准化源头分类、专业化二次分拣、智能化高效清运、最大化资源利用、集中化统一处置"的"五步法"工作模式,为浙江省全域"无废城市"建设提供了先行先试经验。目前,浙江城镇垃圾分类覆盖率已达95%以上,农村生活垃圾分类处理行政村覆盖率已达85%,基本实现生活垃圾零填埋,全省工业固体废弃物资源综合利用率达98%以上。截至2020年年底,浙江基本实现了县域为单元的生活垃圾处理能力平衡,率先在全国成为生活垃圾"零增长"的省份。

三是建设美丽乡村,促进绿水青山转化为金山银山,实现绿色共富、生态共富。农民增收一直是我国"三农"问题的一大难题,过去守着绿水青山过穷日子,原因就在于农业附加值低、收入不稳定,面临劳动力外流、发展动力不足的困难。安吉余村围绕乡村旅游不断做大做长做强产业链,破解了农村系列发展难题。乡村旅游产业链的延长,意味着创造更多的附加值,也意味着劳动分工的细化、解决更多的就业。特别是民宿经济、生态农业的规模发展,吸引了大量社会资本和高端劳动力的回流,大批年轻人选择回乡创业,创新了商业模式,带回了先进科技,将乡村转变成了"众创空间",让农村更具生机活力。先行探索的"两山银行",搭建了生态资源和古村旧房等闲置资源的交易平台和融资平台,让乡村的存量资本"活"起来。新经济新业态丰富了农民的收入结构,让经营性和财产性收入成为农民收入主体,有效缩小了城乡收入差距。除了收入的增加,更重要的是提升了村民生活质量,重塑了农村人民的自信,获得了较高的幸福指数,实现了物质富裕与精神富裕的同步推进。

　　一方面,连续推进"千村示范、万村整治"工程,不断增强农民的获得感幸福感。"千村示范、万村整治"工程是习近平总书记 2003 年在浙江亲自推动,也是他一直牵挂关怀的富民工程。2018 年 9 月 27 日,浙江"千村示范、万村整治"工程获得联合国"地球卫士奖"中的"激励与行动奖"。"千万工程"是以农村生产、生活、生态的"三生"环境改善为重点,以改善农村生态环境、提高农民生活质量为核心的村庄整治建设大行动。其目标为花 5 年时间,从浙江 4 万个村庄中选择 1 万个左右的行政村进行全面整治,把其中 1000 个左右的中心村建成全面小康示范村。通过多年的努力,浙江正实现经济、社会与生态环境之间的协调发展。联合国副秘书长兼环境规划署执行主任索尔海姆访问了浙江多地,对浙江的绿色发展成果给予高度评价和赞赏,他指出:"我在浙江浦江和安吉看到的,就是未来中国的模样,甚至是未来世界的模样。"

　　另一方面,把绿水青山培育成新的经济增长点,浙江探索出两条实现途径:第一条途径是开发生态资源,发展绿色产业。例如,浙江安吉、衢州等地积极发挥特色农业和自然环境优势,大力发展生态旅游等绿色产业,不断提升农家乐和乡村旅游发展标准,告别同质化低水平的粗放式发展,打造精品旅游,真正把绿水青山转化为金山银山。第二条途径是依托生态资源促进一二三产业融合发展,积极培育环保工程、农村电商、互联网金融、智慧物流、智能制造、健康养老等新经济新业态,向产业链高端环节延伸发展,使之成为新的经济增长点。例如,仓前"梦想小镇"既要"互联网+"还要"绿色+",优美的环境吸引了充满活力的年轻人,形成了较为完善的"互联网"产业生态链、新型的"众创空间"和创业生态圈,催生了一大批"互联网+"新型企业,成为"两美"浙江新景区。随着人民群众对生态环境要求的提高,宜业宜居的生态环境已经成为地区吸引高端要素、集聚创新主体的关键。浙江不少特色小镇提出"三生四宜"发展新理念,即"先生态、再生活、后生产,宜居、宜业、宜文、宜游",让创业者既享受到优质的城市配套服务,又享受到自然的田园气息。

二、培育绿水青山就是金山银山的生态价值观,塑造全民参与生态文明建设的良好环境

践行"两山"重要思想,需要以法治建设和文化建设为保障,既要使一切环境治理行为有理有据,合乎规范,又要让社会树立生态价值观,形成倡导生态文明的社会新风尚,发挥生态文化先导作用,促进刚性生态制度与内在文化自觉相结合。

一是完善环境法规体系,为生态文明建设保驾护航。贯彻"两山"重要思想、推进绿色发展,需要加强法律制度的建设,做到有法可依、有法必依。因此,浙江加快制定出台了一批地方性法规,使各级政府在环境整治中拥有更加明确、严格、可操作的法规依据,把生态文明建设纳入依法治理轨道。一方面,修编完善环境法规规章,实行最严格的环境准入制度。浙江探索建立了空间准入、总量准入、项目准入"三位一体",以及专家评价、公众评议"两评结合"的新型环境准入制度,逐步构建起由政府调控、市场引导、公众参与等构成的较完整的法规制度框架。在这一法规制度下,可以有效减少企业行为的外部性,减少由其带来的社会成本;提高排污标准,使企业对环境的影响降到最低;提高市场进入成本,使技术落后效率低、环境污染大的企业退出市场,实现从源头上控制环境污染和生态破坏。另一方面,通过强化执法建立强有力的司法保障。浙江各级司法行政机关优化环保、土管、水务、公安联动执法机制,加大对涉嫌水环境和土地资源违法犯罪行为的打击力度,对违法行为严厉打击、公开处理、追究责任。对于造成严重后果的环境违法行为,实行行政、民事、刑事三法并举,根据水污染和土地违法情况及时采取限期治理,甚至勒令其关、停、并、转等行政处罚措施。对造成生态环境损害和重大国土资源浪费的责任者实行终身责任追究制,严格实行赔偿制度,依法追究刑事责任。可见,"两山"重要思想与"法治浙江"建设相结合,使浙江的生态文明建设真正走上依法推进生态文明建设的健康轨道。

二是实施生态文化教育,形成生态文明建设的催化剂和助推器。生态

文化观念尚未普及是生态文明建设的重要障碍,树立生态价值观念有助于弘扬人与自然和谐相处的价值观、政绩观、消费观,增强人们的生态意识、忧患意识、参与意识和责任意识,树立破坏生态环境就是破坏生产力、保护生态环境就是保护生产力、改善生态环境就是发展生产力的观念,形成尊重自然、热爱自然、善待自然的良好氛围,使每个公民都自觉地投身于生态建设,形成全社会参与生态建设的新局面。因此,不仅要普及环境化学等自然科学知识,而且要普及生态哲学、生态经济学等人文社会科学知识。浙江将每年的 6 月 30 日设为浙江生态日,是全国首个省级生态日,为加强环保宣传、培育生态文化提供了有效载体。不仅新闻媒体多渠道宣传绿色环保理念,使人们养成低碳出行、节约使用能源、购买环保产品等良好习惯;而且学校和家庭也承担起生态文化教育的责任,真正做到生态文化教育从娃娃抓起,使得保护生态的良好氛围成为贯彻"两山"重要思想的催化剂和助推器。

三是健全公众参与生态文明建设的机制与渠道,形成政府、企业、公众共治的环境治理体系。优化生态环境,不只是政府一方的责任与任务,而是需要全社会各主体的共同参与,因此需要充分激发企业、中介组织、社会团体和社会公众参与生态文明建设的积极性、主动性和创新性,需要健全公众参与生态文明建设的机制与渠道,通过体制创新广泛动员社会力量参与生态文明建设,使生态文明建设成为全社会的自觉行动。浙江在实现社会各界共同参与生态文明建设方面,也做了一些探索。其一,通过全面改善城乡生态环境,调动城乡居民参与生态文明建设的积极性。浙江把村庄整治建设与发展农村生态经济、保护农村生态环境、建设农村生态文化结合起来,努力使广大农民群众在绿色生态的优良环境中安居乐业,共享改革发展成果。其二,加强政企合作,增强企业保护生态环境的社会责任。浙江鼓励当地政府、社团等机构进行合作,鼓励龙头行业企业把经济、环境和社会的长期目标融入公司经营方式,通过推行环保设计减少产品对环境的负面影响,多生产使用更少原料、更节能和更易于循环再生的产品。其三,通过"四张清单一张网"强化社会监督。公众是环境污染和破坏的直接受害者,对环境保护最有发言权。在实施城市建设和经济建设的重大项目时,浙江完善政策法规保障人民群众的知情权、参与权、监督权和表决权,促进政府决策民主化、透明化,通过公众参与集中公众智慧,事先消除环境隐患。

三、体制机制创新,全方位提升环境治理能力现代化

现代化的生态环境治理体系和治理能力是推进高质量生态建设的基础和保障。浙江的生态文明制度创新走在全国前列,逐步探索和建立了一套适应经济发展阶段的生态环境治理体系,治理能力持续提升。生态环境治理体系包括治理主体、治理机制和监督考核,是一个有机、协调、弹性的综合运行系统。习近平总书记早在 2006 年就指出,建设生态省要与建设"法治浙江"结合起来①,随后浙江陆续出台了一系列法规规章。把环境治理纳入法治化制度化轨道,既克服了产权模糊、价格机制缺失的"市场失灵",又可避免过去"唯 GDP"而忽视环保的"政府失灵"。近年来,浙江率先建立与主体功能区定位相适应的差异化政绩考评制度、率先实现生态补偿全覆盖、率先推行排污权有偿使用和交易、率先实施环评审批制度改革,探索实施自然资源资产离任审计、生态环境责任追究和损害赔偿等制度,实施省内流域和跨省流域生态补偿,特别是以"最多跑一次"改革为牵引,全面推行"区域环评+环境标准",大力推进生态环境治理数字化转型,率先开发运行浙江环境地图等,"现代生态环境治理样板省"已初具雏形。

一是建立健全资源有偿使用制度,使环境要素价格反映稀缺程度和环境修复成本。环境资源长期被零成本、低成本使用是环境污染日益严重的根源之一。环境资源同劳动、资本、土地等生产要素一样,是有价值的经济资源,必须通过价格信号实现环境资源的有效配置。环境治理市场化关键

---

① 《浙江省领导小组会议要求结合实践推进生态省建设》,《浙江日报》2006 年 3 月 25 日。

在于促进环境容量资源的商品化,通过市场机制形成反映资源稀缺程度、市场供求状况的资源价格,将环境成本内化到企业生产成本中。环境资源实现市场交易的前提是产权明晰,随着科技进步和制度完善,环境产权界定的成本越来越小,环境资源使用权的分解成为可能,因此环境资源的商品化和交易化是必然趋势。浙江早在 2002 年就开始试行排污权有偿使用制度,取得了良好效果,目前已在全省推行。截至 2023 年,浙江省共有 11 个设区市的 76 个县(市、区)开展了排污权有偿使用和交易试点,市域覆盖率为100%,县域覆盖率达到 85.4%,覆盖范围全国最广。

二是把资源消耗、环境损失和环境效益纳入经济发展水平的评价体系和考核指标,发挥政绩考核的"指挥棒"作用。政绩评估体系如同"指挥棒",不同的政绩评估体系就会有不同的经济发展模式,在客观上对生态文明建设产生影响。因此,解决发展理念和指导思想问题,关键在于改革、完善经济核算方法和政绩评估体系。浙江积极探索以"绿色 GDP"为主要内容的新核算评价体系,加大资源消耗、环境保护等指标权重,纠正了单纯以经济增长速度评定政绩的偏向。浙江建立了领导干部自然资源资产离任审计制度,强化对市县领导班子和领导干部任期内资源消耗、环境保护等约束性指标的考核。而且对领导干部的"问责"与"激励"并重,一方面对于破坏生态的发展要严厉问责,另一方面逐渐形成干好环保工作有面子、受重视、有前途的用人新风气,真正让生态环境保护成为政绩考核的"指挥棒"。此外,浙江对不同地区采取了分类评价体系,对于生态屏障地区不再考核 GDP,例如,2015 年开始就不再考核淳安县、永嘉县、文成县等 26 个相对欠发达县的 GDP 总量,转而着力考核生态保护、居民增收指标等。

三是大力建设公共服务体系,强化公共政策的引导功能,形成低碳发展、增长转型的政策环境和发展导向。生态治理是一项极为浩大的生态发展工程,无论是水污染治理还是城乡环境整治,都需要大量资金投入,而这些项目由于投资大、期限长、公益性质显著,市场主体往往缺乏动力机制,需要由政府借助公共资源和公共权力来承担。浙江通过盘活存量资金、整合专项资金、压缩"三公"经费等方式,逐步加大生态环境保护、水环境保护、生态公益林建设、农村环境整治等生态环保投入。2013 年以来,浙江省财政每年安排山区经济发展专项资金 10 亿元,重点支持优化山区发展环境,促进生态经济发展,而且仅"五水共治"一项行动,全省就计划总投资 2048 亿元。此外,浙江不断深化体制创新和政策创新,强化公共政策的引导功能,努力形成低碳发展、增长转型的政策环境和发展导向。例如,通过健全激励机制和约束机制,引导企业摆脱粗放型的经营模式,走技术、品牌、管理创新的内涵式发展道路;通过强化功能区布局及财政转移支付等制度创新,统筹协调区域间在生态文明建设上的合作。为了强化各级政府的环境保护责任,加大治污减排力度,浙江自 2015 年起在全省推行与污染物排放总量挂钩的财政收费制度,对各地每年排放的主要污染物实行定额收缴。例如自 2014 年起,对开化、淳安县每年排放的污染物由省财政按每吨一定额度收缴,并每年考核其出境水水质、森林覆盖率、林木蓄积量等,根据年度变化情况给予奖励或处罚。

第三节　建设和谐和睦向上的社会家园
打造舒心安心放心的社会环境

　　党的十八大以来,浙江持续推进平安浙江和法治浙江建设,不断提升社会治理水平,为共同富裕先行示范区建设营造了稳定和谐的社会环境。浙江依托平安建设工作基础和机制优势,2020 年成为全国市域社会治理现代化试点全覆盖的省份,在全国范围内率先提出建设法治中国示范区目标,"大平安"建设风险闭环管控机制进一步完善,社会治理创新亮点纷呈,应急管理体系和能力现代化建设成效显著,续写了经济快速发展和社会长期稳定"两大奇迹"的浙江篇章。

一、高水平推进平安浙江建设,努力促进社会和谐稳定

高水平推进省域治理现代化,重点在打基础、难点在抓基层。建设"重要窗口"的新目标新定位,既对加快推进社会治理体系和治理能力现代化提出了新的更高要求,也提供了更为宽广的舞台。平安浙江建设是推进社会治理现代化的总抓手,也是打基础、抓基层的有效载体。

浙江是全国最早提出并全面部署"大平安"建设战略的省份。自 2004年浙江省审时度势作出建设平安浙江的重大决策部署以来,一张蓝图绘到底,一任接着一任干,逐步实现了从"小治安"到"大平安"、从管理到治理、从治标到治本的转变,走出了一条具有浙江特色的平安建设路子,取得了丰硕的实践成果、制度成果和理论成果。

2020 年,中共中央、国务院印发《关于加快推进社会治理现代化　开创平安中国建设新局面的意见》,从战略层面对平安中国建设作出科学顶层设计和全面系统部署。省委政法委相关负责人介绍,浙江省将认真总结评估"打造平安中国示范区三年行动计划"实施情况,精心谋划"十四五"时期平安浙江建设规划,从更高层次、更广领域、更高水平上谋划推进平安浙江建设。特别要把维护政治安全和社会稳定作为平安建设的首位工程,坚持发展新时代"枫桥经验",坚持问题导向、目标导向、结果导向,完善平安浙江建设体制机制,统筹推进市域社会治理现代化试点,着力解决影响人民群众获得感、幸福感、安全感的突出问题,确保政治安全、社会安定、人民安宁。

2019 年以来,浙江创造性提出社会治理领域"最多跑一地"改革,县级社会矛盾纠纷调处化解中心建设推进有序,取得了初步成效。省委政法委从实际出发,专题研究矛调中心分类建设原则、评估办法、数字化协同应用、调解队伍建设等问题,并提出方案。这是省域治理现代化中一项具有开创性意义的重大改革,要为高水平推进省域治理现代化作出更大贡献,必须深刻认识习近平总书记在浙江考察时的重要讲话精神特别是

关于社会矛盾纠纷调处化解工作的重要指示精神,用足用好"三个地"特色资源,坚持"信访打头、调解为主、诉讼断后",一年抓"起步"、两年抓"巩固"、三年抓"提升",以更高站位、更实举措推进矛调中心规范化建设,使中心发挥实质性作用。要有效整合信访、司法、仲裁、社会力量等资源,推进初信初访办理和领导干部下访接访,不断创新诉源治理,使中心成为浙江省展示"重要窗口"的标志性工程,同时要扎实推进"基层治理四平台""全科网格"建设规范提升,构建"一中心四平台一网格"上下联动、左右协调的县域社会治理新模式,切实把矛盾纠纷解决在萌芽状态、化解在基层。

2023年浙江省主动顺应社会主要矛盾变化,立足于回应群众的实际需求,反映群众的真实感受,努力创造群众满意的平安新篇章。

一是坚持平安建设人人参与。推动"最多跑一次"改革,增强人民群众获得感、幸福感、安全感。政法领域民生服务事项审批流程不断简化,审批时间大幅缩短。公安部门除涉密事项外,所有企业和个人民生事项均实现"网上办",144个高频民生事项实现"一证通办",民生事项"一证通办"率为94.7%,73个高频民生事项实现全流程"跑零次"。积极推广群防群治、人民调解、志愿者参与、社会心理服务等群众参与平安建设的经验做法,让人民群众成为平安建设最重要的实践参与者、成效评价者和成果享有者。"乌镇管家""德清嫂""武林大妈""东海渔嫂""红枫义警""西湖群众"等一大批群众参与平安建设的志愿者品牌不断涌现。

二是坚持"大平安"理念。把平安建设作为各级党委政府的"一把手"工程,省委加强对平安浙江建设的全面领导,健全党委统一领导、平安办组织协调、各成员单位共同参与的齐抓共管工作格局。健全平安建设的组织领导机制、责任落实机制、考评督查机制,推动完善维护国家安全和社会稳定体系、立体化治安防控体系、社会矛盾多元化解体系、公共安全保障体系和经济领域安全保障体系,平安浙江建设的制度化、标准化、规范化水平进一步提升。完善开放多元、互利共赢的社会协同机制,充分发挥社会组织和工青妇等群团组织的作用,各类社会组织活跃在城市乡村,在社会治理中发挥着越来越重要的作用,成为浙江一道亮丽的风景。

三是始终坚持问题导向。组织实施平安中国示范区建设十大工程、40个重点建设项目,列出年度深化平安浙江建设系列专项工作,逐项确定牵头部门,逐项制定实施方案,推动平安建设各项措施落地落实。聚焦人民群众所需和平安建设重点难点问题,实行"项目化推进、清单式管理",部署开展扫黑除恶、安全生产、消防安全、交通安全、防范打击电信网络诈骗、防控金融风险、治理保健品乱象等专项整治工作。依托"云上浙江"和"政法云"等平台,广泛应用互联网、大数据、云计算和人工智能技术,大力加强"城市大脑""智安小区"等建设,扎实推进"在线矛盾纠纷多元化解平台(ORD)""智慧法院""智慧检务""云上公安·智能防控""智慧司法""移动微法院"、电信反制与侦办系统、智慧消防大数据平台、省欠薪联合预警平台、危化品风险防控大数据平台、食品风险管理平台、劳动人事争议调解仲裁网络平台、智能"阳光厨房"等平安建设领域实务系统建设,推动平安建设工作由信息化向智能化跃升。

通过全省上下协同努力,"平安浙江"建设成效显著。国家统计局实施的全国安全感抽样调查数据显示,2003年浙江省受访群众安全感满意率为90.8%,低于全国91.19%的平均水平。在实施"平安浙江"建设战略的当年,浙江省群众安全感满意率提高到92.33%,高出全国平均水平1.49个百分点。2007年达到95.97%,比全国平均水平高出2.67个百分点。2023年,浙江省群众安全感满意率达98.88%,比2003年提高8.08个百分点,连续21年位居全国前列。① 截至2023年,全省共有3个设区市和47个县(市、区)因连续19年获得平安市、平安县(市、区)称号,被授予"平安金鼎"牌匾。

---

① 李中文、刘军国:《平安浙江建设20周年成果丰硕——百姓安居乐业　社会和谐稳定》,《人民日报》2024年5月9日。

二、坚持和发展新时代"枫桥经验",加快建设社会治理共同体,显著提升社会治理现代化水平

建设和谐社会,不仅要体现在法治和平安社会建设,促进公平正义,实现夜不闭户,营造安乐祥和的社会生态,还要健全党组织领导的自治、法治、德治、智治融合的城乡基层治理体系,完善基层民主协商制度,做到政通人和,营造风清气正的良好政治生态。这既需要数字化技术手段提升社会治理效能,也需要建设人人有责、人人尽责、人人享有的社会治理共同体。

20世纪60年代,浙江省诸暨市枫桥干部群众创造了"发动和依靠群众,坚持矛盾不上交,就地解决,实现捕人少、治安好"的"枫桥经验"。2003年11月,在纪念毛泽东同志批示"枫桥经验"40周年暨创新"枫桥经验"大会上,时任浙江省委书记的习近平同志指出,"始终坚持'枫桥经验'的基本精神不动摇,并根据形势的变化,不断丰富和发展'枫桥经验',赋予其新的时代内涵,使'枫桥经验'与时俱进,显示出持久的生命力""要根据新形势下维护社会稳定出现的新情况、新特点,把学习推广新时期'枫桥经验'作为加强社会治安综合治理的总抓手"。① "枫桥经验"是中国基层社会治理的典范,是全国政法综治战线的一面旗帜。这一基层社会治理的宝贵经验在传承中发展、在发展中创新,成为展示"中国之治"的一张金名片。2023年9月20日,习近平总书记浙江省诸暨市枫桥镇考察时再次强调,要坚持好、发展好新时代"枫桥经验",坚持党的群众路线,正确处理人民内部矛盾,紧紧依靠人民群众,把问题解决在基层、化解在萌芽状态。②

中共浙江省委、省政府秉持"关键在基层,关键在基础,关键在落实"的要求,从"统筹兼顾、治本抓源""强化基础、依靠群众""完善制度、注重长

① 习近平:《干在实处 走在前列——推进浙江新发展的思考与实践》,中共中央党校出版社2006年版,第275、276页。
② 《始终干在实处走在前列勇立潮头 奋力谱写中国式现代化浙江新篇章》,《人民日报》2023年9月26日。

效"三个方面进一步总结推广和创新"枫桥经验"。坚持推进社会治理重心向基层下移,把加强基层社会治理,推动基层社会建设,作为夯实基层社会治理基础的战略性、根本性任务。坚持把末端处理和源头治理有机融入"平安浙江"建设进程之中,在乡镇综治工作中心的基础上,按照"源头治理"的要求,注重标本兼治,着力以民生促民安,以公共服务均等化推进社会事业创新发展,促进农民增收,建立了多元化的矛盾纠纷化解机制,打造融合型矛盾纠纷化解平台,从源头上预防和化解社会矛盾。"枫桥经验"的创新发展和推广,结出了累累硕果,全省涌现出如综治中心、综治进民企、平安校园、平安交通、"和谐促进会""基层治理四平台""民主恳谈会""村民说事""网格化管理、组团式服务""和谐促进工程""和事佬协会"等一大批基层社会治理创新品牌,有效地促进了基层社会治理。

凝聚政、企、社多元主体力量未来社区的建设不仅仅是一个物质的、土木的和技术的工程,也是一个涉及政府、市场、社区、科研机构等多方主体的社会系统工程。要想在更新过程中实现各主体间的良性互动,需要建立良好的协商模式,在各决策环节征集各方意见和建议。对于各参与方来说,应让"专业的人做专业的事",更应该相互监督、相互促进,最终使社区更新顺利实现。

背后蕴含的共建共享理念,也正是浙江未来社区在探索的方向。以浙江省整合提升类未来社区创建项目杭州杨柳郡社区为例,一个亮点就是通过设立未来社区管理委员会、社区基金会和参与式邻里便民服务中心,形成人人参与、互动共享的社区运营闭环体系。

党的十八大以来,绍兴以全国市域社会治理现代化试点创建为契机,推动新时代"枫桥经验"体系化、全域化、指标化、实体化、数字化提升,着力打造新时代"枫桥经验"全市域升级版,持续推动治理优势向发展胜势转变,为浙江高质量发展建设共同富裕示范区作出了"枫桥经验"发源地的贡献。

一是全市域社会治理格局不断优化提升。改革开放以来,浙江持续推动省域和市域层级向县域层级委托放权,为浙江形成县域经济强省和以县域为重点的社会治理格局奠定了制度基础。进入21世纪,向镇域放权快速推进。枫桥镇为民服务中心可以办理602项便民服务,周边乡镇居民就近到枫桥镇为民服务中心,也可办理便民服务事项。在"枫桥经验"发源地枫源村的为民服务中心,可以办理198项便民服务。然而,持续向下放权也增加了监管难度。打造新时代"枫桥经验"全市升级版,增强了市域层级的统筹功能,优化了市域、县域、镇域、村域四级联动权责体系,尤其是通过"线上+线下"一体化的方式,整合了分散在各地各部门的资源力量,强化了"条抓块统、县乡一体"的治理格局,增强了"全市一盘棋"的联动效应,也增强了各县市区布局谋篇、推动发展、提升治理效能的整体能力。

二是全市域社会治理政策体系不断健全完善。党的十九大以来,绍兴牢牢抓住现代化、"枫桥经验"、依法治理、党的全面领导等关键词,坚持问题导向、需求导向、创新导向,持续完善社会治理领域的制度设计和政策创新。以推进城乡社会治理现代化为着力点,创造性贯彻落实省委、省政府决策部署,制定出台了《关于加强乡镇(街道)"四个平台"建设完善基层治理体系的实施意见》等一系列政策措施,较为充分地释放了市域层级的制度优势和组织势能。针对乡风文明、平安建设、坚持发展新时代"枫桥经验"等社会治理领域的重点板块,制定出台了《坚持和发展新时代"枫桥经验"更高水平推进市域社会治理现代化的实施意见》等政策文件,着力补齐政策方面的短板,推动全市域社会治理现代化水平整体跃升。

三是全市域社会治理的整体效能持续提升。打造新时代"枫桥经验"全市域升级版,持续健全完善党建统领"四治融合"的城乡基层社会治理体系,有力地把党委、政府、市场、社会等多元治理主体凝聚到社会治理领域,"心往一处想、劲往一处使",推动治理重心持续下移,把"上面千条线拧成了基层一股绳"。受"枫桥经验"的"金名片效应"激励,各级各部门你追我赶的创新氛围基本形成,涌现出"三上三下三公开"村级议决事机制、"请你来协商·民生议事堂"、阿凡提品牌调解室等一批主题聚焦、特色鲜明、亮点突出、可复制可推广的基层治理"微创新"典型范例,从不同视角诠释着新时代"枫桥经验"的引领示范价值。2021年,绍兴市荣获"平安中国建设示范市"桂冠,并连续13年荣获浙江省"平安市"荣誉称号。

三、大力推进民主法治建设,切实维护人民根本利益

大力推进民主法治建设,切实维护人民根本利益,是"平安浙江"建设的支撑保障和重要内容。积极完善村民自治制度,全面落实村务公开和财务公开,加强村级集体资产管理,推进社区民主建设,推进社区自我管理等,通过基层民主建设,化解社会矛盾纠纷,维护人民群众根本利益。同时,积极提倡德治,促进德法相济、打防结合、疏堵并举、上下联动,积极推进体制机制和制度建设,努力从源头上解决问题。浙江先后制定出台了《浙江省社会治安综合治理条例》《浙江省信访条例》《浙江省安全生产条例》《浙江省平安建设和社会治安综合治理领导责任制实施办法》《浙江省预防处置群体性事件若干规定》《浙江省矛盾纠纷排查调处工作规程》《全省重大建设项目社会稳定风险评估试点工作方案》《关于加强社会治安防控体系建设的实施意见》等一系列法规文件,使"平安浙江"建设有章可循。

2023年,浙江全省深入学习贯彻落实习近平法治思想,锚定建设法治中国示范区目标,扎实推进法治浙江建设。在全国范围内率先提出建设法治中国示范区目标,成为首批法治政府建设示范入选总数最多的省(区)之一,行政案件败诉率和纠错率低于全国平均水平;全省"无证明化"改革深入推进,全面加强合法性审查工作,《浙江省数字经济促进条例》等多部具有浙江辨识度的地方立法开全国先河,司法领域主要办案质量、效率、效果等指标继续保持在全国前列,在"中国司法文明指数"得分排名中位列第一;诉源治理取得标志性成效,2004—2023年,浙江省刑事案件总量下降53%,人民群众安全感从低于全国平均水平上升到各省份前三。智慧法院综合指数位列全国第一,涌现了"移动微法院""非羁码"等大量全国领先的创新成果。近年来,法治浙江建设大部分工作及其成效继续走在了全国前列,部分领域实现全国领跑态势,法治浙江建设群众满意度也持续提升。

第 十 章

组建社会建设委员会
推动社会事业健康发展

　　建设共同富裕美好社会是一场深刻的社会变革,是一场深刻的利益调整,需要加强总体谋划、系统协调、整体推进。党的二十大报告指出:"共同富裕是中国特色社会主义的本质要求,也是一个长期的历史过程。我们坚持把实现人民对美好生活的向往作为现代化建设的出发点和落脚点,着力维护和促进社会公平正义,着力促进全体人民共同富裕,坚决防止两极分化。"①当前和今后一个时期,国际国内发展环境面临深刻复杂变化。当今世界正经历百年未有之大变局,新一轮科技革命和产业变革深入发展,国际力量对比深刻调整,国际竞争向全方位多领域深入发展,社会发展水平正成为衡量一国制度优越性的重要标志之一。随着改革开放不断深入和社会主义市场经济体制逐步完善,我国的经济体制、社会结构、利益格局和人们思想观念都发生了深刻变化。特别是经济发展取得历史性成就的同时,社会建设的短板愈发凸显。我国社会主要矛盾已经转化为人民日益增长的美好生活需要和不平衡不充分的发展之间的矛盾。加强社会建设正在成为破解社会主要矛盾的重要着力点。在开启全面建设社会主义现代化强国的新时

---

　　①　习近平:《高举中国特色社会主义伟大旗帜　为全面建设社会主义现代化国家而团结奋斗——在中国共产党第二十次全国代表大会上的报告》,人民出版社 2022 年版,第 22 页。

期,浙江肩负起了高质量发展建设共同富裕示范区的光荣使命。

第一节 社会建设委员会是应运而生的变革型组织

随着我国社会生产力水平显著提高,社会主要矛盾已经转化为人民日益增长的美好生活需要和不平衡不充分的发展之间的矛盾,社会建设正成为党和政府的中心工作之一。扎实推动共同富裕示范区建设亟须加强社会建设,着力补齐民生短板,实现人的全生命周期公共服务优质共享。因此,加强社会建设,提高社会建设水平是国际竞争深入发展的迫切需要,是人民群众的共同期盼,是推动共同富裕示范区建设的重要任务。社会建设涉及广大人民群众切身利益,既是一场深刻的利益格局调整,又是一项复杂的系统工程,对现有公共部门的发展理念、组织结构和运行机制等都提出了新的挑战和要求。浙江社会建设相对滞后于经济建设,补齐社会建设的短板是当务之急。浙江省经中央批准建立省委社会建设委员会(以下简称"社会建设委员会")是新时代适应发展环境和任务变化,加强对社会建设的全面领导,推进治理体系和治理能力现代化,扎实推动高质量发展建设共同富裕示范区的重大创新举措。在这一背景下,社会建设委员会加快建设变革型组织,加强社会建设的顶层设计、统筹谋划,具有十分重大的时代意义。面对新形势、新挑战、新任务,社会建设委员会要提高塑造变革能力,建设变革型组织,以组织变革引领社会变革和社会建设。

一、社会建设正成为党和政府的中心工作之一

把社会建设摆在更加突出的位置是顺应发展阶段变化的关键之举。经过改革开放40多年的快速发展,浙江省经济总量超过7.34万亿元,人均GDP达1.76万美元,已经迈进高收入经济体的门槛,处于从"高收入经济

体水平"向"发达经济体水平"迈进的关键时期。国际经验表明,到了这个阶段,经济结构、社会结构、发展动力、社会需求都会发生重大变化。随着社会生产力水平显著提高,人民对美好生活的需要日益增长,呈现出多样化、多层次、多方面的特点,不仅对物质文化生活提出了更高要求,而且在民主、法治、公平、正义、安全、环境等方面的要求也日益增长,人民群众期盼有更好的教育、更稳定的工作、更满意的收入、更可靠的社会保障、更高水平的医疗卫生服务、更舒适的居住条件、更优美的环境。

浙江社会建设长期滞后于经济建设,补齐社会建设的短板是当务之急。对标国内外先进地区和共同富裕示范区建设的新目标新要求,浙江省社会建设不少领域供给水平仍有待提高,离人民群众的新需求新期待,均尚有差距;社会事业发展在城乡之间、区域之间、不同群体之间还存在较为突出的结构性矛盾;教育、医疗等领域的存量改革难以推进;市场化、多元化、法治化社会治理格局尚未系统建立。从短期而言,社会建设的短板会导致老百姓的幸福感、获得感不足,从长远来说,更会对经济持续发展乃至社会长治久安形成威胁。浙江省只有更加重视社会建设工作,破瓶颈、跨障碍、补短板,才能有效化解工业化高速发展阶段积累的各种结构性矛盾,成功迈过"中等收入陷阱",真正使改革发展成果惠及全省人民,向党中央交出高质量发展建设共同富裕示范区的满意答卷。

二、社会建设是一场深刻的社会变革

社会建设是一场深刻的利益调整。社会建设是和人民群众生活联系最紧密、利益关切最直接的关键领域,方方面面无一不是社会资源和社会机会重新分配和配置的过程。目前,浙江省城乡之间、区域之间公共服务仍然存在较大差距,在某些方面甚至超过了收入的差距。就城乡差距而言,2023年,浙江城乡居民人均报销医疗费分别为 696 元和 404 元,两者之比为1.72∶1;城镇职工人均养老金和城乡居民人均养老金分别为 50509 元和4988 元,两者比值为 10.1∶1,远超过城乡收入比 1.86∶1。就地区差距而言,2023 年,全省基层医疗卫生机构总数超 3 万家,占卫生机构总数的94.12%,但门诊量占比仅为 54.89%,在岗职工数仅占 29.8%,基层医疗卫生服务能力较为薄弱;2023 年,全省普通小学生均一般公共预算教育事业费最高地区和最低地区之比达 1.77∶1,普通初中生均一般公共预算教育事业费最高地区和最低地区之比达 1.82∶1。加强社会建设将通过提供普及普惠公共服务构建一个公平合理的新利益分配格局。

社会建设需要实现机制和动力的变革。经济建设领域,采用市场机制优化资源配置已经形成广泛共识,然而社会建设领域中,公共产品如教育、医疗等,存在消费的非竞争性和受益的非排他性,单纯依靠市场机制来提供容易产生"搭便车"行为,同样,单纯依靠政府提供也会产生决策制定和执行的低效率、寻租等问题,从而面临市场失灵和政府失灵的双重困难。社会建设需要谋求机制和动力的创新和变革。除此之外,要走出一条发展机会更加均等、发展成果人人共享的高质量发展道路,势必需要一场涉及经济结构、产业结构、收入结构、区域结构的社会变革。这不是传统路径、传统方式、传统手段所能实现的,核心在于通过科技创新、数字化与绿色低碳的融合巨变,创造前所未有的新机遇和核心驱动力。

三、社会建设委员会是领导社会建设顶层设计、统筹谋划的变革型组织

(一) 推进社会建设的首要任务是加强顶层设计、统筹谋划

当前就业、社会保障、收入分配、医疗卫生、教育、住房、环境等关系群众切身利益的社会问题比较突出。这些问题是由多种因素造成的,有市场化不足的问题,如企业制度不完善、市场体系不健全等,也有市场化过度的问题,即泛市场化问题,如公共服务产业化等。更多的问题是发展中的问题,如城乡二元结构、人口基数大,社会保障体系不健全等。解决这些问题,根源上是要进行顶层设计,重构一套社会领域的制度和政策体系。社会建设的顶层设计既包含社会建设的理念、模式和目标等宏观层面的擘画,也包含

组织保障、资金保障机制等制度层面的设计,更包含改革的优先次序、日程以及"机会窗口"等操作层面的安排。好的社会建设顶层设计能兼顾效率与公平、财力所及与群众所盼,不但能减少社会资源的浪费,还能为经济可持续发展创造条件。

(二) 社会建设委员会是社会建设的"总参谋部",要扮演好总设计师、总发起人、总策划者的角色

建立社会建设委员会是省委从全省社会事业发展全局和战略高度作出的重大决策部署,是加强对全省社会建设的全面领导、推进治理体系和治理能力现代化、扎实推动高质量发展建设共同富裕示范区的重大创新举措。社会建设委员会是社会建设的"总参谋部",它不管理具体人、财、物,而以更为超脱的身份,紧紧扭住重大改革、重大平台、重大政策、重大机制,对全省社会建设领域进行顶层设计和系统谋划,统领各部门统筹推进社会建设领域改革。

(三) 社会建设委员会要争当以组织变革引领社会变革的模范生

一方面,社会建设是一场深刻的社会变革。要推动社会变革,离不开组织体系创新。社会建设委员会的成立,就是要遵循"体系全面重塑、功能整体优化、创新综合集成"的变革型组织要求,坚持多跨协同解决问题,加快建立上下贯通、执行有力的严密组织体系,打通整合党政机关各项职能,努力实现党政机关整体智治、高效协同、闭环管理,推动社会建设深层次系统性制度性重塑,充分发挥组织体系的引领、撬动、赋能作用。另一方面,社会建设委员会要努力成为社会变革的引领者而非追随者。满足人民群众对美好生活的需要是社会建设的出发点和落脚点,但社会建设不能盲目地迎合群众的一切需求,而应遵循社会发展规律,有目的、有规划、有组织地持续推进。社会建设委员会在推进社会建设中不能脱离各地实际情况,不能超越发展水平,要秉承"既尽力而为,又量力而行"的原则,统筹需要和可能,把保障和改善民生建立在经济发展和财力可持续的基础之上,重点加强基础性、普惠性、兜底性民生保障建设。

第二节　建设变革型组织的关键
领域和主要环节

社会建设涉及广大人民群众切身利益,既是一场深刻的利益格局调整,又是一项复杂的系统工程,要求社会建设委员会超越传统的党政组织,在运行理念、机制、工具、手段和方法上进行全方位、系统性、整体性重构。社会建设委员会建设变革型组织的关键领域和主要环节,应重点从变革方向、机构定位、运行方式和组织文化四个维度来把握。

一、变革方向:利益超脱、学养丰厚、勇于革新

(一) 利益超脱是打破部门利益的关键法宝

浙江省的社会改革和共同富裕示范区建设已经进入到必须"综合配套"的阶段,亟须一个超越各部门利益的,对改革进行总体把握、总体规划和对综合配套政策予以设计和实施的部门。此外,社会建设是一场深刻的社会变革,势必带来利益格局的重新调整,利益主体之间将为此进行激烈的博弈。在相关制度、政策制定的决策程序中,应该有独立、超脱和相对没有利益瓜葛的综合判断和裁决部门,同时对博弈激烈和长期争论的一些问题引入社会智库的判断表达,社会建设委员会正是要在这些方面发挥功能。

(二) 丰厚的学养是进行顶层设计的定海神针

顶层设计是社会建设委员会的重要工作任务,而社会建设领域仍有许多基础理论问题尚未得到解答,比如如何有效提升民生福祉同时避免"高福利陷阱"? 如何解决技术进步可能带来的失业问题? 再如如何做到优化收入分配格局又不损害市场主体的积极性? 科学认识和回答这些基础命题才能为社会建设提供"罗盘指针",使得社会建设的顶层设计的政策效果符合政策意图,而不至于南辕北辙、顾此失彼。这需要组织成员具备较高理论

专业素养,对于这些关键命题有深入的分析和认识。其实在社会建设的制度模式选择上,各个国家既有许多成熟的经验也有不少沉痛的教训,走一步看一步的"试错法"改革已难以满足我国发展需要,社会建设委员会要站在理性的高度上,总结各国发展规律,研判出适合省情的社会建设模式。

(三) 勇于革新是应对百年变局的最佳策略

我国发展仍然处于重要战略机遇期,但机遇和挑战都有新的变化。百年变局叠加世纪疫情,新一轮科技革命和产业变革深入发展,形势变化具有高度不确定性特征。建设共同富裕示范区是一项开创性事业,走好这条前所未有的路,没有现成的经验可学,没有教科书可以参考。面对这样一个复杂的系统、一项重大的任务,要在实践中不断拓展深化认识理解,推动社会建设始终朝着正确方向探路前行。社会建设委员会要坚定理想信念,强化责任担当,勇于摒弃固定思维、摆脱路径依赖、打破固有利益格局,把加强改革系统集成、推动改革落地见效摆在更加突出的位置,增强系统观念、辩证思维、创新意识。

二、机构定位:统揽全局的牵头协调组织

社会建设是一套制度化的理论体系、实践体系,制度是关系社会建设的根本性、全局性、稳定性、长期性要素,推进社会建设必须着眼于长期的制度建设和政策体系构建。在社会建设行动中应该实行"制度型"模式,而不能依赖"补救型"模式。地方政府在社会建设方面应该是扮演一个"社会建筑师"的角色,根据人民群众的需要和社会发展规律设计好社会建设的蓝图,并精心施工,而不能仅仅扮演一个"社会修理工"的角色。社会建设委员会作为党委派出机构,要把引领推动社会变革作为重要使命和核心功能,要正确处理好与党委、政府部门的关系,强化统筹协调、牵头抓总作用。

下一步,需要继续从以下几方面厘清理顺各方关系,推动实现机构职能优化协同高效。坚持"两委融合",省发展改革委所有处室、所有成员全力

支持社会建设委员会各项工作,社会建设委员会全面融入省发展改革委"8+1"业务模块、发改工作"八法"等工作体系,实现高度融合、不分你我。坚持"部门协同",发挥高质量发展建设共同富裕示范区领导小组机制作用,着力整合不同部门、不同领域的资源和优势,合力攻坚、全力破解社会建设的短板和难点。坚持"系统联动",按照"职能优化、承接有力、机制完善"的目标要求,推动市、县成立社会建设委员会,加强领导和指导,实现纵向贯通、高效联动、紧密协作。坚持"全员参与",发挥人大、政协、各民主党派、工商联、无党派人士以及人民团体、行业协会、经济组织作用,汇聚推进社会建设的强大合力。

三、运行方式:清单化、数字化、专班化

就运行方式而言,社会建设委员会目标是实现党政机关整体智治,打通整合党政机关各项职能,推动不同类型机构边界融合,加强跨部门协同攻坚克难,建立起上下贯通、执行有力的严密组织体系。下一步需要从各项工作"清单化、数字化、专班化"出发,继续建立健全六大工作机制。建立统筹协调机制,切实发挥社会建设委员会牵头抓总作用,打破地方和部门条条框框,高效协同谋划推进共同富裕重大改革、重点工作以及社会建设多跨事项、薄弱事项的攻坚突破。建立会商研判机制,定期分析研判全省社会建设形势,研究社会领域重大问题,研判地方反映强烈、单个部门不能解决的难点痛点,共同提出决策建议。建立清单管理机制,建立重点工作清单、指标目标清单、工作计划清单,利用数字化手段加强清单跟踪、推进和督促。建立调研服务机制,完善调研长效机制,建立调研需求清单,组织开展推进社会建设领域重大改革、重大事项的调查研究,及时提出建议意见。建立督查督办机制,建立成员单位、市县工作推进情况常态化报送制度,强化督查督促,对督查发现的问题及时进行督办。建立宣传推广机制,及时总结社会建设好经验好做法,归纳提炼机制性制度性创新成果,全方位、多层次开展宣传,及时推广最佳实践。

四、组织文化:求新求变、善于学习、自我约束

(一) 将变革思维融入组织的文化基因,锤炼求新求变的"领头羊"精神

变革型组织倡导"勇闯无人区"的灵活适应型组织文化。从"要我变革"到"我要变革"、从"适应变革"到"引领变革",这是一场解放思想、触及灵魂的深刻革命。要树立"我要变革"的自觉性,以自我革命、自我变革来主动适应社会变革,激发动力、活力,实现自我超越。要敏于抢先机、善于下先手,以敢于破难的勇气、勇于争先的精神,突破体制机制的障碍,突破思想固化的藩篱。

(二) 不断深化对理论和实践的认识理解,营造善于学习的组织文化氛围

变革型组织首先是一个学习型组织,要善于获取、创造、转移知识,并以新知识、新见解指导进一步工作。为此要做到以下几点:注重基础研究,发挥智库以及社会建设专家咨询委员会作用,共同开展社会机制系统重塑、社会群体结构分析等一批社会建设基础课题研究;做好调查研究,围绕重点工作,常态化开展调查研究,掌握基层实情要情,快速精准发现苗头性、预警性、倾向性的突出问题和风险隐患,提出前瞻性、战略性思路,为领导决策提供参考;重视政策评估,聚焦问题背后的制度原因,对不符合基层实际的政策条款及时修改,对不适应发展需要的制度规定及时纠正,对政策空白和制度短板及时补齐,着力提高各项政策的系统性、协调性、可操作性。

(三) 树立更高的作风和纪律标准,打造自我约束的组织文化底色

社会建设委员会不同于传统党政组织,其工作内容有赖于主动谋划、主动作为,因此要将更加重视作风建设,融入社会建设各项工作中。强化纪律意识和责任意识,提高工作效率和服务水平,为树立良好的社建系统作风形象奠定坚实基础。着力加强自身能力建设,提升保障中心、服务大局的能力水平,特别是坚决贯彻落实省委决策部署,不折不扣执行省委决策部署,积

极出谋划策提建议。持续深化机关效能建设,不断提高依法行政、民主管理的能力,沟通协调、高效服务的能力,清正廉洁、自我约束的能力,为扎实推进社会建设各项工作提供强有力的思想、组织、作风、纪律的保障。

第三节　围绕改革和任务清单 整体推进组织变革

推进组织变革是建设变革型组织的基本任务,组织变革要以发展目标为导向。围绕高质量建设共同富裕示范区的总目标,省委省政府提出了"1+5+N"重大改革清单,以"扩中、提低"建设"橄榄型"社会为重点推进社会结构变革,聚焦缩小地区发展差距、缩小城乡发展差距、公共服务优质共享、精神生活共同富裕、共同富裕现代化基本单元等五大重点领域,推出一揽子标志性重大改革。社会建设委员会应紧紧围绕"1+5+N"工作目标整体推进组织变革,强化统筹性、灵活性、开放性、民主性,坚持多跨协同解决问题,加快建立上下贯通、执行有力的严密组织体系,努力建设变革型组织、提高变革能力,实现党政机关整体智治、高效协同、闭环管理。

一、强化统筹性,横向整合同级职能部门功能,发挥社会建设委员会在社会建设中"统"的作用

社会建设领域广泛,涉及医疗、卫生、教育、健康、社保等民生建设,对系统性要求极高,需要系统设计、专项论证、整体推进。因此,社会建设委员会的一项重要职能便是加强各职能部门的横向整合,发挥统筹作用,打通整合党政机关各项职能,最终实现改革突破。

(一) 实现部门职能的"统"

部门职责交叉、条块分割等"碎片化"现象一直是党政机关组织管理实践的突出问题,变革型组织要遵循"整体智治"的先进理念,打通社会建设

领域党政机关的各项职能,推动不同类型机构组织的边界融合,实现跨部门横向协同与组织上下贯通,建立起跨部门跨层级的省市县一体、部门间协作的现代组织体系,进而推进体制机制与政策的统一。

（二）实现数据与流程的"统"

以数字化改革为重要抓手,进一步加强数据共享、流程再造和业务协同,打破数据壁垒、数字孤岛这一重点难点,通过构建全部门、全链条的"一体化"数据共享机制,提升"纵横交错、条块结合"的协同效应与应急治理能力。聚焦系统融合、综合集成,丰富场景化多业务协同应用,善于运用互联网、大数据、人工智能等技术手段破解治理难题,建立健全与数字化时代相适应的变革型组织运行方式。

（三）实现民生政策的"统"

围绕群众高频需求、企业共性需求、推动治理体系和治理能力现代化等需求,聚焦痛点堵点难点问题,整合社会民生需求,形成重大需求清单,从而有利于推动数据共享与多跨联动,实现民生政策的统一。例如,加强社会保障领域的基础整合,以"大福利大民生"理念构建现代社会保障体系。进一步强调整个社会福利体系的"普遍性"与"整合性",完善"全覆盖、多层次"的社会保险体系,体现社会福利对象的全民性、社会福利内容的全面性、社会福利形式的综合性、福利提供主体的多元性和福利供给方式的多样性。再如促进城乡居民基本养老保险制度、基本医疗保险制度等社会保障项目的整合,并在不同地区及城乡之间逐渐实现标准统一,等等。

二、注重灵活性,根据目标任务变化,机动灵活地组建各类纵向的工作专班,提升社会建设委员会在社会建设中"活"的效率

推进社会建设是一项复杂的系统工程,目标任务繁多,需要严格论证、专项行动、阶段推进。在组织管理实践中,曾出现过职能型、事业部型、矩阵型等多种组织架构模式,其行动效率各有优劣。面对新时代整体推进社会建设的重大战略任务,变革型组织不能单纯选择某一种组织架构,而是要加强组织形式的灵活创新,根据不同的任务目标建立不同的组织架构。

（一）打造更加灵活的混合型组织形态

变革型组织应该打造融合多种类型的混合型组织形态,混合型组织形态能够综合利用各种组织形式的优点,以高度灵活性应对迅速变化的外部环境和目标任务,积极应对不确定性。在各级党政机关的职能型基本组织架构基础上,灵活采取矩阵型、网络型的专项小组、工作专班等组织形态,为推进重大改革提供坚强的组织保障。

（二）构建更加灵活的专项工作组

变革型组织需要根据社会建设不同领域的各项任务目标,在实行专班化运作的基础上,灵活设立专项推进组,针对不同项目,由专业团队提供专业方案,以提高项目推进效率。同时需要建立清单管理、协同合作、量化考核制度,将数字化改革纳入变革型组织建设的目标任务,推动社会建设的项目化、程序化、高效化。

（三）形成更有效率的闭环管理流程

变革型组织应创新工作推进流程,实现更高效率的流程再造。在社会建设任务推进过程中,需要建立健全"发现—反馈—整改—共享"的闭环管理机制,提高纵向与横向部门之间高效协同,集中力量解决重点难点问题,通过滚动梳理目标任务,定期抓任务推进,不断纠正改进工作偏差,提高社会建设委员会推进社会建设的工作效率。

三、坚持开放性,吸收社会多元主体共同参与,发挥社会建设委员会在社会建设中"新"的动力

组织管理经典理论认为,组织面对的外部环境决定了组织的内部结构和运行方式。当前,浙江省处于高质量发展建设共同富裕示范区的重要战略机遇期,同时面临百年未有之大变局,以及新一轮科技革命和产业变革深入发展,形势变化具有高度不确定性特征。这些决定了变革型组织需要保持开放性,社会建设委员会需要根据环境变化而不断创新和更新,与时俱进

保持开放与创新,为社会建设提供持续新动力。

（一）保持社会主体参与的开放性

社会建设涉及民生建设各个方面,关系最广大人民群众的利益,伴随着社会利益格局的调整,具有普惠性和全面性。因此,需要调动社会各类主体的积极性,广泛地参与到社会建设中来,共同推进社会建设。社会建设委员会作为变革型组织,需要保持参与主体的开放性,基于不同的专项工作组,灵活组建各种专家委员会,充分吸收国内外专家、智库及各类社会主体参与,并建立专家委员会动态调整机制,通过集思广益、充分论证,总结西方发达国家关于社会建设的经验与教训,结合国情省情谋划各类民生建设新思路,为社会建设委员会科学决策提供智力支撑,推动多元主体协同共建。

（二）保持任务目标更新的开放性

变革型组织与传统科层制组织最大的区别在于,善于根据外部环境变化保持灵活快速反应能力,主动创新组织结构和运作方式以适应新挑战。浙江省正处在社会建设快速推进的重要时期,具有一个复杂的改革目标体系,不同领域、不同阶段、不同群体都面临时刻变化的社会需求和目标任务。变革型组织面临的目标任务也是与时俱进的,因此需要保持目标任务的开放性,借助各类渠道与技术,增强与民众的及时互动,扩大民主参与的宽度与深度,对社会舆情进行定期梳理,及时了解民众对社会需求的动态变化,根据经济社会发展的不同形势、改革推进的不同阶段、社会需求的变化,及时动态地调整任务目标和改革预期,以确保社会建设的改革符合社会发展需求。

（三）保持技术手段迭代的开放性

随着新技术革命和产业不断升级,变革型组织也要依托新技术融合社会建设工作,提升社会建设效率。充分利用现代科技手段的迭代升级,不断革新社会治理模式和工作方式,依托高科技与信息平台构建一个全面、系统、开放的工作系统,建立从省到县、覆盖各行各业的信息中心和数据库,及时收集社会与民众中的各种需求、诉求及动态,各级社会建设委员会能够根据需求变化而进行前瞻性的分析和响应,提高变革型组织的应变能力。

四、增强民主性,建立充分协商与评估督导机制,构筑社会建设委员会在社会建设中"稳"的保障

建设变革型组织,既要突出以改革为特征的"变",更要处理好"改革"与"稳定"的关系。社会领域的改革涉及群众生活的方方面面,具有显著的利益广泛性,整体推进社会建设既要坚强有力的组织领导,又要经过充分的科学论证和广泛协商,同时也要对改革目标、改革路径、改革成效进行评估与监督,才能构筑整体推进变革型组织的持续机制,为社会建设提供长期"稳"的保障。

（一）加强党的全面领导

社会建设领域广泛,既有增量改革,又有存量改革,目标是在社会建设领域更加突出公平,促进社会利益格局的调整,改革目标任务艰巨、利益错综复杂,一些重点领域还存在改革动力不足的现象。因此,为了确保社会建设的顺利推进,需要建立健全党的全面领导机制。党的全面领导,一方面能够保证改革方案始终代表最广大人民群众的根本利益,着力解决人民群众最关心、最实际的民生问题;另一方面有利于统筹协调各部门机构,统一认识,强化协同性,形成改革合力,同时有利于塑造领导干部变革能力,培养一批具备新理念、适应新形势、助力新发展的干部,提升党政机关班子和干部队伍推进改革的动能。

（二）加强社会各界充分协商

社会建设的推进需要社会各方力量合力推进,现代社会治理要求集体协商、多元共治,因此,需要建立健全多方共担的社会建设协商制度,特别是在医疗、教育、社会保障等领域的重大改革、公共服务部门的管理监督方面,应组织利益相关群体的代表参与,特别是广泛听取基层群众的意见,推行严格科学的民意抽样调查、完善劳资集体协商程序、进一步完善听证会制度,

使利益的诉求表达和具体协商制度不断健全,充分调动社会建设的微观主体能动性。

(三) 建立评估督导机制

为了保障社会建设方案、政策的顺利推进,需要建立健全督查机制,督查机制既是激励机制,也是问责机制,以自我督查、联合督查、专项督查等形式,营造变革争先的导向氛围,不断推动变革型组织的建设,强化工作合力,确保取得实效、走在前列、实现目标。同时,加强社会监督,对于关系重大民生需求的改革举措,建立定期的信息公开制度,向社会民众反馈改革推进情况与社会建设成效,根据社会需求变化及时调整任务目标和工作方案。

第四节　社会建设委员会建设变革型组织面临的主要制约因素

组建社会建设委员会是浙江省加强社会建设和推动共同富裕示范区建设的创新举措。社会建设委员会建设变革型组织面临的制约主要来自社会建设领域原有职能部门和社会建设委员会自身。

一、社会建设领域原有职能部门的阻力

组建社会建设委员会是社会建设领域一场深刻的组织变革。社会建设委员会承担拟订发展战略、规划和重大政策、重大改革方案,指导协调相关部门开展社会政策风险评估,对社会发展、社会改革重大事项和重要政策落实情况进行督查等社会建设领域统筹协调、牵头抓总的职能。社会建设领域原有职能部门所拥有的拟定规划、制定政策、评估检查等职能将因此被调整,这将会触及其部门利益,从而对社会建设委员会理顺与职能部门的权责关系,开展有效运作产生影响。

二、社会建设委员会的变革理念有待深化

社会建设委员会既是组织变革的结果，也是进一步变革的主体。作为新组建的机构，社会建设委员会难免会受到原有公共部门惯性思维和固有观念的影响，对改革其他职能部门的职能设置和运作机制比较积极主动，但当面临刀刃向内进一步改革和完善自身组织结构、职能分工、运作机制时则易产生求稳怕变思想，弱化变革意识。

三、社会建设委员会的组织机构和职能有待完善

就现有条件而言，目前社会建设委员会系统的组织结构和职能设置有其合理性，但从"统筹协调、牵头抓总"的要求来看，也还存在一些矛盾。一是社会建设委员会与发展改革部门的职能矛盾。目前，省委社会建设委员会与省发展改革委合署办公，这便于借助省发展改革委已有组织体系，在较短时间内建立社会建设委员会组织机构并开展工作，因此，短期内这是一种有效的制度安排。但社会建设和共同富裕都是长期工作，社会建设委员会作为高层级的社会建设领导机构，应是一个利益超脱的部门，最好不承担资源分配职能，不拥有行政审批权力，但现行管理体制下，省发展改革委正是重要的要素资源分配部门和项目审批机构。二是社会建设委员会与高质量发展建设共同富裕示范区领导小组及其办公室之间的职能矛盾。根据目前的安排，社会建设委员会既主要负责"五位一体"总体布局中社会建设有关工作，又要承担高质量发展建设共同富裕示范区领导小组具体工作。共同富裕几乎涉及经济建设、政治建设、文化建设、社会建设、生态文明建设等"五位一体"的各个领域，但社会建设委员会的机构职能主要还是在社会建设领域的顶层设计和统筹协调，这与全面、有效承担高质量发展建设共同富裕示范区领导小组具体工作的要求难以匹配，客观上存在"小马拉大车"问题。

四、社会建设委员会的组织形式和运行方式有待优化

以大数据为代表的信息技术在改变生产、生活方式的同时,也改变着人类社会的组织方式。信息技术重塑了政府治理的环境,必然要求公共部门的组织形式和行为方式相应变革。但社会建设委员会目前在组织形式上仍以科层组织形式为主,在运行方式上仍以信息的纵向传递为主,浙江省数字化社会已有长足发展,但作为数字社会重要治理机构的社会建设委员会的数字化改革还存在短板。

第五节 推进社会建设委员会建设变革型组织的对策建议

建设变革型组织的核心内容是推进组织变革。社会建设委员会应适应内外部环境变化,从基本职能和主要任务出发,从组织理念、机构职能、运行方式等层面进行调整、改变和创新,积极破解制约因素,推动社会建设委员会加快建设变革型组织。

一、深化理念变革,用变革理念引领变革型组织建设

理念是组织的灵魂,是行动的先导,有什么样的发展理念就会引领什么样的发展实践,塑造什么样的发展形态。理念变革是组织变革中最深层次的颠覆性改变,是一场解放思想、触及灵魂的深刻革命。缺乏变革理念,即使建立了新的组织机构也不是真正的变革型组织。变革理念重点在“变”,变是永恒不变的主题,要善于识变,积极把握发展环境和任务的变化;关键在“革”,要以自我革新的意识应对形势、环境的变化。社会建设委员会作为组织变革的结果,自身组织结构和职能设置还不完善、不成熟,同时发展环境、组织任务和技术手段都在变化,这些因素都要求社会建设委员会必须

摆脱惯性思维、固有观念和惰性思想,坚持变革理念,深化理念变革,不断推进变革型组织建设。一要强化变革思维,精准识变、主动求变、积极应变。从"要我变革"到"我要变革"、从"适应变革"到"引领变革",敏于抢先机、善于下先手,以敢于破难的勇气、勇于争先的精神,突破体制机制的障碍,突破思想固化的藩篱,勇闯"无人区",使社会建设委员会始终保持旺盛的生机和活力。二要强化共享理念,打破固有等级观念,遵循公平正义的价值追求,深入推进社会建设委员会建设变革型组织。社会建设委员会必须打破社会建设领域固有的等级观念,牢固树立共享理念,在拟定规划、制定政策时,以社会成员权利平等为原则,使改革发展成果更多更公平惠及全体人民。三要强化广泛参与理念,形成广泛参与、共建共享的生动局面。我国的社会建设始于计划经济时期,在计划经济体制下,社会保障和社会福利职责主要由政府、企事业单位和集体经济组织承担。改革开放后,随着农村人民公社解体和国有企业改革,政府逐渐承担起了社会建设的主要责任。但在社会主义市场经济条件下,社会建设不仅仅是社会建设委员会和政府具体职能部门的职责,还是人民群众的共同事业,必须动员全社会广泛参与,通过政府采购公共服务、加快培育社会组织等形式,形成共建共享的社会建设生动局面。

二、深化机构和职能变革,理顺社会建设委员会与相关机构部门之间的关系

组织机构和职能设置是相辅相成的关系,机构是职能的载体,职能是机构的使命。若组织机构不相对独立,职能交叉和重叠现象就难以避免。作为社会体制改革的新生事物,社会建设委员会现有的组织模式不应被看作最终模式,应允许对社会建设委员会组织模式的进一步探索。一要以机构相对独立和职能进一步聚焦为方向,逐步深化社会建设委员会的机构和职能变革。目前,社会建设委员会机构和职能尚处于培育期,与发展改革委员会合署办公,有其合理性和必要性。但社会建设是一场深刻的利益格局调

整,需要通过改革加以推动。改革需要打破地方利益、部门利益的束缚,由一个利益超脱的部门来组织。因此,从进一步发展来看,社会建设委员会应以原经济体制改革委员会为参照,逐步向专司社会建设领域顶层设计和统筹协调职能的相对独立部门方向变革。围绕设计改革方案、拟定发展规划、制定社会政策、组织开展试点、分析评估社会政策风险、协调社建领域各部门关系等主要职能,进一步健全社会建设委员会的组织机构。高质量发展建设共同富裕示范区领导小组应作为社会建设委员会和发展改革委之上更高层级的议事协调机构,其具体工作可由发展改革委负责,社会建设委员会不再承担。二要允许市县级社会建设委员会积极开展组织创新,探索机构合署、独立组建等不同组织模式。通过多样化的变革型组织建设实践积累经验,推动社会建设委员会系统变革型组织建设深入发展。同时,各级社会建设委员会的职能应有所侧重,不能"上下一样粗",出现职能重叠和重复现象。基本公共服务均等化是社会建设和共同富裕的重要目标,因此,社会改革的方案和目标要求应全省基本统一,不能各地各搞一套,这就需要省委社会建设委员会重点抓好社会改革方案设计和政策制定,推动全省基本公共服务优质共享;市县级社会建设委员会主要是协调好改革方案和政策措施在当地的落实,重点抓好社会组织发展和社区共治等工作。

三、深化组织形式和运行方式变革,以数字化赋能社会建设委员会变革型组织建设

以大数据为代表的信息技术发展极大促进了社会的数字化,也为推进公共部门组织形式和运行方式变革提供了新的契机,社会建设委员会要紧抓机遇,深化自身数字化改革,着力建设数字化的变革型组织。一要适应大数据的共享特征,推动社会建设委员会的组织形式由科层型向网络化、扁平化方向变革。开放共享的大数据突破了传统科层组织的边界性,改变了公共部门之间的数据鸿沟和信息孤岛现象,因而使信息资源的共享渠道越来越多元。大数据使得组织结构中不存在一个绝对中心,各个参与节点之间

是平等的,这促进了公共部门组织形式从科层的等级制走向网络化、扁平化的多中心交互式。二要适应大数据的网络式信息传递特征,推动社会建设委员会形成开放式的运行方式。以大数据为代表的信息技术,改变了信息传递方式,使信息由自上而下或自下而上的纵向逐层级传递转变为全方位、多层次、多样式、跨时空的多向平行的网络式传递。这就为社会建设委员会充分利用职能部门、社会组织、社会智库、专家咨询委员会,乃至社会公众资源,广泛收集社会信息,深入了解社会需求,准确把握社会矛盾,开放式设计改革方案、拟定发展规划、制定社会政策、评估政策效果提供了技术可能。开放式的运行方式使社会建设委员会能够实现"用数据说话、用数据决策、用数据监督",有助于提高决策的及时性和科学性,提升社会建设委员会的应变能力和治理效能。三要利用大数据信息技术发展的有利条件,打破职能部门对数据的垄断和信息不对称局面,突破部门利益的阻碍,加快推进社会建设委员会的变革型组织建设。

结 束 语

共同富裕先行是
浙江前所未有的重大机遇

中国式现代化是人口规模巨大的现代化,其艰巨性和复杂性前所未有。党的二十大报告指出:"共同富裕是中国特色社会主义的本质要求,也是一个长期的历史过程。"①中国式现代化是全体人民共同富裕的现代化,是物质文明和精神文明相协调的现代化,是人与自然和谐共生的现代化,是走和平发展道路的现代化。深刻领会习近平总书记中国式现代化重要论述精神,浙江省要紧扣"五个方面内涵特征",扎实推动高质量发展建设共同富裕示范区,促进人的全面发展和社会全面进步,为我国共同富裕和现代化先行探路。

一、全面转入创新驱动发展模式

进入 21 世纪以来,浙江以"八八战略"为总纲,坚持把创新作为引领发展的第一动力,紧紧围绕建设科技强省战略目标,抓重点、锻长板、补短板、强弱项,自主创新能力、科技综合实力和竞争力持续增强。但是,浙江省还存在国家级创新平台载体偏少、产业集群创新能力不强、高端创新人才紧缺

---

① 习近平:《高举中国特色社会主义伟大旗帜　为全面建设社会主义现代化国家而团结奋斗——在中国共产党第二十次全国代表大会上的报告》,人民出版社 2022 年版,第 22 页。

等诸多短板,科技支撑高质量发展的动能不足,亟须面向世界科技前沿、面向经济主战场、面向国家重大需求、面向人民生命健康,加快科技创新步伐、提升科技创新支撑能力,再创浙江发展新优势。

为衡量科技创新水平,可以从科技投入和产出两个方面来测度。一是科技投入。一般用研究与试验发展(R&D)占 GDP 的比重来反映。根据《2023 年全国科技经费投入统计公报》①,浙江省研究与试验发展经费占 GDP 的比重为 3.20%,低于北京(6.73%)、上海(4.34%)和天津(3.58%)三大直辖市,也低于广东(3.54%)、江苏(3.29%)。同时与位于创新型国家前列的国家比,浙江省的研发投入比,也低于韩国(5.21%)、日本(3.98%)和德国(3.22%)。其中,基础研究经费占比(3.36%)低于全国平均水平(6.77%),仅为发达国家的(12%—20%)的 1/5。因此,浙江省需要加大科技投入,尤其是基础研究经费的投入,争取到 2025 年研究与试验发展占 GDP 的比重达到 3.3%,到 2035 年达 4.0%。二是科技产出。科技直接产出可以用专利发明来表示。在"十四五"规划中,我国首次将每万人口高价值发明专利拥有量纳入经济社会发展主要指标。高价值发明专利包括:战略性新兴产业的发明专利,在海外有同族专利权的发明专利,维持年限超过 10 年的发明专利,实现较高质押融资金额的发明专利,获得国家科学技术奖或中国专利奖的发明专利。这 5 种类型的高价值发明专利聚焦战略性新兴产业创新创造,反映了进入新发展阶段、推动高质量发展、构建新发展格局的形势需要。2023 年浙江省该指标值为 14.7 件,预计到 2025 年达到 17 件。

二、服务和融入新发展格局

开放发展是区域高水平现代化重要特征,是一个文化多元、经济引领、社会包容开放过程。加快开放发展,不仅是浙江自身发展需要,更是勇担

---

① 参阅《2023 年全国科技经费投入统计公报》,中国新闻网,2024 年 10 月 2 日。

"重要窗口"使命、建设共同富裕示范区的需要。新时代背景下,浙江开放发展尤其需注重文化多元、经济引领、社会包容开放。

第一,文化多元开放。文化多元化是社会现代化不能回避的维度,它是在与外部文化不断交融碰撞过程中逐渐形成的。以近5年入境游平均人数与全省常住人口比值作为文化多元开放指标。2023年浙江文化多元开放性指数为119.9,低于上海、广东、北京等前沿文化开放省市。第二,经济引领开放。地区经济越是开放,其参与全球生产体系程度越深,引领全球经济发展能力越强。以世界500强企业数和对外直接投资额作为经济引领开放指标。2023年浙江拥有经济开放引领性跨国企业仅10家,落后于北京、广东、上海,与山东、江苏等也未拉开差距。实际使用外资193亿美元,比2022年增长5.2%,规模居全国第五位。全省1306家境内主体在境外投资设立企业1493家,比2022年年末增加559家。全年对外投资备案额168亿美元,比2022年增长29.1%,但落后于广东、上海等省市。第三,社会包容开放。地区社会包容性越高,区域创新创业氛围越浓厚,越能推动地区现代化。反过来,地区现代化程度越高,越能吸引各种外来人口前来创新创业,形成开放发展正循环。以非户籍人口与常住人口比值作为社会包容开放指标。浙江是一个包容性强的省份,拥有多个包容性强的城市。杭州作为浙江省的省会,以其包容性和友好氛围吸引了大量外地人。杭州不仅车让人,而且对外地人也非常包容友好,营商环境一流,这使得杭州成为外来人口最多的城市之一。

三、推进生态文明建设先行示范

推进人与自然和谐共生的现代化,是我国社会主义现代化建设的重要方面。未来五年及今后的一段时期,是浙江省经济社会发展的战略机遇期,更是浙江省推进绿色低碳发展的关键期。近年来,全省绿色低碳发展成效显著,碳排放量增速趋缓,碳排放强度和能耗强度持续下降,能源结构不断优化。但与发达国家和先进省市相比短板仍然存在,碳排放强度和能耗强度高于广东,远高于韩国、日本、欧盟、美国等发达国家或地区。工业排放占比偏大、能源结构偏煤、"两高"项目控制乏力等问题仍难以扭转,坚持绿色化发展,促进人与自然和谐共处任重道远。

浙江要用足用好绿色低碳发展变量,加快撬动浙江省产业结构、生产方式、生活方式和空间格局绿色化转型,推动能源结构和产业结构的绿色化程度明显提升,尽早实现碳排放与经济发展脱钩,加快形成绿色复苏强劲动力体系。绿色低碳发展可从产出绿色化、能源低碳化、产业结构绿色化等指标来衡量,主要考虑碳排放强度和能耗强度下降率、清洁能源消纳情况、节能环保产业发展水平等指标。碳排放强度下降率和能耗强度下降率是国家下达各省市的约束性指标,到"十四五"末分别下降18%和14%;清洁能源消纳可选用非化石能源占一次能源消费比重来衡量,预计到2025年,浙江可再生能源装机占总装机比重达到36%,节能环保产业总产值将达1.3万亿元。

四、打造促进全体人民全面发展高地

在现代化进程中,人既是实践主体,也是价值主体,更是终极目的。社会主义现代化不仅包括科学技术现代化,也包括生活方式和价值观念的现代化,核心是人的现代化,终极理想是人的自由全面发展。进入新发展阶段,浙江提出在"十四五"到2035年更长时期争创社会主义现代化先行省,其中,人的现代化至关重要。推进现代化的过程,也是人口素质显著提升、民生福祉不断增进的过程。

在人的内适性发展方面,教育是提升人的现代化水平最直接的手段。根据内生增长理论,人力资本是经济增长的有效推动力,可以通过劳动经验的积累(即"干中学")提升人力资本质量,还可以通过接受教育增长才干,提高人力资本水平。随着一系列教育改革措施的实施,浙江人力资本水平大幅提升,但是高等教育布局结构仍存在不均衡特征,迫切需要补足教育资源短板。选择高等教育毛入学率、劳动年龄人口平均受教育年限作为衡量

人的内适性指标。在人的个适性发展方面,人的现代化还体现在满足个体对物质生活和精神生活的更高追求上,既要物质富足,又要精神富有,二者构成共同富裕的重要内涵。浙江作为国家共同富裕先行示范区和"重要窗口",要协调推进物质文明和精神文明建设,从人的个体需求层面促进人的全面发展,选择人均公共文化设施面积来衡量。在人的外适性发展方面,新型城镇化为人的全面发展提供外适空间,促进有能力在城镇稳定就业生活的常住人口有序实现市民化,选择常住人口城镇化率作为外适性衡量指标。综上,亟待深化户籍制度改革,进一步推动农业转移人口市民化,深入实施高等教育强省战略、人才强省战略,优化提升文化服务,持续增进民生福祉。

表 1　现代化关键变量指标

变量		年份	北京	上海	广东	山东	江苏	浙江
科技创新变量	研究与试验发展（R&D）占 GDP 的比重（%）	2020	6.44	4.17	3.14	2.30	2.93	2.88
		2025	6.0	4.5	3.5	2.6	3.2	3.3
	每万人口高价值发明拥有量（件）	2020	79.3	30.3	13.5	4.16	12.7	11.1
		2025	82	30	20	10	17	17
开放发展变量	入境游平均人数占全省常住人口比值	2020	0.15	0.29	0.24	0.04	0.04	0.06
		2025	0.2	0.35	0.3	0.05	0.05	0.08
	大型跨国公司（家）	2020	55	9	14	5	4	5
		2025	65	11	18	6	5	10
	对外直接投资（亿美元）	2020	52.24	151.16	158.16	65.18	57.36	110.3
		2025	50	200	235	40	30	120
	非户籍人口与常住人口比值	2020	0.36	0.41	0.22	0	0.07	0.22
		2025	0.35	0.41	0.23	0	0.08	0.23
绿色低碳发展变量	可再生能源装机占总装机比重（%）	2020	—	—	30.0	29.2	22.5	30.7
		2025	28	—	32	42	30	36
	节能环保产业总产值（亿元）	2020	418	1803	—	—	7000	9797
		2025	5500[1]	2500	2700	>10000		13000

续表

变量		年份	北京	上海	广东	山东	江苏	浙江
人的现代化变量	高等教育毛入学率（%）	2020	—	—	53.4	61.1	62.4	62.4
		2025	—	—	60	65	65	70
	劳动年龄人口平均受教育年限	2020	15.7	12.6	11.14	10.8	12.0	10.8
		2025	15.8	13.0	11.8	11.3	12.3	11.3
	万人公共文化设施面积（平方米）	2020	3700	2000	1299	725	—	3670
		2025	3900	2300	1306	797	—	4350
	常住人口城镇化率（%）	2020	87.5	89.3	74.2	63.1	72.0	72.2
		2025	—	—	77	68	73	75
数字化改革变量	数据集（个）[2]	2022	13230	3173	20360	942	384	1222
	开放部门数（个）[2]	2022	114	51	54	54	40	53
	5G 基站数（万个）	2020	3.8	3.2	12.0	5.1	7.1	6.3
		2025	6.3	7.0	29.0	—	25.5	20.0
	数字核心产业增加值占 GDP 比重（%）	2020	22.1	—	12.7	4.8	—	10.9
		2025	—	—	—	10.0	13.5	15.0

注:1. 北京市统计口径为绿色能源和节能环保产业;2. 公共数据开放程度的测量维度,因公共数据开放率数据较难获取,因此采用即期统计数据。

五、推进数字化改革引领系统性变革

数字化改革是运用现代化信息手段并符合数字时代治理理念的全新尝试,不仅对政府治理模式的重塑和经济社会的创新发展起到了重要作用,也为浙江争创社会主义现代化先行省打下了坚实基础。为此,应从源头、覆盖面和产出效益三个层面考量数字化改革的关键变量。

第一,公共数据开放是数字化改革的源头。政府公共数据开放的实现可以提升政府的科学决策水平、保证政府服务更加高效与透明。选择当前公共数据开放的数据集数量和开放部门数量作为公共数据开放的测量指标。目前浙江省在开放数据集和开放部门数量方面均略低于其他省份,下一步应注重公共数据开放的提升工作。

第二,数字基础设施建设是数字化改革的覆盖层面。数字化方式正有效打破时空阻隔,提高有限资源的普惠化水平。选择近 5 年 5G 基站数量作为数字基础设施建设的测量指标。2023 年年末浙江拥有 5G 基站总数达22.5 万个,每万人拥有 5G 基站数达 34.2 个,居全国省(区)首位。下一步应充分运用新型数字技术,持续强化就业、养老、儿童福利、托育、家政等民生领域供需对接,进一步优化资源配置。

第三,数字经济是数字化改革的产出效益层面。数字经济逐渐成为重组全球要素资源、重塑全球经济结构、改变全球竞争格局的关键力量。选择近 5 年数字经济核心产业增加值占 GDP 比重作为数字经济发展的测量指标。2023 年浙江数字经济核心产业增加值占 GDP 比重为 11.95%,仍低于北京和广东。

总之,浙江要抓好共同富裕示范区建设,先行先试为全国实现共同富裕探路,率先走出一条具有普遍意义的共同富裕新路子。近年来,浙江牢牢把握高质量发展这个首要任务,加快探索有利于促进共同富裕的制度机制,脚踏实地、扎扎实实推动示范区建设,努力为全国层面推动共同富裕提供浙江素材。

参 考 文 献

[1]编辑部:《杭州布局四大省实验室　建设世界级科创高地》,《杭州科技》2020 年第 6 期。

[2]蔡昉、阎逸:《以创新驱动为主引擎　形成以数字经济为引领的现代产业体系》,《浙江经济》2021 年第 6 期。

[3]蔡跃洲、马文君:《数据要素对高质量发展影响与数据流动制约》,《数量经济技术经济研究》2021 年第 3 期。

[4]常远:《扩大中等收入群体的经济社会效应分析》,《河南社会科学》2018 年第 11 期。

[5]陈红霞:《开发区产城融合发展的演进逻辑与政策应对——基于京津冀区域的案例分析》,《中国行政管理》2017 年第 11 期。

[6]陈劲、阳镇、尹西明:《双循环新发展格局下的中国科技创新战略》,《当代经济科学》2021 年第 1 期。

[7]丛海彬、段巍、吴福象:《新型城镇化中的产城融合及其福利效应》,《中国工业经济》2017 年第 11 期。

[8]德悦:《完善数字经济治理　规范数字经济发展》,《人民邮电》2022 年 3 月 10 日。

[9]冯科:《数字经济时代数据生产要素化的经济分析》,《北京工商大学学报(社会科学版)》2022 年第 1 期。

[10]高培勇:《理解、把握和推动经济高质量发展》,《经济学动态》2019 年第 8 期。

[11]郝飞飞、安涛:《社会主义核心价值体系与新时代下共同富裕的实现》,《中共成都市委党校学报》2020 年第 3 期。

[12]洪远朋、叶正茂:《劳动价值论:共享利益的理论基础》,《毛泽东邓小平理论研

究》2002 年第 2 期。

［13］黄亮、王振、陈钟宇：《产业区的产城融合发展模式与推进战略研究——以上海虹桥商务区为例》，《上海经济研究》2016 年第 8 期。

［14］荆文君、孙宝文：《数字经济促进经济高质量发展：一个理论分析框架》，《经济学家》2019 年第 2 期。

［15］兰建平、梁靓、陈琴：《新时期先进制造业基地建设的浙江选择》，《现代管理科学》2021 年第 6 期。

［16］雷小苗：《社会主义市场经济条件下科技创新的新型举国体制研究》，《经济学家》2021 年第 12 期。

［17］李靖华、林甲嵘、姜中霜：《科创走廊概念与边界辨析——以筑波—东京—横滨创新带和杭州城西科创大走廊为例》，《科技管理研究》2021 年第 22 期。

［18］李珮：《跨越"数字鸿沟"：适老化服务加速推进》，《金融时报》2022 年 3 月 7 日。

［19］李芃达：《缩小城乡数字鸿沟》，《经济日报》2021 年 6 月 28 日。

［20］梁正：《新型举国体制驱动国家尖端核心技术的实践与思考》，《国家治理》2020 年第 47 期。

［21］刘渊：《关于数字化改革理论内涵的解读》，《政策瞭望》2021 年第 3 期。

［22］鲁诚至、刘愿：《区域创新网络、异质企业成长与区域创新》，《科研管理》2017 年第 2 期。

［23］潘家栋、包海波：《打造数字经济发展新高地》，《浙江日报》2019 年 7 月 22 日。

［24］潘家栋：《锚企业驱动科技新城发展的机制研究》，《治理研究》2018 年第 6 期。

［25］潘锦云、丁羊林：《新型城镇化视角下产城融合理论与发展路径研究》，《安庆师范学院学报》2016 年第 5 期。

［26］任保平：《新时代中国经济从高速增长转向高质量发展：理论阐释与实践取向》，《学术月刊》2018 年第 3 期。

［27］邵鹏：《深刻认识新型举国体制的重大时代意义》，《国家治理》2020 年第 42 期。

［28］沈文玮：《以数字经济助推共同富裕》，《光明日报》2022 年 2 月 23 日。

［29］宋冬林、孙尚斌、范欣：《数据成为现代生产要素的政治经济学分析》，《经济学家》2021 年第 1 期。

［30］谭洪波：《数字经济与共同富裕》，《光明日报》2022 年 2 月 15 日。

［31］谭永生：《扩大我国中等收入群体规模的对策研究》，《宏观经济管理》2018 年第 9 期。

［32］童健、武康平：《经济发展进程中的基础设施投资结构变迁》，《数量经济技术经济研究》2016 年第 12 期。

［33］王谦、付晓东：《数据要素赋能经济增长机制探究》，《上海经济研究》2021 年第 4 期。

［34］王姝楠、陈江生：《数字经济的技术——经济范式》，《上海经济研究》2019 年第 12 期。

［35］王晓静、罗娟、宋燕飞：《区块链技术促进生产方式变革》，《技术经济与管理研究》2019 年第 5 期。

［36］王一鸣：《扩大中等收入群体是构建新发展格局的重要途径》，《金融论坛》2020 年第 12 期。

［37］王祖强、潘家栋：《发挥特色优势 壮大产业集群》，《浙江日报》2018 年 6 月 1 日。

［38］王祖强：《强起来：浙江的探索》，中共中央党校出版社 2021 年版。

［39］王祖强：《推动浙江民营经济实现新飞跃》，《浙江经济》2019 年第 2 期。

［40］吴鹏、马述忠：《包容性发展与全球数字鸿沟》，《上海商学院学报》2021 年第 5 期。

［41］吴越、宋思远：《杭州城西科创大走廊"互联网+"新兴产业园区空间形态对比研究——以阿里巴巴西溪园区、海创园首期与梦想小镇为例》，《建筑与文化》2018 年第 10 期。

［42］习近平：《之江新语》，浙江人民出版社 2007 年版。

［43］习近平：《干在实处 走在前列——推进浙江新发展的思考与实践》，中共中央党校出版社 2006 年版。

［44］习近平：《关于〈中共中央关于进一步全面深化改革、推进中国式现代化的决定〉的说明》，新华社，2024 年 7 月 21 日。

［45］习近平：《高举中国特色社会主义伟大旗帜 为全面建设社会主义现代化国家而团结奋斗——在中国共产党第二十次全国代表大会上的报告》，人民出版社 2022 年版。

［46］谢呈阳、胡汉辉、周海波：《新型城镇化背景下"产城融合"的内在机理与作用路径》，《财经研究》2016 年第 1 期。

［47］谢富胜、潘忆眉：《正确认识社会主义市场经济条件下的新型举国体制》，《马克思主义与现实》2020 年第 5 期。

［48］徐梦周、王祖强：《创新生态系统视角下特色小镇的培育策略——基于梦想小镇的案例探索》，《中共浙江省委党校学报》2016 年第 5 期。

［49］徐梦周：《弥合数字鸿沟　推进共同富裕》，《社会科学报》2021 年 9 月 30 日。

［50］徐强：《以"产业大脑+未来工厂"新范式构建数字经济系统新生态》，《浙江经济》2021 年第 8 期。

［51］徐顽强：《数字化转型嵌入社会治理的场景重塑与价值边界》，《求索》2022 年第 2 期。

［52］徐翔、厉克奥博、田晓轩：《数据生产要素研究进展》，《经济学动态》2021 年第 4 期。

［53］杨小勇、余乾申：《新时代共同富裕实现与民营经济发展协同研究》，《上海财经大学学报》2022 年第 1 期。

［54］杨雪锋、徐周芳：《科技新城产城融合的区位类型、路径选择及政策支持》，《学习与实践》2017 年第 4 期。

［55］尹西明、林镇阳、陈劲、林拥军：《数据要素价值化动态过程机制研究》，《科学学研究》2022 年第 2 期。

［56］应小丽、陈开源：《"最多跑一次"改革的下乡逻辑及其关系优化——以有效治理为视角》，《浙江社会科学》2020 年第 2 期。

［57］于博：《区块链技术创造共享经济模式新变革》，《理论探讨》2017 年第 2 期。

［58］于晴、王海洋：《新基建助力构建新发展格局》，《前线》2020 年第 12 期。

［59］曾宪奎：《我国高质量发展的内在属性与发展战略》，《马克思主义研究》2019 年第 8 期。

［60］赵媛：《数字经济为共同富裕提供机遇》，《中国社会科学报》2022 年 3 月 11 日。

［61］中共浙江省委党校：《"八八战略"的理论逻辑与时代价值》，浙江人民出版社 2023 年版。

［62］中共浙江省委主题教育领导小组办公室、中共浙江省委党校：《循迹溯源学思想实践例证集》，中共中央党校出版社 2023 年版。

［63］《马克思恩格斯选集》（第二卷），人民出版社 2012 年版。

［64］中共中央宣传部、国家发展和改革委员会：《习近平经济思想学习纲要》，人民

出版社、学习出版社 2022 年版。

　　[65]中共中央文献研究室编:《习近平关于社会主义文化建设论述摘编》,中央文献出版社 2017 年版。

　　[66]周梦天、包海波、潘家栋:《全面创新改革为构建新型举国体制探索浙江路径》,《浙江经济》2021 年第 7 期。

　　[67]朱明皓:《关于新型举国体制下的科技创新》,《经济导刊》2020 年第 4 期。

　　[68]宗良、刘晨、刘官菁:《全球数字经济格局变革前景与策略思考》,《中国经济评论》2022 年第 3 期。

后　记

　　此书是王祖强主持的 2022 年浙江文化研究工程重点课题"浙江高质量发展建设共同富裕先行研究"（编号：22WH14-2Z）的研究成果。

　　浙江省高质量发展建设共同富裕示范区，是习近平总书记亲自谋划、亲自定题、亲自部署、亲自推动的重大战略决策。2022 年 9 月，中共浙江省委党校由徐明华副校长牵头申报的"浙江高质量发展建设共同富裕示范区的基本理论、实施路径与经验实践"课题获得浙江省文化研究工程重大项目立项。该课题由"共同富裕的理论逻辑""历史逻辑与浙江探索、高质量发展推进共同富裕先行研究""共同富裕浙江先行案例"三个子课题构成。研究宗旨是贯彻落实浙江省第十五次党代会精神，通过探索共同富裕的科学内涵、学理逻辑、时代特征和实现路径，总结提炼一批推动共同富裕的典型经验，为推动全国共同富裕提供实践素材。

　　本书是集体智慧的结晶。研究编写工作由中共浙江省委党校王祖强教授牵头负责，是总负责人和主要撰稿人。中共浙江省委党校工商管理教研部副主任、副教授潘家栋承担了第三章、第四章初稿撰写，经济学教研部副教授周梦天承担了第五章、第六章初稿撰写，经济学教研部副教授李涛承担了第七章初稿撰写，经济学教研部副教授刘磊承担了第八章、第九章初稿撰写，并为本书的资料收集、提纲讨论付出了辛勤劳动和智慧。匿名审稿专家认真审阅书稿并提出十分中肯、有益的修改意见，人民出版社孟雪博士给予了细致周到的专业服务。在此，一并表示衷心的感谢和敬意！

　　此书兼具理论研究性与实践总结性。全书十分关注浙江高质量发展、现代化建设和共同富裕先行示范的热点难点问题,既涉及基本理论问题,也涉及重大现实问题,具有较强的针对性和现实指导性。

　　由于本书选题重大,内容涉及面广,研究难度大,虽然作出了很大努力,但肯定还有许多不足和纰漏之处,敬请读者批评指正!

王祖强

2024 年 8 月